아이러니
세계사

이성주

독창적 글쓰기로 문화 전반을 종횡무진 넘나드는 문화콘텐츠 창작자. 〈딴지일보〉에서 전문가적 지식으로 무장한 군사 분야 논객으로, 〈스포츠칸〉에서 지적 쾌락을 만족시키는 역사 칼럼니스트로 왕성한 활동을 벌이며 이름을 알렸다.

2006년 서점가를 뜨겁게 달군 《엽기 조선왕조실록》은 역사 대중서 읽기의 새 모델을 제시했다. 권위적인 역사 해석을 거부하는 그는 거침없는 입담과 재기발랄한 상상력으로 '역사는 고루하지도, 현실과 괴리되어 있지도 않으며, 언제나 현실과 함께 있다'는 자신의 신조를 실천하면서 포스코 '포레카 창의 놀이방', 삼성경제연구소 'SERI CEO'에서 재미와 유익, 영감을 주는 역사 강사로 활동했다.

저서로 《펜더의 전쟁견문록》(전2권), 《영화로 보는 20세기 전쟁》, 《학교에서 가르쳐주지 않는 조선왕조실록》, 《학교에서 가르쳐주지 않는 조선사 진풍경》, 《학교에서 가르쳐주지 않는 세계사 진풍경》, 《발칙한 조선인물실록》, 《역사의 치명적 배후, 성》, 《어메이징 조선랭킹실록》 등이 있다.

아이러니 세계사
역사의 운명은 우연과 타이밍이 만든다

1판 1쇄 인쇄 | 2012년 2월 3일
1판 2쇄 발행 | 2013년 5월 30일

지은이 | 이성주
펴낸이 | 고영수
펴낸곳 | 추수밭
등록 | 제406-2006-00061호(2005.11.11.)
주소 | 135-816 서울시 강남구 논현동 63번지
        413-756 경기도 파주시 교하읍 문발리 파주출판도시 518-6번지 청림아트스페이스
전화 | 02)546-4341
팩스 | 02)546-8053

www.chungrim.com
cr2@chungrim.com

ⓒ 이성주 2012
ISBN 978-89-92355-82-7 03900

아이러니 세계사

Ironies of World History

이성주 지음

한 장의 이면에 감춰진 역사의 숨은 얼굴

ć

추수밭

차례

"상상력을 가로막는 것은 언제나 대중의 상식이다"

미켈란젤로 〈최후의 심판〉이 음란성 논란에 휘말려 철거 위기에 몰렸던 사실을 아는가? 그 후 이 명작이 모자이크 처리된 방송 화면처럼 덧칠되었다는 사실은? 우리가 알고 있는 역사의 이면에는 지금의 상식으로는 이해될 수 없는 이야기들이 빼곡하다. 그때 그 시절의 '상식'을 뒤쫓아 통념의 아이러니를 되짚어 보자.

속옷을 입은
〈최후의 심판〉

미 켈 란 젤 로 , 음 란 물 판 정 을 받 다

미켈란젤로Michelangelo di Lodovico Buonarroti Simoni를 모르는 이는 없을 것이다. 그는
르네상스 시대를 수놓았던 천재 미술가 중 한 사람으로 지금도 전 세계의 관광
객들을 바티칸으로 끌어모으는 시스티나 성당의 '핵심', 〈천지창조〉와 〈최후의
심판〉의 작가이다.

1508년, 미켈란젤로는 당시 교황이었던 율리우스 2세의 명령으로 시스티나 성
당 천장에 성화를 그리기 시작했다. 장장 4년 5개월에 걸쳐 높이 20미터, 길이
41.2미터, 폭 13.2미터의 천장에 '천지창조'를 모티브로 한 그림이 그려졌다.
당시 미켈란젤로는 조수 한 명 두지 않고, 오로지 자신의 힘으로만 이 대작大作
을 완성했다 프레임 부분에서는 약간 도움을 받긴 받았지만, 작업의 총량을 생각한다면 홀로 작업한
것이라 할 수 있다. 여기까지는 별문제가 없었다. 문제는 그 후 20여 년 뒤 시스티나
성당 뒤편에 등장할 〈최후의 심판〉이었다.

✳ ✳ 반 항 하 는 자 , 심 판 을 받 으 리 라 !

〈천지창조〉가 세상에 그 모습을 선보인 지 20여 년이 흐른 어느 날 미켈란젤로는 교황 클레멘스 7세에게 작품 의뢰를 받게 된다. '반항하는 천사의 추락과 최후의 심판'이라는 주제였다.

당시 유럽은 신구교로 나뉘어 서로 팽팽한 긴장 상태를 연출하고 있었는데, 이러한 분위기의 중심에 있던 것이 바로 교황 클레멘스 7세였다. 그는 메디치가 출신답게 메디치가의 이익만을 좇다가 일을 그르치기 일쑤였고, 루터의 종교개혁을 우습게 보다가 신교도들의 득세를 빤히 지켜봐야 했다. 결국 프랑스의 프랑수아 1세와 손잡고 독일 황제 카를 5세와 한판 싸움을 벌였으나, 결과는 참담했다. 카를 5세가 파죽지세로 로마로 진격해 로마를 쑥대밭으로 만들어 버린 것이다. 이 덕분에 르네상스는 종언을 고해야 했고, 교황 자신도 포로가 되어야 했다. 교황 권위의 완전한 해체라 할 수 있을 것이다. 이런 클레멘스 7세의 실수 중 결정타는 바로 영국 국왕 헨리 8세의 이혼을 반대한 것이었다. 클레멘스 7세는 이혼을 허가하지 않았고, 헨리 8세는 이를 계기로 가톨릭을 버리게 된다.

교황의 권위는 물론, 바티칸의 위상까지도 추락했던 혼돈의 시기. 교황은 미켈란젤로의 도움을 받아 이런 분위기를 추스르고 싶었던 것이다. 그러나 1534년, 클레멘스 7세는 미켈란젤로의 답을 듣지 못한 채 말 많고 탈 많던 생을 마감한다. 그 뒤를 이어 교황 자리에 오른 이가 바오로 3세였다. 이 당시 바오로 3세의 생각은 클레멘스 7세의 그것과 같았다. 루터의 종교개혁과 독일 황제 카를 5세의 침공, 뒤이은 영국 왕 헨리 8세의 반항까지…. 뒤숭숭한 가톨릭 교단과 이교도들에게 일종의 경고 메시지를 보내야 한다는 것이었다.

"이럴 때 딱 맞는 게 요한계시록이지! 하나님 말씀을 거역하고, 가톨릭의 뜻을 거스른다면 남는 건 심판뿐이야!"

✳ ✳ 미켈란젤로면 다 용서가 됩니까?

바오로 3세는 먼저 떠난 클레멘스 7세의 유지를 받들어 미켈란젤로에게 다시 작품을 의뢰한다. 미켈란젤로 역시 당시의 뒤숭숭한 분위기를 충분히 인식하고 있었다. 〈천지창조〉 때와는 사뭇 다른 뒤숭숭한 사회 분위기 그리고 르네상스의 종언을 고하는 카를 5세의 로마 침공 등으로 미켈란젤로의 마음속에는 이미 '냉소'가 깃들고 있었다.

"작품 의뢰를 수락하겠습니다. 단, 여기에는 조건이 있습니다."

"뭐든지 말해 보게, 우리가 들어 줄 수 있는 거라면 최대한 지원하겠네."

"제가 잠시 구상을 해 봤는데, 이 작품은 신과 거인의 싸움으로 그릴 생각입니다."

"멋진 작품이 나올 거 같군."

"단, 여기에 단서 조항이 붙습니다."

"그게 뭔가?"

"이번에 그릴 작품에 들어갈 등장인물들과 신, 천사 등등은 모두 누드로 그릴 생각입니다."

"누…드?"

"그렇습니다."

"성모마리아님도 누드로 그릴 생각인가?"

"예외 없이 모두 누드입니다."

미켈란젤로의 폭탄선언! 새로운 작품에 등장할 모든 인물들이 누드로 그려진다는 충격적인 발언 앞에 사람들은 숨을 죽였다. 그도 그럴 것이 미켈란젤로가 누구이던가? 르네상스를 대표하는 천재 작가가 아니던가? 미켈란젤로가 그리겠다는데 감히 대놓고 나서기가 그랬다. 더구나 나이 먹을 만큼 먹은 미켈란젤로가 저렇게 단호하게 나오는데…. 이런 상황에서 미켈란젤로에게 반대 의사를 표명한 이가 있었으니, 바로 교황의 의전 담당관이었던 피아지오 다 체제나였다.

"신성한 성화를 어떻게 올 누드로 그릴 생각을 합니까? 더구나 성모마리아님을! 최소한 지켜야 할 '선'이란 게 있잖습니까? 예술이면 다 용서가 됩니까?"

완강한 반대 의사를 피력했던 비아지오 다 체세나. 그는 미켈란젤로에게 확실한 보복을 받게 된다 그의 얼굴은 〈최후의 심판〉에서 지옥의 가장 밑바닥, 저주받은 자들 속에 확실히 자리 잡게 된다. 미켈란젤로 식의 복수 방법이었는데, 가장 확실하면서도 처절한 복

모든 출연진(?)을 올 누드로 그리겠다는 야심 찬 계획을 펼쳐 보이는
그에게 로마는 침묵할 수밖에 없었다. 클레멘스 7세와 바오로 3세, 두
교황의 대를 이은 청탁에 겨우겨우 승낙한 작품이지 않은가? 1535년,
로마는 숨을 죽였고, 미켈란젤로는 붓을 들었다. 내일모레 환갑을 바라
보는 거장이 혼신의 힘을 다해 〈최후의 심판〉을 그리는 동안 로마인들
은 조용히 이 노장의 뒷모습을 바라볼 뿐이었다. 그렇게 7년의 시간이
흘렀고, 〈최후의 심판〉은 그 장엄한 모습을 드러냈다.

"역시 미켈란젤로야. 온몸에 소름이 다 돋는군."

"그래도 좀 민망하지 않은가? 다들 옷을 벗고 나오니…."

"이 사람아, 예술을 예술로 받아들여야지 외설로 받아들이면 어떻
게 해?"

〈최후의 심판〉이 완성된 후 로마에서는 이상한 기류가 움직이게 된
다. 분명 르네상스를 대표하는 예술가의 대표작으로 손색없을 '명작' 이

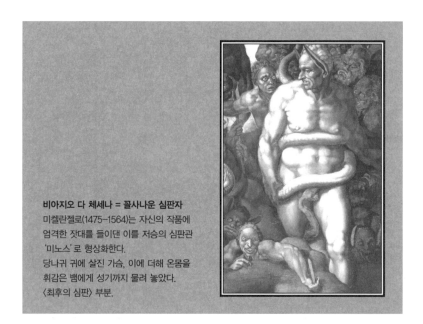

비아지오 다 체세나 = 꼴사나운 심판자
미켈란젤로(1475~1564)는 자신의 작품에
엄격한 잣대를 들이댄 이를 저승의 심판관
'미노스'로 형상화한다.
당나귀 귀에 살진 가슴, 이에 더해 온몸을
휘감은 뱀에게 성기까지 물려 놓았다.
〈최후의 심판〉 부분.

었지만 역시 올 누드는 받아들이기 껄끄러웠던 것이다. 로마가 숨죽이고 사태의 추이를 지켜보던 그때 총대를 멘 자가 나왔으니, 바로 피에트로 알레티노였다.

"우리가 미켈란젤로한테 기대한 건 성화聖畵잖습니까? 툭 까놓고 이 그림을 여자애 방에 걸어 둔다면 어울리겠습니까? 예술도 좋고, 거장의 노작勞作도 좋지만, 성모마리아님이 나체로 그려지고 손으로 치부를 가리는 형태로 포즈를 취한다는 건 아무리 예술로 바라보려 해도 수용하기 어렵습니다."

수면 아래에 가라앉아 있을 때에는 몰랐지만, 한번 포문이 열리자 미켈란젤로의 반대자들은 하나둘 뭉치기 시작했다. 그러나 뒤에서 음모를 꾸미고, 미켈란젤로의 욕을 할 순 있어도 실제로 행동에 옮길 수는 없었다. 왜? 이 당시 로마의 권력은 교황 바오로 3세에게 있었고, 그는 꺼져 가는 르네상스의 열기를 마지막까지 부여잡고 있는 르네상스의 수호자였던 것이다.

"당신들은 미켈란젤로가 노구를 이끌고 그린 저 작품이 외설로 보이는가?"

그랬다. 〈최후의 심판〉에 대해 딴지를 걸던 이들도 르네상스의 마지막 수호자인 바오로 3세의 강력한 의지 앞에서 속절없이 무너져야 했던 것이다. 그러나 이 르네상스의 마지막 수호자, 바오로 3세의 죽음은 다시 한 번 〈최후의 심판〉을 위기 앞으로 몰아간다.

✳ ✳ 심 판 대 에 오 른 〈 최 후 의 심 판 〉

바오로 3세의 후임으로 교황에 선출된 자가 있었으니, 종교재판으로
그 위명을 널리 떨친 장 피에트로 카라파 추기경이다. 그가 바오로 4세
로 추대된 것이었다. 이 팔순의 교황은 종교재판 때 보여준 '엄정함'을
예술 작품에도 그대로 적용하고 싶어 했다. 바오로 4세가 교황에 오르
고 내린 첫 명령.

"당장 시스티나 성당에 있는 저열한 누드 그림을 제거하시오!"

"그건 그림이 아니라 벽화라 없애려면 벽을 부숴야 합니다."

"그럼 부숴 버리시오!"

"교황 성하! 미켈란젤로의 작품은 인류의 문화유산입니다! 로마가 키
워 낸 천재 미켈란젤로의 역작이란 말입니다!"

"그 역작이 신의 권위를 희롱하고 있는 게 보이지 않소? 당장 철거하
시오!"

바오로 4세의 청천벽력과도 같은 명령! 이 소식을 접한 로마 예술계
는 들끓기 시작했다. 예술가들뿐만이 아니었다. 그동안 르네상스의 열
기를 몸으로 느껴 왔던 바티칸의 고위 성직자들도 두 팔 걷어붙이고 나
서게 된다.

"교황 성하, 언짢은 기분은 이해하지만, 어디까지나 표현의 한 형태로
너그럽게 받아들이는 아량을 베풀어 주십시오. 이제껏 표현의 자유를 추
구해 왔던 예술가들이기에 급작스런 변화에 당황해 하고 있습니다."

"그럼, 후세 사람들에게 성모마리아의 나체 그림을 물려주자는 거요?"

"정 그러시다면, 절충안을 한번 찾아보는 것도 좋을 거 같습니다. 문제가 되는 건 성모마리아랑 천사들이 벌거벗고 있는 모습이 아닙니까? 적당히 이쪽은 옷을 좀 입혀 주면 교황청의 체면도 세울 수 있고, 예술가들과 일반 대중들의 반발도 누그러뜨릴 수 있을 것 같습니다."

"성모마리아와 천사들뿐만 아니오! 어떻게 성자들과 예수그리스도께서 나체로 있느냐 말이오! 최소한 속옷이라도 걸쳐야지!"

"그럼 예수님과 성자들한테는 속옷을 입히는 것으로 타협을 하시지요."

교황청 성직자들의 노력 덕분에 〈최후의 심판〉은 철거되는 대신에 '옷을 입는다'는 조건으로 살아남게 된다. 문제는 누가 옷을 입히느냐는 것이었다. 미켈란젤로에게 벽화의 수정을 부탁한다는 것은 현실적으로 불가능했다. 일단 자존심도 문제지만, 당시 미켈란젤로는 피에트로 성당 건축 작업에 전념하고 있었던 상황. 결국 미켈란젤로의 제자인 다니엘 다 볼테라가 이 '속옷 입히기 프로젝트'를 떠맡게 됐다. 스승의 명작에 덧칠을 해야 하는 불명예를 떠안게 된 다니엘. 정말 불행한 화가라할 수 있을 것이다. 세상이 인정하는 거장을 스승으로 모시고 있다는 것은 영광이었으나, 그 스승의 작품에 덧칠을 해야 한다는 비애감은 어디서 달래야 할까? 이런 그의 심정을 아는지 모르는지 그의 동료들은 그를 비웃었다.

"어이 속옷 제작자! 작업은 잘 돼 가?"

"요즘은 어떤 속옷이 유행이야?"

주변의 비아냥거림과 독설, 그리고 스승의 작품에 덧칠을 한다는 죄의식 덕분에 작업 속도는 한없이 더뎠다. 결국 참다 못한 교황청이 들고 일어났다. 무명 화가들을 영입해 작업에 박차를 가한 것이다.

예술의 길고 긴 역사는 이런 충돌의 연속이었는지도 모른다.

우리가 지금 세계적인 명작이라 칭송하고 있는 〈최후의 심판〉은 이미 교황청의 '심판'을 한 번 받았던 것이다. 예술의 이름에 외설의 잣대를 들이대는 것 자체가 창작자에게는 모욕이겠지만, 예술의 길고 긴 역사는 이런 충돌의 연속이었는지도 모른다.

녹색 없는 녹색 섬

'그 린 란 드' 작 명 의 아 이 러 니

그린란드Greenland. 북미 대륙 동북방 대서양 상에 위치한 면적 216만 6,086평방 킬로미터의 거대한 섬. 섬 전체의 85퍼센트가 빙하로 덮여 있고, 월평균 기온이 영하 50도에서 영하 15도 사이를 오락가락하는 섬. 지구온난화로 전 세계가 난리가 난 상황에서 그린란드의 주민들은 희색이 만연하다.

"지구 온도가 올라가서 딴 나라들은 지구온난화 여파에 죽을 맛이지만, 우리는 살 만합니다."

기상이변으로 온 세계가 들썩거리는 지금, 그린란드 주민들은 때 아닌 호황을 누리고 있으니, 온난화 덕분에 그린란드의 빙하가 녹고 있기 때문이다. 빙하가 녹는 만큼 경작지가 넓어지리라는 기대 때문에 그린란드 주민들은 지구온난화를 환영하고 있는 상황이다.

이 대목에서 궁금한 것이 빙하의 나라가 어떻게 '녹색 섬'이라는 아이로니컬한 이름을 가지게 되었냐는 것이다. 빙하에 둘러싸이기 전에는 녹색 섬이었을 테니까? 아니면 녹색 섬이 되기를 희망해서? 이도 저도 아니면, 온통 눈과 빙하로 뒤덮인 섬에 대한 푸념과 자조였을까? 자, 그럼 그린란드 이름에 얽힌 속사정을 들어 보자.

✳ ✳ 이 름 이 주 는 선 입 견 을 조 종 하 라

에릭 토르발손. 훗날 노르만족의 족장이자 '붉은 머리 에릭'이라는 별명을 지니게 될 이 인물이 아직 꼬꼬마였던 시절.

"내 아들 에릭, 아무래도 우리가 노르웨이를 떠나야 할 거 같구나."

"아버지, 그게 무슨 소리세요?"

"이번에 추방령이 떨어졌구나."

에릭의 아버지는 다혈질이었다. 사람을 죽이고 그 벌로 추방령이 떨어지자 아들 에릭을 데리고 노르웨이 땅을 떠나게 된다.

"아버지, 우리 어디로 가는 거예요?"

"내륙 쪽으로 가기에는 부담스럽지 않을까? 이미 살 만한 땅은 사람들이 다 차지했고, 가 봤자 시비만 붙을 것 같구나. 그래서 얼음으로 둘러싸여 있는 섬으로 갈까 한다. 1년 365일 눈이 멈추지 않는 곳이지. 아일랜드 쪽에 있는 수도승이 몇 명 오가는 것 같던데, 인적이 드문 만큼 우리가 차지할 땅이 클 거 같아. 그곳으로 가 보자."

에릭은 아버지를 따라 '얼음으로 뒤덮인 섬'으로 이사를 가게 되었다.

"여긴 말 그대로 아이슬란드Iceland잖아?"

얼음 섬에서 '붉은 머리 에릭'은 무럭무럭 자라게 되고, 노르만족의 족장 자리에까지 오르게 된다. 이제 족장으로서 부족의 미래를 걱정하는 자리에까지 오른 에릭! 그런 그에게 최대 고민은 사람이 부족하다는 것이었다.

"이 넓은 땅을 개간하려면 사람이 필요한데, 도통 사람이 모이지 않는구나."

"족장님, 사람들이 '얼음 섬'이라는 이름을 듣고는 다들 고개를 가로젓습니다. 1년 365일 눈으로만 뒤덮인 줄 알고는 이야기를 듣지도 않습니다."

작명의 힘이었다. 사람들은 '얼음 섬'이라는 이름에 아예 발길 자체를 끊은 것이다. 물론 눈으로 뒤덮여 있는 건 사실이지만, 그렇다고 영 사람이 못 살 동네는 아니었다.

이때 에릭이 덜컥 일을 벌였다. 살인을 한 것이다. 그는 아버지와 똑같이 추방을 당하고 만다.

"이제 어디로 간단 말인가?"

"족장님, 얼마 전에 들었는데, 군비요른이란 놈이 아이슬란드 서쪽으로 가다가 섬을 하나 보았답니다. 꽤 큰 섬이라고 들었습니다."

새로운 정착지를 찾아 나선 에릭. 드디어 그의 눈앞에 아이슬란드 서쪽 섬이 모습을 드러냈다. 에릭은 보무도 당당히 섬에 들어선다.

"여긴 아이슬란드보다 더 심하잖아. 완전 얼음덩어리군."

"족장님, 그래도 일단 섬 이름을 명명하시죠. 발견하셨으니까…."

잠시 고민에 빠진 에릭은 기상천외한 이름을 내뱉는다.

"앞으로 이 섬은 초목이 우거진 그린란드라 부른다."

"예?"

"아이슬란드의 실수를 되풀이해서는 안 돼. 이름 자체가 사람들에게 선입견을 주면, 아무도 이 섬에 오지 않을 거야. 앞으로 이 섬은 그린란드다."

이리하여 아이슬란드 서쪽의 얼음과 빙하로 뒤덮인 거대한 섬은 그린란드라는 이름을 얻게 되었다. 에릭은 3년간의 추방 기간 동안 그린란드 해안을 탐험한 후 아이슬란드로 다시 돌아간다.

"내가 3년 동안 그린란드 여기저기를 돌아다녔는데, 진짜 살기 좋아! 그래서 그린란드라고 이름 지었어. 지금부터 나와 같이 그린란드를 개척할 사람은 날 따라와!"

> 이름 자체가 사람들에게 선입견을 주면, 아무도 이 섬에 오지 않을 거야. 앞으로 이 섬은 그린란드다.

얼음덩어리 그린란드를 이런 식으로 선전한 에릭! 에릭의 말발과 그린란드란 이름에 혹한 수많은 사람들이 에릭을 따라 그린란드로 이주하게 된다. 아이슬란드란 이름에서 작명의 힘을 간파했기에 가능했던 멋들어진 사기 행각이었다.

젖꼭지에 깃든 품성이 아이의 품성까지도 바꾼다

수유(授乳)결정론 소사

모유를 먹이는 것이 아이들 건강에 좋다는 데 의문을 제기하는 사람은 없을 것이다. 하지만 '자연산'이 좋다는 것이 과학적으로 증명되기 전까지 인류는 자연산이 좋은지 아니면 대체품이 좋은지에 대해 고민했었고, 이런 논쟁은 20세기가 시작되기 전까지 쭉 이어져 왔다.

"아니 뭐, 사람 젖이 좋기는 한데, 그걸 꼭 먹여야 하는 건 아니잖아? 그런 불가피한 상황에 닥쳤을 때를 대비해서 대체재를 챙겨 두자는 거지 뭐."

여기서 말한 '불가피한 상황'은 무엇일까? 어째서 사람들은 모유 대신에 다른 젖을 찾아 헤맸던 것일까?

✳ ✳ 유 모 의 자 질

"그러니까 말이야, 섹스를 하는 건 내가 상관하지 않겠어. 그렇지만 애한테 젖 먹일 때는 좀 삼가 줬으면 좋겠다는 거지. 모유를 먹이는 동안 섹스를 하면 엄마한테도 안 좋지만, 애한테도 안 좋아. 모유라는 게 말이야. 젖 주는 사람의 심성을 그대로 전달해 주는 거거든. 내 말 무슨 말인지 알아듣겠어?"

고대 로마 의사인 갈레노스의 주장이다. 갈레노스, 이 사람 정말 대단한 인물이다. 히포크라테스와 함께 유럽 의학계의 정신적 지주로 대접받는 실험생리학의 창시자이자, 중세 유럽과 르네상스 시대 의학계에 지대한 영향을 끼친 인물이었다. 이 인물이 주창한 것이 바로 '수유 시 섹스 금지'였던 것이다. 의학계의 거두가 내놓은 이 학설은 '정설'로 받아들여지게 되었고, 이어서 사회적으로 공인되기까지 한다. 오죽하면 가톨릭 교단까지 이 이론을 검토했을까?

"아무리 봐도 갈레노스의 말이 맞는 거 같아. 뭔가 수를 내야 하는 거 아냐? 팔팔한 젊은 아빠들을 그냥 손가락 빨게 만들 수는 없잖아?"

"음, 그럼 차라리 다른 여자의 젖을 먹이는 건 어떻습니까?"

"다른 여자?"

"젖을 먹이는 유모를 따로 둬서 애들한테 젖만 먹이는 거죠. 이게 바로 분업화 아니겠습니까?"

"오, 그거 괜찮은데? 젊은 아빠들을 간통의 유혹에서 빼낼 수 있고…. 야, 그거 괜찮은데?"

　가톨릭 교단에서 공식적으로 유모를 두는 것이 가정의 평화를 지키는 데 도움이 된다는 의견을 내놓으면서, 유럽 사회에서 유모는 보편적인 존재가 되었다. 이렇게 되자 사람들은 '유모의 자질'에 대해 고민하기 시작한다.

　"젖이라는 게 모유 주는 사람의 심성을 애들한테 고스란히 전해 주는 물질이잖아."

　"그렇지. 그렇기 때문에 유모의 자질이 중요한 거지. 괜히 엄한 여자 젖 물렸다가 애가 삐뚤어지면 어떡해? 요즘 매독이 한창 퍼지고 있는데, 매독 걸린 유모가 젖 잘못 물리면 애들 인생 종치는 거야."

　"국민 건강을 위해서, 나라의 미래를 위해서 유모들 자질을 심사합시다!"

　13세기 프랑스에서는 유모들의 자질을 심사하는 관청마저 생기고, 유모가 아이들의 성장 발달, 그중에서 '정서적 부분'에 영향을 미친다는 생각은 유럽인들의 '상식'이 되어 버렸다. 이런 생각은 19세기까지 전래되어 한때 프랑스에서는 창녀가 자신의 자식에게 모유 수유하는 것을 금지하자는 법안까지 나오게 된다.

　그런데 유모를 둔다는 것은 부모들에게 만만찮은 경제적 부담을 안겨 주었다. 내국인을 유모를 두기 위해서는 상당한 지출을 각오해야 하는 상황. 유모는 상류층의 전유물처럼 느껴졌지만, 예나 지금이나 부모들의 마음은 똑같았다.

"가난한 자의 영원한 친구가 누구냐? 바로 메이드 인 차이나 아니 겠어?"

"지금 중국 유모를 수입하자고?"

"아니, 중국 말고도 많잖아. 우리 식민지가 몇 개인데…."

그랬다. 유럽의 중산층 가정들은 18세기가 되자 자식들을 해외로 내보냈다. 해외의 유모들에게 자식을 맡긴 것이었다. 그나마 중산층은 유모 문화를 '흉내'라도 낼 수 있었지만, 아예 젖을 물지 못하는 아이들도 있었으니 바로 고아들이었다. 16세기 매독이 온 유럽을 강타하면서부터, 매독 걸린 아이의 운명은 죽음뿐이었다. 부모들은 매독에 걸린 신생아들을 거리에 몰래 버렸고, 당국에서는 이런 아이들을 모아 고아원으로 보내게 되었다. 문제는 이 아이들을 어떻게 먹이냐는 것이었다. 이빨이 난 아이라면 이유식이라도 먹이겠지만, 갓 태어난 신생아들에게는 젖 외의 대안이 없었다. 그러나 유모를 두기엔 역부족이었다. 이런 고민들 끝에 의사들은 모유의 대체재를 찾게 되었으니, 바로 동물의 젖이었다. 이때부터는 또다시 어떤 동물의 젖을 먹이느냐가 또 격론 의제로 떠오른다.

✳ ✳ 괜찮은 품성을 타고난 동물

"음, 용맹한 아이들로 키우기 위해서는 늑대젖 어떻습니까? 로마를 만든 로물루스나 레무스도 늑대젖을 먹고 컸는데?"

"늑대의 그 탐욕스런 성격을 닮으라구요?"

"뭐 양치기 소년이랑 같이 놀게만 하지 않으면….'"

"흠…. 그럼 양젖은 어떻습니까? 양처럼 온순한 인성을 가지면….'"

"양은 지나치게 유순합니다. 이 험한 세상을 헤쳐 나가려면 좀 더 강인한 인성이 필요합니다."

"에이, 양도 한번 화나면 꽤 무섭습니다."

"개한테 쫓겨 다니는 게 무서운 겁니까?"

"차라리 사자젖이나 호랑이젖은 어떻습니까?"

"젖을 먹이자는 겁니까? 아니면 애들을 먹이로 주자는 소립니까?"

젖을 통해 유모의 도덕성이 아이들에게 전달된다고 믿었던 당시의 의사들은 고아들에게 동물 젖을 먹이더라도 좀 더 '괜찮은 품성'을 지닌 동물의 젖을 먹이는 것이 고아들의 도덕성 계발에 도움이 될 것이라 굳게 믿었던 것이다. 논란 끝에 다시 갈레노스로 의견이 모아졌다.

"다들 아시겠지만, 갈레노스 선생이 내놓은 최적의 대용품은 당나귀젖이었습니다. 갈레노스 선생은 환자들을 위해서 당나귀를 침대 머리맡에 묶어 두기까지 하셨습니다. 당나귀젖은 폭넓은 해독 효과를 가지고 있으며, 면역성도 뛰어나다고 갈레노스 선생이 주장했다는 걸 다들 아시고 계시죠?"

"음, 환자들 보양식으로 사용할 정도면….'"

"하긴 당나귀의 끈기와 힘이라면….'"

"갈레노스 선생이 어련히 잘 골랐을까…"

이리하여 고아들의 모유 대체재로 선정된 것이 당나귀젖과 염소젖이었다. 한 가지 재미있는 사실은 19세기 프랑스의 한 소아과 병원에서 연구 조사를 했었는데, 염소젖을 먹고 자란 아이들은 짐승처럼 게걸스런 형질을 보인 반면에 당나귀젖을 먹은 아이들은 유아 사망률이 낮은 건 물론이거니와 염소젖을 먹은 아이들에 비해 비교적 '인간다운' 모습을 보였다는 것이었다.

오늘날엔 동물 젖을 먹는 것이 보편화되었지만, 다시 초심으로 돌아가 모유 수유가 대원칙이 된 걸 보면 세상은 돌고 도는 모양이다. 르네상스 시절의 유럽 엄마들부터 현대의 엄마들까지 엄마의 마음만은 시공을 뛰어넘어 다 비슷한 것 같다. 하지만 우리는 지나친 집착을 만드는 당대의 상식들로부터 어떻게 현명하게 우리의 초심을 일관할지 생각해 볼 일이다.

지나친 집착을 만드는
당대의 상식들로부터
어떻게 현명하게
우리의 초심을
일관할지
생각해 볼 일

과학자의 난제를
해결한 아내

생 활 상 상 력 의 위 력

방사성탄소 연대 측정법 radiocarbon dating 이라는 게 있다. TV를 보다 보면, 간혹 구석기나 신석기 시대의 유적을 발견했다며, 어김없이 등장하는 것이 바로 이 방사성탄소 연대 측정법이다. 간단하게 설명하자면 우리가 지구에서 볼 수 있는 탄소의 원자량은 대부분 12이다. 간혹 14인 것도 있는데, 이 14는 중성자 두 개가 더 붙은 것이다. 문제는 모든 물질은 균일하게 섞이려는 성질이 있다는 것이다. 덕분에 12와 14의 비율은 일정하게 유지된다. 기본적으로 방사성탄소 연대 측정법은 이걸 이용하는 것이다. 다만 조사 대상은 생물과 유기물에 한정된다. 왜? 탄소를 가지고 있으니 말이다. 예를 들어 보겠다. 하나의 생물이 죽게 되면, 모든 활동이 정지된다. 이렇게 되면 14짜리 탄소는 더 이상 못 들어가게 된다. 왜? 숨을 못 쉬니까. 이렇게 되면 14짜리 탄소는 계속해 12로 변해 가려고 한다. 한마디로 14짜리 탄소의 양을 가지고 연대를 측정하는 방식이란 것이다. 별

거 아닌 거 같지만 이 방사성탄소 연대 측정법은 고고학에 일대 혁명을 일으키게 되었고, 이걸 개발해 낸 윌러드 프랭크 리비Willard Frank Libby는 1960년 노벨화학상을 받게 된다. 갑자기 이런 머리 아픈 이야기를 꺼낸 것은 노벨상을 받은 윌러드 리비가 풀지 못했던 문제를 그의 아내가 풀었다는 이야기를 하기 위해서이다. 그것도 연구 과정에서 발생한 문제를 말이다.

✳ ✳ 펭 권 을   어 떻 게   산 화 시 킬   것 인 가 ?

"어이, 윌러드! 문제가 생겼어."

"뭔 문제?"

"거시기 네가 개발해 낸 방사성탄소 연대 측정법 있잖아?"

"근데?"

"어떤 놈이 그걸 검증해 보자고 하는데?"

"…그 자식 속고만 살았대냐?"

"아니 뭐, 저 유명한 황우석도 그렇고… 세상이 좀 뒤숭숭하잖아?"

"그래서?"

"같은 종으로 해서 말이야. 예전에 죽었던 놈하고, 최근까지 쌩쌩하게 살아 있는 놈하고 비교하자는 거지."

"같은 종끼리 해서 몇 천 년 된 놈하고 요즘 있는 놈 표본 구하기는 어디 쉬운 줄 알아?"

"북극이나 남극에 있는 놈으로 하면 된다는데? 그 뭣이냐? 펭귄 있잖아. 그놈들은 눈 속에 파묻혀 있는 놈 건지기도 쉽고, 요즘 애들 구하기도 괜찮잖아."

"뭐 어쩌겠냐? 해 달라는 대로 해 줘야지."

이리하여 리비는 태스크포스 팀을 짜서 방사성탄소 연대측정법의 실증에 들어가게 된다.

"일단 뭣이냐… 내가 거짓부렁이 친 건 아니니까, 실험 재현에 대해서는 걱정하덜 말어. 근데 여기서 좀 사소한 문제가 있는데… 그걸 너희들이 좀 풀어야겠다."

"뭔 문젠데요?"

"이놈의 펭귄을 산화시켜서 펭귄의 부리, 발톱, 살에 있는 탄소를 CO_2로 만들어야겠다. 할 수 있지? 일단 CO_2로 만들면 그다음은 일사천리니까 다들 펭귄을 어떻게 산화시킬 건지 머리를 짜내 봐."

리비의 연구팀은 머리를 쥐어짜 펭귄을 산화시킬 방법을 찾아 나서는데….

윌러드 프랭크 리비(1908-1980)
화학과 고고학의 멋진 만남을 주선한 인물.

"일단 뭐 쉽게… 황산을 부어 보자고, 제까짓 게 안 녹겠어?"

펭귄… 은근히 강한 놈들이었다. 황산에는 산화가 되지 않았다.

"이놈아… 야! 왕수질산과 염산의 혼합체 가져와! 펭귄 주제에 날 화나게 만들다니… 어디 보자 이 펭귄 놈!"

그러나… 펭귄은 왕수에도 산화되지 않았다. 연구팀은 슬슬 초조해지기 시작했다. 연구팀은 산화시킬 수 있는 모든 액체를 다 끄집어내기 시작했다. 강한 질산부터 시작해 크롬산염 용액까지 할 수 있는 모든 방법을 다 동원했지만, 펭귄은 산화되지 않았다. 결국 연구팀은 리비에게 SOS를 치게 된다.

"거시기… 방법이 없는데요?"

"이놈들… 펭귄 한 마리도 처리 못 해서. 이리 내, 내가 할 테니까! 너희들이 그러고도 박사야? 반성해, 자식들아."

리비는 직접 펭귄을 챙겨들고 연구실로 가는데… 그러나 리비 역시도 방법이 없었다.

"이놈의 펭귄! 조류면 조류답게 쉽게 좀 까먹고 그래라! 뭔 미련이 남아서 아직까지 버티냐?"

펭귄이 산화되지 않자 초조해진 리비…. 이런 리비의 심정을 아는지 모르는지, 펭귄은 아무런 반응을 보이지 않는다. 리비의 고민은 깊어만 가고, 이 모습을 옆에서 지켜본 리비의 아내는 리비에게 충고를 하는데….

"뭐야, 아직까지 펭귄하고 씨름이야?"

"아니, 뭐 이게 잘 안 되네…."

"뭘 그렇게 고민해? 펭귄을 요리해 버려. 그러면 되잖아? 펭귄 구이를 만들든가…. 그래, 찜도 괜찮고, 차라리 프라이를 만들지?"

"지금 장난해? 남편은 지금 머리털 빠지게 고민하는데?"

"아니, 그렇잖아. 당신 말대로 모든 물질은 전부 합성된 거라면서? 그럼 요리를 하면, 엑기스만 쪽쪽 기름으로 빠져나올 거 아냐? 그 기름 잘 모아 보면 그 안에 CO_2든 뭐든 다 들어 있을 거 아냐?"

"!"

그랬다. 리비와 리비의 연구팀이 몇 날 며칠을 고민했던, 펭귄 산화는 이렇게 간단히 해결됐던 것이다. 펭귄을 요리해 버리라는 아주 간단한 충고! 아무리 뛰어난 과학자라도 생활의 달인인 아줌마에게 못 당할 때가 있다.

아무리
뛰어난 과학자라도
생활의 달인인
아줌마에게
못 당할 때가 있다.

조선의 아낙들은
왜 상여에 달려들었나?

생 리 대 속 으 로 녹 아 든 남 아 선 호 사 상

일회용 생리대가 반생태적이라는 데서 떠오른 대안 생리대. 그것은 바로 '면'
으로 만든 생리대이다. 자, 이쯤에서 세상은 발전할수록 옛날로 돌아간다는 말
이 실감나게 다가온다. 왜냐고? 바로 지금부터 들려 드리려는 조선 시대의 생
리대 이야기 때문이다.

＊ ＊ 온 동 네 아 낙 들 이 고 대 하 는 , 김 첨 지 상 여 나 가 는 날

"엄니, 거시기 있잖유…. 거시기 있어유?"

"시방 뭔 소리 하는 겨? 말을 혈라믄 똑바로 혀야제. 거시기라 허믄 내가 뭔 소린지 알아듣간디?"

"아니, 거시기 있잖유…."

"아따, 속 터져 디지겄네. 야 이년아, 후딱 말 안 혀?"

"저으기, 날개 달린 거 있잖유, 날개 달린 거…. 수영도 헐 수 있고, 등산도 헐 수 있고…. 또 머시냐, 이렇게 다리 모아서 앉을 수도 있는 거."

"야 이것아, 날개는 닭도 달렸고, 꿩도 달렸고…. 아! 너 그날이구나. 개짐^{생리대}이 필요허면 개짐이 필요허다고 말을 헐 것이지. 뭘 거시기네 날개네 해쌓냐?"

"몰라유. 어쨌든 남은 거 있음 하나 줘유. 제가 오늘 양이 많은 날이라…."

"에휴, 지금 내 개짐도 다 빨아서 남은 게 없는데 우짠댜? 일단은 쓰던 거 뒤집어서 쓰고, 쫌만 참아 봐. 지금 요 아랫동네 김 첨지가 오늘내 일허거든?"

"엄니! 개짐이 무슨 양말이유? 뒤집어서 다시 쓰게!"

"그니까 쫌만 기둘리라니께! 김 첨지가 지금 오늘내일허니께…."

조선의 아낙들은 왜 상여에 달려들었나? 33

"엄니! 작년에도 김 첨지 오늘내일헌다고 안 했어유? 김 첨지 황천 가는 꼴 보기 전에 내가 빈혈로 쓰러지겄슈!"

점례의 푸념을 뒤로 한 채 점례 모는 빨랫감을 들고 개울가로 향하는데,

"김 첨지가 오늘내일 큰일 치른다믄서?"

"왜 아니랴, 지금 온 동네 여자들이 김 첨지 죽을 날만 손꼽아 기다리는디…."

"아따, 살 만큼 사셨으면 인자 고만 떠나도 될 것인디…."

"김 첨지 영감이 자식을 얼마나 뒀지?"

"성님두 참…. 8남 2녀 아녀유. 손주들도 줄줄이 한 다스씩 낳는 통에 다복하기론 소문났잖유."

"어이구, 초상날 아낙네들 덤벼드는 통에 사단이 터져두 단단히 터지겄구만."

"왜 아니래유."

빨래터 아낙들도 김 첨지의 생사에 촉각을 곤두세우는데, 이때 한 아낙이 헐레벌떡 빨래터로 달려온다.

"김 첨지가! 김 첨지가 죽었대유!"

이 말과 동시에 아낙들 빨래통을 내팽개치고 김 첨지네로 내달리기 시작한다. 서로 밀치거니 당기거니 하면서 김 첨지네로 달리는 아낙들, 이미 김 첨지네 집 앞에는 여자들이 장사진을 치고 있다. 서로 김 첨지네 일을 돕겠다고 나서는 아낙들 사이엔 묘한 긴장감이 흐른다.

"저기…! 지가 도와드릴 일 뭐 없겄슈? 지짐이라도 지질까유?"

시간은 흘러 상여 나가는 날이 되었다. 장정들이 상여를 둘러메고, 요령소리 울리며 장지로 향하는데, 상여의 맨 뒷줄에는 김 첨지네 일을 도왔던 아낙들이 침을 꼴깍거리며 상여 줄 맨 앞에서 흔들리는 공포功布 상여 앞에 세웠던 깃발를 바라보고 있다. 드디어 상여가 장지에 도착하고, 관이 땅속으로 들어가자 이게 웬일인가! 아낙들이 우르르 공포로 달려드는데,

"아따 성님! 이제 달거리생리 안 허지 않아유? 고만 양보허세유!"

"동상 섭섭하구만, 아직 나 폐경 아니라니까! 그리고 우리 딸년이 올해 날 잡았다니까!"

"지는 딸만 셋 낳았구만유! 지도 아들 한번 낳아 봐야지유!"

마을 아낙들이 너 나 할 것 없이 잡아 뜯는 통에 공포는 순식간에 걸레가 되어 버리는데….

조선 시대 생리대는 대부분 무명천을 썼다. 이 무명 생리대 중에서도 최고로 꼽히는 것은 상여 앞에 세웠던 깃발인 공포였는데, 그 이유가 이러했다.

"엄니, 왜 글케 김 첨지 공포에 매달리는 거예유?"

"이것아, 김 첨지가 8남 2녀나 낳았잖여…. 아들 많이 낳은 남자 상여

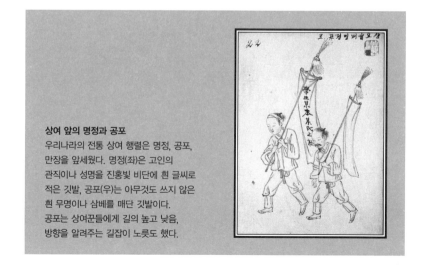

상여 앞의 명정과 공포
우리나라의 전통 상여 행렬은 명정, 공포,
만장을 앞세웠다. 명정(좌)은 고인의
관직이나 성명을 진홍빛 비단에 흰 글씨로
적은 깃발, 공포(우)는 아무것도 쓰지 않은
흰 무명이나 삼베를 매단 깃발이다.
공포는 상여꾼들에게 길의 높고 낮음,
방향을 알려주는 길잡이 노릇도 했다.

앞에 있는 공포를 개짐으로 쓰면, 죽은 남자의 기운을 받아서 아들을 많이 낳는댜. 다 임상실험을 거친 이야기니까, 아무 소리 말고 들어. 다 좋은 게 좋은 거라고, 아들 낳는다는디 뭔들 못 허겠어?"

아들 많이 낳은 사람의 공포를 생리대로 쓴다면 아들을 낳을 수 있다는 믿음. 이 믿음 덕분에 조선 시대 상여 나가는

뿌리 깊은 이데올로기는 실용품까지도 변화시킨다

날에는 어김없이 마을 아낙들의 싸움이 있어 왔다. 지금 생각해 보면 웃기기도 하고, 한편으론 남아 선호 사상의 상징적인 유물 같아 씁쓸하기도 하다. 물론 물자가 귀한 시절이었기에 공짜로 질 좋은 무명천을 얻을 수 있다는 현실적인 이유도 있었으리라. 하지만 뿌리 깊은 이데올로기는 실용품까지도 변화시킨다는 사실! 조선 시대엔 엄연히 상식으로 통용되었던 '공포 생리대', 다시 봐도 뒷맛이 씁쓸한 이야기이다.

아 이 러 니 세 계 사 2

"누구나 인생은 서툴다, 천재도 영웅도"

이제 소싯적에 읽은 위인전의 판타지에서 빠져나와 인간의 얼굴을 마주하자. 걸출한 역사 인물 5인의 삶에서 출세욕, 늦잠, 흡연, 악처, 불륜이라는 다섯 가지 키워드를 캐냈다. 카사노바, 데카르트, 처칠, 톨스토이, 퀴리. 천재 혹은 영웅의 평범한 뒷모습은 인간이라면 누구나 지고 사는 1인분 인생의 무게를 생생하게 떠올린다.

방랑하는 야심가, 카사노바

연애는 성공의 수단일 뿐

오늘날 카사노바Giovanni Giacomo Casanova 란 이름은 바람둥이, 혹은 난봉꾼의 대명
사처럼 알려져 있다. 머릿속으로 어떻게 여자들을 꼬실까만 생각하는 호색한,
혹은 평생 놀고먹기만 한 한량이자 유랑 백수라는 것이 사람들의 인식이다. 그
런데 이런 카사노바가 나름대로 꽤 유식했고, 책도 썼으며, 왕의 곁에서 일했으
며, 법학박사 학위를 가지고 있었고, 더더군다나 성직에 입문하여 하나님의 종
으로서 살기도 했다는 사실은 잘 알려져 있지 않다.

✳ ✳ 신 분 상 승 의 꿈

　1725년 4월 2일, 베네치아의 배우 부부 사이에서 태어난 카사노바는 외할머니 손에서 어린 시절을 보내야 했다. 덕분에 외할머니는 카사노바에게 알파이자 오메가였다. 그런 외할머니가 돌아가시자 그 충격에서 헤어나지 못하는 소년 카사노바. 그는 이 무렵 가출을 밥 먹듯이 하며 질풍노도의 시기를 보내게 된다.

　이 대목에서 잠시 주목해야 할 것이 두 가지 있는데, 첫째, 카사노바는 똑똑한 아이라는 것이다. 라틴어와 히브리어는 물론 음악과 미술에도 남다른 감각을 보여 주었다. 이런 그의 재능을 단적으로 증명하는 것이 그의 법학박사 학위이다. 그는 16세에 베네치아 근교의 파두아 대학에서 법학박사 학위를 받게 된다.

　둘째, 당시의 시대 상황이었다. 18세기라는 시대는 좀 요상한 시기였다. 부르주아 계층이 서서히 그 힘을 모아 가던 시기이며, 계몽주의가 한창 무르익던 시기가 바로 18세기였다. 그런가 하면 로코코 양식이 유행하면서 쾌락과 부패가 사회 전반에 만연했던 시기가 또한 18세기였던 것이다. 한마디로 가늠하기 힘든 시기가 바로 18세기란 소리다.

　"은수저를 물고 태어나지 않은 이상 평생 밑바닥을 기면서 살아야 하는데… 이렇게 살 수는 없어!"

　이 당시 비천한 신분의 똑똑한 젊은이가 신분 상승을 이루는 방법은 단 두 가지뿐이었다. 하나는 교회 사제가 되는 것이고, 나머지 하나는 군대에 들어가는 방법이었다. 열다섯 살의 카사노바가 처음으로 택한 신분 상승의 길은 바로 교회였다. 카사노바는 베네치아의 귀족 알비세 마리피에의 도움으로 1740년 2월 14일 성직에 입문하게 된다. 그는 성직에 입문한 지 1년 만에 비잔틴 성당에서 첫 신학 강의를 하게 된다. 그리고 추기경의 비서 자리까지 올라가게 된다. 그가 단순히 '출세'만을 바라고 성직에 몸담은 것은 아니었다. 그에게도 어느 정도의 신앙심은 있는 듯했다. 문제는 그가 여성을 경험하면서 새로운 삶에 눈뜨게 되었다는 것이다.

카사노바는 결국 성직을 그만두고 장교로서 군에 입대하게 된다. 그러나 부모의 성격을 물려받아 섬세한 예술가적 기질을 보였던 카사노바에게 군대는 너무도 혹독한 곳이었다. 결국 카사노바는 전역을 결심한다. 18세기 신분이 낮은 젊은이가 출세를 할 수 있는 두 가지 카드였던 성직과 군대, 이 모두를 경험하고 떨쳐 버린 카사노바!

그는 제대 이후 새로운 직업을 찾게 되는데, 바로 '타짜'였다. 물론 이 역시도 얼마 가지 못했다. 그의 인생 세 번째 직업인 타짜는 앞의 두 직업과 마찬가지로 적성에 맞지 않았다.

뒤이어 그는 생계를 위해 잠시 바이올린 연주자로서의 삶을 살아가게 된다. 말 그대로 호구지책으로 음악을 선택한 것이다. 이때까지만 하더라도 카사노바의 인생은 암흑 그 자체였다. 그러나 어둠이 짙은 건 새벽이 가까워졌다는 증거라고 했던가? 드디어 카사노바 인생에 서광이 비치는 사건이 터지게 된다.

1746년의 어느 날 길을 걷던 카사노바는 길에서 심장발작을 일으킨 한 남자의 목숨을 구하게 된다. 바로 베네치아의 귀족 브라딘이었다. 카사노바의 인생은 이를 계기로 전환기를 맞는다. 브라딘이 그를 양자로 삼은 것이다.

✳ ✳ " 여 기 서 내 인 생 을 낭 비 하 지 않 겠 어 "

스물한 살, 카사노바는 드디어 그토록 꿈에 그리던 귀족의 세계에 발을 들이밀게 된다.

"문명이란 건 말입니다. 사안의 본질을 무대 뒤로 감춰 나가는 과정입니다. 여러분들이 먹는 닭고기만 봐도, 예전에는 직접 닭목을 비틀고, 닭털을 뽑고, 요리를 하고 했었지만, 요즘은 그걸 대신 해 주는 고용인이 있잖습니까?"

특유의 언변과 지식으로 카사노바는 베네치아 사교계의 떠오르는 스타로 자리매김하게 된다. 이제 그의 인생에 꽃길이 열리는 듯싶었다. 그러나 덜컥 사고가 터져 버렸다. 1755년 여름 그는 종교재판에 회부된다. 명목상의 이유는 '문란한 사생활' 때문이었다 그의 회고록을 보면, 그는 평생 122명의 여성과 연애를 했다고 한다. 일각에서는 문란한 사생활 때문만이 아니라 그가 묘한 단체에 가입해 계몽주의 사상을 퍼뜨렸기 때문이라는 주장을 제기하기도 한다. 카사노바가 가입한 단체… 모든 음모론의 시발점이 되는 단체! 바로 프리메이슨 계몽주의 사조에 호응하여 18세기 초 영국에서 시작된 세계시민주의적 · 인도주의적 우애를 목적으로 하는 비밀 단체로 정부와 가톨릭의 탄압을 받았다 을 말하는 것이다. 뭐 어쨌든, 카사노바는 종교재판에 회부되어 유럽 최고의 감옥이라 하는 피온비 감옥에 수감된다. 방금 전까지 〈타짜〉를 찍다가, 로또가터져 꽃길을 걷던 그…. 이제 다시 〈쇼생크 탈출〉을 찍게 된 것이다.

'빌어먹을 여기서 내 인생을 낭비할 수는 없어. 숟가락으로 굴을 파서라도 여길 탈출하고 만다.'

피온비 감옥에 갇힌 지 1년 반 만에 카사노바는 탈출에 성공한다. '당신들이 나를 이곳에 가둘 때 나의 동의를 구하지 않았듯이 이제 나도 자유를 찾아 떠나며 당신들의 동의를 구하지 않겠소' 라는 메모를 남기고.

피온비 탈출 사건은 베네치아 한 귀퉁이에 머물러 있던 이름 모를 바람둥이를 전 유럽에서 가장 유명한 탈옥범으로 만들어 주었다. 당분간 카사노바는 낭인으로서의 삶을 산다. 어쩌면 당연한 이야기일 것이다. 탈옥범이 다시 베네치아로 돌아갈 수는 없지 않은가? 피온비 탈출은 그의 험난한 인생 여정의 시작을 알리는 것이었다. 그의 인생 중 3분의 2가 유랑생활이었다. 어쨌든 자유를 찾았다는 점이 중요한데, 되찾은 자유를 누리기 위해 그는 프랑스로 떠나게 된다.

카사노바는 손쉽게 파리 사교계에 입성할 수 있었다. 피온비 탈출로 일약 유럽의 유명 인사가 된 그를 만나 보겠다고 파리 사교계 사람들이 줄을 서 있었던 것이다.

당신들이 나를
이곳에 가둘 때
나의 동의를 구하지
않았듯이 이제 나도
자유를 찾아 떠나며
당신들의 동의를
구하지 않겠소

카사노바는 탈옥 스토리를 가지고 파리 사교계를 휘어잡게 된다. 그리고 이 인기를 바탕으로 한 여인에게 접근하게 되었으니, 바로 루이 15세의 총희였던, 퐁파두르 부인이었다. 당시 루이 15세의 사랑을 한몸에 받고 있던 퐁파두르 부인에게 접근한 카사노바는 그녀의 환심을 사기 위해 온갖 노력을 다하게 된다. 카사노바의 이런 노력이 먹혔던지, 그는 1757년 루이 15세를 알현할 수 있게 된다.

"네가 요즘 파리 사교계에 이름을 날리고 있는 카사노바인가? 듣자 하니 꽤 영특하고, 기민하다고 하던데?"

"그저 잔재주일 뿐입니다."

"인사치레는 접어 두고, 잠깐 상담하고 싶은 게 있는데…."

"영광입니다."

"지금 프랑스의 재정 상태는 엉망인 지경이다. 이 재정 적자를 해결할 묘책이 있겠나?"

"복권을 찍어 내는 건 어떨지요?"

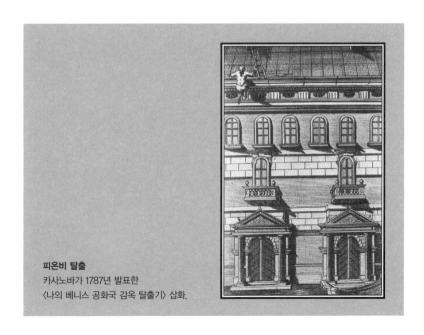

피온비 탈출
카사노바가 1787년 발표한
〈나의 베니스 공화국 감옥 탈출기〉 삽화.

"복권?"

"상금을 높게 책정하면, 자연스레 대중의 관심을 끌 수 있을 겁니다. 사람은 누구나 일확천금에 대한 욕망이 있습니다. 더구나 개인의 입장에서 본다면, 몇 푼 안 되는 돈이 아닙니까? 조세 저항을 걱정하지 않아도 되고요. 게다가 그 발행 비용이라는 것도 거의 미미할 정도니 손쉽게 돈을 벌 수 있습니다."

이리하여 루이 15세는 즉시 복권 발행을 추진하게 되는데… 바로 대박을 터트려 버렸다. 첫 매출이 2백만 프랑이나 됐던 것이다. 이 중 6십만 프랑이 수익이 된 것이었다. 복권 사업이 대박이 터지면서 카사노바도 덩달아 대박이 터져 버렸다. 카사노바는 복권 사업소를 운영했던 것이다. 덕분에 1만 프랑의 짭짤한 수익을 올린다. 이뿐만이 아니었다. 복권 사업으로 루이 15세의 신임을 톡톡히 얻은 카사노바는 이듬해 프랑스 외무부 특사로 특채되기에 이른다.

이제 진짜 카사노바 인생에 거칠 것이 없어 보였다. 어렸을 적부터 꿈꿔 왔던 오피니언 리더로서의 삶이 막 이루어지려는 찰나, 그는 마지막 승부수를 띄우게 된다.

✳ ✳ 카 사 노 바 의   마 지 막   승 부 수

인생에 승부수를 던지기로 작정한 카사노바가 선택한 방법은 사업이었다. 그는 철저한 시장조사를 하기 시작했다. 이 당시 프랑스는 인도산 사리사 옷감을 수입해 귀족 흉내를 내는 사람들로 넘쳐나고 있었다. 이 모습을 보고 카사노바는 사업 아이템을 잡아낸다.

"루이 왕이 귀족들 제압하겠다고 별 시답지 않은 유행들을 만들어냈고, 로코코 양식 때문에 옷들이 전부 화려해지고 있어. 너 나 할 거 없이 깃털 달고 울긋불긋한 옷만 입고 다녀. 그걸 보고 대중은 따라 하고…. 원래 사회란 게 고위 계층이 하는 걸 모방하는 묘한 버릇이 있어. 옷감 만드는 애들도 넘쳐나고, 수입 옷감도 물밀듯이 흘러들고 있어. 이런 상황에서 옷감 사업에 뛰어드는 건 자살 행위야. 그러나 지금 패션 사업은 가장 유망한 사업. 그래! 옷감을 염색하는 염색 공장을 짓자!"

시장조사를 마친 카사노바는 너도나도 뛰어드는 옷감 사업이 아니라, 이 옷감을 2차적으로 가공 염색하는 공장을 세우기로 결심한다. 그리고 돈을 끌어모으기 위해 그동안 닦아 놓았던 자신의 인맥을 총동원하게 된다.

그동안의 활약상과 사교계에서의 위치 덕분에 카사노바는 손쉽게 사업 자금을 모을 수 있었다. 그렇게 한량에서 경제인으로 직함을 바꾸지만 상황은 또 한 번 역전되는데…. 그가 그만 경제사범이 된 것이다. 카사노바가 야심차게 시작한 염직 사업은 한 직원의 배신, 정확히 말해 공금 횡령 아니 공장 횡령을 하면서 망하게 된다. 믿었던 종업원이 공장 설비를 모조리 들고 도망간 것이다.

또 한 번의 위기였다. 이 위기를 해결해 준 것은 언제나 그렇듯이 '여자'였다. 문제는 이제까지 카사노바가 만났던 여인들과 달리 좀 위험한 인물이었다는 것이다.

"마담 드페 감사합니다. 부인 덕분에 무사히 나올 수 있었습니다."

"그럼 갈까?"

"예?"

"갈 데 없다면서? 일단 내 집으로 와. 내가 요즘 연금술에 푹 빠져 있는데…."

"예."

"연금술로 남자가 될 수 있다고 하더군."

"예?"

"나도 당신 같은 남자가 되고 싶어. 세련되고, 말도 잘하고, 여자들한테 인기도 높은 남자. 어때 나 좀 도와줄 수 있겠어?"

"…."

마담 드페는 남자가 되고 싶었다. 그리고 그 모델로 삼은 이가 바로 카사노바였다. 결론부터 말하자면, 마담 드페는 은밀하게 성전환 수술을 하게 된다. 그 옆에서 카사노바는 이 말도 안 되는 수술을 집도하게 된다. 아주 당연하게도 마담 드페는 죽게 된다. 마담 드페의 죽음은 후견인의 죽음 그 이상의 파장을 가져왔다. 카사노바는 드페의 재산 중 일부를 빼돌렸다. 그리고 끝이었다. 카사노바의 명성에는 금이 갔고, 루이 15세를 비롯한 프랑스 정부는 추문에 휩싸인 카사노바에게 다시는 일을 맡기지 않았다. 상황이 이렇게 되자 카사노바는 파리를 떠날 수밖에 없었다. 이후의 인생은 말 그대로 방랑 인생이었다.

그는 단순한 바람둥이가 아니었다. 그는 자신의 출세를 위해 갖은 노력을 다했고 그 노력 중의 하나가 바로 '여자와의 교제'였다. 여자를 통해 생계를 유지했고, 여자를 통해 권력 상층부에 줄을 연결하려고 했던 것이다.

파리를 떠나 쾰른, 슈투트가르트, 취리히, 아비뇽, 니스, 제노바, 런던 등등을 떠돌던 카사노바가 줄기차게 추구했던 한 가지는 '출세'였다. 단순한 바람둥이가 프로이센의 프리드리히 대왕을 만나고, 폴란드의 보니아토프스키 왕과 만나 국정 전반에 걸친 토론을 나눴으며, 러시아의 예카테리나 대제를 만나 그레고리력 사용을 권하고, 교황 클레멘스 12세에게 교황청 기사 작위를 받을 수 있었을까?

나름의 평가를 받던 카사노바였지만, 유럽의 사법기관에서는 그리 환영을 받지 못했다. 언제나 사건 사고를 몰고 다니는 인물이라는 인상, 여기에 더해 무슨 사건이 터져도 수완 좋게 빠져나가는 통에 그는 기피 대상 일순위의 천덕꾸러기 취급을 받게 된다. 이런 평판이 쌓이고 쌓이면서 결국에는 입국 자체를 거부당하는 상황에까지 몰리게 된다. 그럼에도 불구하고 카사노바는 유럽 각국을 떠돌며 끊임없이 자신을 홍보하며, 출세의 끈을 잡기 위해 발버둥 치게 된다. 그러나 그의 운명은 마담 드페 부인의 죽음과 함께 끝이 났던 것이다.

어떻게 보면, 카사노바의 행적은 춘추전국시대 제자백가들이 유세길을 떠나는 모습과 흡사하다 할 수 있겠다. 출세를 위해 자신을 포장하고, 홍보하고, 권력자를 만나 자신을 소개하는 모습은 제자백가의 그것과 같다 할 수 있겠다. 한 가지 다른 점이 있다면, 카사노바는 '여자'라는 지렛대를 사용했다는 점이다.

끊임없이 권력의 상층부를 향해 노크하던 카사노바는 1785년 더 이상의 노력이 쓸모없다는 판단을 내리고, 발트슈타인 백작의 개인 도서관 사서로 들어가게 된다. 그리고 이곳에서 죽을 때까지 사서 일을 하며 집필 생활에 들어가게 된다.

그동안 카사노바 하면, 엽색 행각으로만 알려져 왔지만 그의 인생은 성공과 출세를 위한 끊임없는 도전의 시간들이었다. 그의 끝없는 방랑길도 따지고 보면, 자신을 인정해 주는 사람을 찾기 위한 유세길이라 할 수 있겠다. 물론 여자관계가 복잡하고 난잡하다 할 수도 있겠지만, 가지고 있는 건 몸밖에 없었던 카사노바가 선택할 수 있는 카드는 그리 많지 않았을 것이다. 한 인간의 출세에 대한 집착. 그것이 바로 카사노바의 진짜 모습이 아니었을까?

조반니 자코모 카사노바(1725-1798)
안톤 라파엘 멩스 작, 1760년 무렵.

침대 위의
데카르트

나 는 늦 잠 잔 다 , 고 로 존 재 한 다

"나는 생각한다, 고로 존재한다Cogito, ergo sum"라는 말을 모르는 사람은 없을 것이다. 고등학교 윤리 수업 시간에 "'나는 생각한다, 고로 존재한다'는 데카르트가 한 말이고, '악법도 법이다'는 소크라테스고…." 이러면서 외웠던 기억이 다들 있을 것이다. 우리나라 교육체계가 잘못된 것을 이럴 때 느끼는데, 데카르트의 저작인 《성찰》 중 한 문구만을 똑 떼어 와 주입식으로 외우다 보니, 대체 왜 이 말이 나왔는지 전후맥락은 모르고…. 이런 걸 수박 겉핥기라고 하는 것일까? 중세에서 근대로 넘어오는 와중에서 신에서 인간의 이성으로 세계관의 무게중심을 옮긴 위대한 철학자 르네 데카르트René Descartes! 이 위대한 철학자 데카르트가 바로 늦잠의 대왕이었다는 사실을 아는가? 늦잠이 없었다면, 그가 남긴 명언 "나는 생각한다, 고로 존재한다"도 없었으리라는 사실! 늦잠을 자지 못해 맥없이 죽어야 했던 이 위대한 철학자의 뒷이야기! 자, 출발해 보자!

"흠…. 우리 르네 말이야. 조기교육이 중요하다는데, 노란펜 선생님을 불러다가 교육을 시킬까?"

"여보, 노란펜은 방과 후 보습교재예요. 메인디시는 안 먹이고, 디저트를 먹일 순 없어요."

"그럼 어쩌지?"

"요즘은 기숙학원이 유행이라는데…."

"애가 재수생이야? 기숙학원을 보내게?"

"당신이 몰라서 그렇지. 요즘 조기교육 하는 엄마들 물불 안 가린다니까요…. 옆집 애도 지난달에 영국으로 어학연수 갔다니까요."

"흠…."

"이참에 우리 르네도 어학연수를 보내든가, 기숙학원을 보내든가 해요, 네? 조기교육이 중요하다잖아요."

17세기 초반, 프랑스의 소도시 부유한 귀족 부모가 이런 대화를 나누고 있었다. 바로 어릴 적부터 싹수가 보이기 시작한 데카르트를 어떻게 가르칠까 하는 학부모들의 원초적 고민이었다! 결국 데카르트의 부모는 기숙학원으로 가닥을 잡게 된다.

"라플레쉬에 있는 예수회 학교로 보냅시다! 거기가 대학 진학률도 높고, 시설도 괜찮답니다. 거기다가 기독교 재단이라 재단 전입금도 많고, 신앙 교육이 투철해 애들이 엇나가지 않도록 생활지도도 잘해 준답니다."

이리하여 여덟 살이 된 데카르트는 라플레쉬에 있는 예수회 학교로 유학길에 오르게 된다. 여기서 데카르트는 일생의 습관이 되는 '늦잠 명상'을 체득하게 된다.

"착한 어린이는 일찍 일어나야 해요. 일찍 일어나서 이부자리를 잘 정리하고, '치카치카'를 해야 해요."

"싫어요!"

"에… 데카르트 학생, 그게 무슨 소리예요?"

"선생님! 아침에 일어나 침대에 누워 있는 시간이 명상을 하기에는 더없이 좋은 시간이라는 거 아세요? 가장 명료한 정신 상태인 이 시간에 침대에 누워 세계를 통찰하는 것이 훨씬 더 남는 장사가 아닐까요?"

"그 말인즉슨 계속 늦잠을 자겠다는 소리냐?"

"늦잠이라뇨! 침대에 누워 명상을 하겠다는 소리죠! 윈스턴 처칠도 제2차 세계대전 때 침대에서 결재를 했다니까요!"

"제2차 세계대전은 수백 년 뒤에 있을 얘기고! 요 쪼그만 게 어디서 짱구를 굴려?"

"어쨌든 전 늦잠 잘래요. 저혈압이라서 아침에 일어나기도 힘들어요!"

여덟 살에 예수회 학교에 들어간 데카르트…. 그는 이때부터 늦잠 자기를 인생의 목표로 삼았다. 선천적으로 몸이 약했던 데카르트는 오전 열한 시까지 침대에 누워 이런 생각 저런 생각을 하며, 스스로의 철학을 다듬어 갔던 것이었다. 건강에도 좋고, 철학에도 좋은 방법이었다. 이런 늦잠의 결과물이 바로 《방법서설》이었다.

"야야, 학문의 궁극적 목표가 구원이라는데 그거 다 거짓부렁이야. 학문의 진짜 목적은 '인간이 자연의 주인이 되는 것'이야. 그리고 모든 학문하는 이들의 기본 연구 방법은 수학적이어야 해. 일단 의심부터 해야 해! 이게 바로 '방법적 회의'라는 건데, 한번 생각해 봐. 신학이란 게 기본적으로 베이스로 깔고 가는 게, 신앙심이야. 일단 믿고 시작하는데 이게 학문이 되겠어? 학문의 기본은 의심이야! 일단 의심해 봐야 한다! 무엇이 옳고 그른지를 판단하는 건 신이 아니라 인간이라고!"

그의 주장은 위험했다. 이제까지 절대적인 진리로 인정되던 '신의 존재'를 의심한 것이다. 30년 전쟁으로 기독교의 권위가 흔들리던 그때 난데없이 등장한 데카르트의 일격! 교회는 흔들렸고, 사람들은 데카르트에 주목하기 시작한다.

"내가 철학도 하지만, '사이드잡'으로 수학도 좀 하거든? 요즘 말로 '투 잡'이지. 내가 딱 수학하고 철학을 같이 해 보니까, 학문의 기본 방식은 수학적이어야 해! 수학 좋잖아? 간단명료하고, 떡하니 답 나오고…."

✳ ✳ 아 침 형 인 간 과 노 예 계 약 을 맺 다

데카르트의 이런 급진적인 주장에 기독교 측은 반발했다.

"그 데카르트란 애 있잖아? 좀 위험한 애 같지 않아? 감히 신을 부정하다니 말이야."

"그렇지? 학문하는 건 좋은데, 왜 애꿎은 신을 들먹이는 거야?"

"성경 자체도 부정했다고 하더군."

분위기가 슬슬 묘하게 꼬여 갔다. 데카르트 역시 이런 분위기가 나올 줄 예상하고, 1641년 《성찰》의 서문에 "내가 이거 쓴 이유는 말이야, 믿음에 의존하지 않고 하나님의 존재를 증명해 보겠다는… 뭐 그런 소박한 이유 때문이거든…"이라 적었다. 말은 이렇게 했어도 알 사람은 다 알았다. 썩어도 준치, 부자가 망해도 3년이라지 않았던가? 아무리 예전만 못해도 이때까지의 교회는 절대적인 존재였다. 문제는 데카르트가 상당히 소심했다는 거다.

"어쩌지? 이러다가 붙잡혀 가서 화형당하는 거 아냐? 괜히 책 쓴 거 아냐? 꼬치구이 되는 거 싫은데…. 어쩌지? 아 젠장…. 어쩌지?"

철학적으로는 인류에게 새로운 길을 제시한 위대한 선지자나 다름없었지만, 일상에서의 데카르트는 소심한 학자였다.

"이러다 갈릴레이 꼴 나는 거 아냐? 그냥 조용히 살까?"

데카르트의 이런 소심한 성격은 책이 출판되기 전에 네덜란드로 이민을 갈 것을 결정하게 만들었다. 히딩크와 아드보카트의 나라 네덜란드, 축구의 나라이자 튤립의 나라인 네덜란드는 이때 당시 세계 최강국의 반열에 올라선 잘나가는 나라였다. 단지 강대국이어서 네덜란드에 갔을까? 아니다. 바로 네덜란드의 사회적 분위기 때문이었다. 국민성 자체가 오픈 마인드라 나와 다른 주장을 해도 용인을 했던 것이다. 데카르트는 네덜란드에서 21년간 숨죽인 채로 지냈다. 그러나 아무리 오픈 마인드의 네덜란드라도 데카르트의 급진적인 주장은 받아들이기 어려웠다.

"데카르트의 책을 금서로 지정한다!"

"데카르트 그 인간은 위험한 사상가이다!"

점점 데카르트를 옭죄어 오는 유무형의 압력들, 이제 네덜란드도 위험한 땅이 되었다. 이 타이밍에 불쑥 튀어나온 것이 스웨덴의 여왕인 크리스티나였다.

"내가 요즘 교양을 좀 쌓아야 할 거 같아서 말이야, 철학 좋잖아? 데카르트 선생, 어때요? 내 과외 선생 안 해 보겠수? 내가 월급은 넉넉히 쥐여 줄게…. 그리고 당신 요즘 힘들다면서? 이참에 스웨덴으로 건너오라니까."

그랬다. 크리스티나 여왕은 철학 과외 선생을 찾고 있던 것이다.

"아니, 아무리 힘들어도 스웨덴 그 깡촌까지 가야 해? 완전 눈 덮인 산타 마을 아냐?"

그랬다. 이 당시 스웨덴은 깡촌이었다. 지금이야 복지국가 스웨덴이지만, 이때까지만 해도 스웨덴 하면 눈하고 곰밖에는 알려진 게 없던 동네였다. 그러나 어쩌랴? 일단 살아야 하지 않겠는가? 시시각각으로 조여드는 압력 속에서 데카르트는 스웨덴 행을 택하게 된다. 그러나 이 스웨덴 행이 데카르트의 목숨을 끊을 줄이야….

"저기 데카르트 선생? 앞으로 데 선생이라 불러도 되지? 그러니까,

내가 아침형 인간이거든…. 내 과외수업은 오전 다섯 시부터 했으면 좋겠는데, 어때? 새벽에 머리가 제일 잘 돌아가잖아. 아침 일찍 일어나 맑은 공기를 마시며 철학을 논한다. 얼마나 멋있어?"

"저기… 오전 다섯 시는 아침이 아니라… 새벽이잖습니까?"

"데 선생, 내 라이프스타일이 좀 그렇거든? 아침 다섯 시에 하자고."

"저기… 제가 열한 시까지 늦잠을 자는 스타일이라서…."

"데 선생! 여기서 갑이 누구지?"

"…여왕님이요."

"을은?"

"…저요."

"그럼?"

"…새벽 다섯 시에 강의하겠습니다."

그랬다. 열한 시까지 늦잠 자는 게 평생의 버릇이 된 데카르트에게 새벽 다섯 시 강의는 쥐약이었다. 그러나 어쩌랴, 신변의 위협 속에서 자신을 지켜 주는 건 여왕님밖에 없는 것을….

"에, 그러니까… 하아아암…. 죄…죄송합니다. 제가 아침잠이 좀 많아서…. 그러니까 어디 보자…. 나는 늦잠 잔다, 고로 존재한다는 건…."

비몽사몽간에 강의를 하던 데카르트…. 그의 몸은 이상 신호를 보내고 있었다. 원래 늦잠으로 체력의 열세를 극복하던 데카르트가 아니던가? 늦잠을 못 자는 것도 문제였지만, 차디찬 북국의 새벽 공기는 체력이 약한 데카르트를 사정없이 공격해 얼마 뒤 폐렴에 걸리고 만다. 그는 제대로 약 한번 못 쓰고 그대로 황천길로 떠나게 된다. 위대한 철학자의 말로치고는 너무도 황당한 최후다. 피치 못할 사정이었지만, 만약 그가 아침형 인간과 예속 관계를 맺지 않고 꿋꿋이 자기의 철학 세계를 펼쳤다면 어땠을까? 적어도 그에게만은 숙명이었던 늦잠을 보장해 주는 삶이 가능했다면, 데카르트는 더 오래오래 살면서 인류에게 혁신적인 철학의 방향을 제시했을지도 모른다.

만약 그가
아침형 인간과
예속 관계를 맺지 않고
꿋꿋이 자기의
철학 세계를
펼쳤다면 어땠을까?

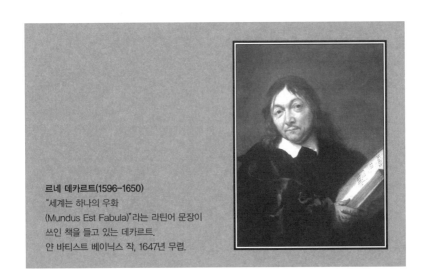

르네 데카르트(1596~1650)
"세계는 하나의 우화
(Mundus Est Fabula)"라는 라틴어 문장이
쓰인 책을 들고 있는 데카르트.
얀 바티스트 베이닉스 작, 1647년 무렵.

골초 처칠

내 건강의 비결은 술과 시가

연초에는 많은 사람들이 새해의 각오나 실천 목표 몇 가지를 세우곤 한다. 여자들의 경우는 다이어트나 외모에 관한 목표를 주로 세우는 반면, 남성들 특히 30대 이상 직장 남성들의 경우 금주나 금연을 목표로 세우는 모습을 많이 볼 수 있다. 대부분 작심삼일이라고 3일을 넘기지 못하고 중도에 포기하는 경우가 많지만, 웰빙 바람을 타면서부터 차츰 금연 열기가 고조되고 금연에 성공한 남성들이 속속 늘어나는 걸 확인할 수 있다. 그런데 금연에 실패했거나, 아니면 담배에 흠뻑 빠져 살고 있는 이들이 자기합리화를 위해 내세우는 인물이 있었으니 바로 윈스턴 처칠Winston Leonard Spencer Churchill 이다.

"난 잠도 조금 자는데 컨디션은 늘 200퍼센트야. 그건 다 술과 시가를 많이 하는 덕분이지."

하루에 시가 여덟 개에서 열 개를 피우고, 아침 기상과 동시에 스카치 위스키 한 잔, 점심과 저녁 식사 때에도 반주로 샴페인이 없으면 밥을 안 먹었던, 골초에 주당 정치가! 그러면서도 90세까지 살아남은 경이로운 생명력! 줄담배를 태우는 이들에게 있어 윈스턴 처칠이 선망의 대상인 것은 분명한 사실일 것이다.

"윈스턴 처칠은 평생 25만 개의 시가를 태웠는데도 90세까지 살면서 천수를 다 누렸다! 담배를 많이 태운다고 일찍 죽는다는 건 어불성설이다. 담배는 체질에 따라 몸에 받는 사람도 있고, 그렇지 않은 사람이 있을 뿐이다!"

얼핏 보면 맞는 말 같은데, 과연 그럴까? 윈스턴 처칠은 시가 때문에 오래 산 것일까?

✳ ✳ 하 늘 이 내 린 골 초 , 처 칠

1895년 영국군 장교로 쿠바의 하바나로 파견 나온 처칠. 그때까지 처칠은 시가의 '시' 자도 모르는 순진무구한 청년 장교였다.

"어이 처칠! 너 시가 태워 봤어?"

"시가?"

"이 자식 이거 완전 샌님이잖아? 쿠바까지 왔는데 어떻게 시가 한번 안 태워 보냐?"

"아니 뭐, 별로 당기지도 않고…."

"야야, 그래도 쿠바 하면 시가! 시가 하면 쿠바잖아. 여기까지 왔는데, 오리지널 본토박이 시가 한번 펴 봐야 하지 않겠냐? 시가에 대한 예의가 있지…."

"이…이게 뭐야?"

"로미오 이 줄리에타^{Romeo y Julieta} _{쿠바의 시가 제조사로 훗날 처칠의 이름을 딴 시가를 만들었다}에서 나온 거야. 시가 중의 시가지. 한번 펴 봐."

"흠… 쿨럭…! 야 이거 알싸하니… 묘한데?"

"괜찮지? 근데 조심해라. 이거 맛들이면 네 봉급으로 감당 못한다."

"이거… 죽인다!"

20대의 청년 장교 시절, 호기심으로 시작한 시가는 그의 인생을 완전히 뒤바꿔 놓았는데, 하바나에서 첫 경험을 한 처칠은 이후 시가와 떼려야 뗄 수 없는 관계로 발전하게 된다.

"야! 해군대신 어디 갔어?"

"모…모르겠습니다. 갑자기 한 대 태워야 한다고 일어서더니…."

"으악! 독일 놈들이 포격을 개시했습니다!"

1914년 제1차 세계대전이 발발한 그해. 프랑스 북부의 최전방을 순시하던 처칠은 독일군 포격이 한창이던 전장의 한복판에서 시가를 태워

윈스턴 처칠(1874-1965)
처칠의 사진을 몇 장만 찾아보아도 그의 시가 사랑을 확인할 수 있다.

물고는 천천히 전선을 바라보고 있었다.

"저런… 미친놈!"

그랬다. 처칠은 시가만 태울 수 있다면 어떤 공포와도 맞설 수 있었던 것이다. 문제는, 살다 보면 시가를 태울 수 없는 상황이 등장한다는 것이다. 그 상황이 물리적인 공간의 제약일 수도 있고, 사회적인 제약이 될 수도 있지만, 처칠은 이 모든 제약과 맞서 싸워 나갔다.

"저기… 각하, 비행기 안에서는 금연을 하셔야 하는데….."

"금연? 이놈 너 지금 대영제국의 군 통수권자한테 시가를 태우지 말라고 하는 거야?"

"아니, 그게 아니라 조종석 안에서는 기압이 일정치 않아서 호흡하기가 곤란하실 겁니다. 그러니까 산소마스크를 쓰셔야 하거든요? 산소마스크를 쓰신 채로 시가를 태울 수는 없잖습니까?"

"배 째! 난 시가 펴야겠어! 영국 총리가 영국 공군 비행기 안에서 시가 태우겠다는데 누가 나한테 뭐라 할 거야? 난 무조건 태울 거야!"

"저기, 그런 문제가 아니잖습니까? 비행기 안에서는 산소마스크를 쓰셔야 합니다."

"이 자식 이거… 안 된다면 군 생활 끝나? 엉?"

결국 영국 공군 기술진들은 산소마스크를 쓴 채로 시가를 태울 수 있는 방법을 밤새 연구하게 되는데, 방법은 의외로 간단했다. 산소마스크에 구멍을 뚫는 것이었다. 이렇게까지 하면서 시가를 태워야 했을까 하는 의문이 들기도 하지만, 어쩌겠는가? 영국의 총리가 시가를 태우겠다는데….

✳ ✳ 각 하 의   시 가 는   안 전 합 니 까 ?

산소마스크에 구멍을 뚫고서라도 시가를 태워야 했던 윈스턴 처칠. 그에게서 시가를 뺏을 수 있는 방법은 없었을까?

"여보! 시가 좀 어떻게 해 봐요!"

"이 사람이… 내게서 시가를 뺏으면 남는 건 재밖에 없어! 이거 왜 이래? 내가 시가 때문에 누구한테 폐 끼친 적 있어? 내가 내 돈 내고 내 시가 태우겠다는데, 뭐가 불만이야?"

"폐를 끼치니까 그렇잖아요!"

"내가 무슨 폐를 끼쳤다고 그래? 엉?"

"지금 그 옷하고, 침대 시트, 저기 소파를 보고도 그런 말이 나와요?"

그랬다. 늘 입에 시가를 물고 살던 처칠. 그의 주변은 재로 더럽혀져 있었는데, 문제는 더러운 것에서 끝나지 않았다. 수시로 떨어지는 재 덕분에 침대, 옷, 소파, 심지어 양탄자까지 구멍이 뚫렸던 것이다 처칠은 침대에 누워서 업무를 보는 것으로도 유명했다. 상황이 이렇게 돌아가자 처칠의 부인은 처칠에게 턱받이를 만들어 달아 주었다.

"제발 집에서는 그 턱받이 하고 시가 펴요. 집에 있는 세간살이 중에 남아나는 게 없잖아요! 좀 줄여요! 내가 끊으란 소리는 안 할 테니까."

"가지고 있는 시가 다 태우고 한번 천천히 생각해 볼게."

당시 처칠은 10개월 치 시가를 서재 옆방에 보관하고 있었는데, 하루 평균 열 개를 태우니까, 한 달이면 3백개, 열 달이면 3천 개 분량이었다.

처칠은 늘 3천~4천 개의 시가를 보관해 두고 이를 태웠던 것이다.

그렇다면 처칠이 즐겨 태웠던 시가가 무엇이었을까? 처칠은 절대적인 던힐 애호가였다.

"이게 말이야, 다른 시가는 좀 밋밋해, 근데 던힐은 댕기는 맛이 다르거든…."

당시 던힐은 듀크가에 있는 시가 숙성실 시스템으로 고객들의 엄청난 호응을 얻고 있었다. 헌데 제2차 세계대전 초창기 배틀 오브 브리튼 Battle of Britain 영국 본토 항공전, 제2차 세계대전 초기 독일 공군의 영국 공습 기간을 말한다 때 독일 폭격기가 런던 드레이크가의 던힐 담배 가게를 폭격하는 상황이 벌어진다. 당시 이 가게는 처칠이 즐기는 시가를 보관하고 있었다. 폭격으로 가게가 날아가 처칠의 흡연에 심각한 장애를 초래할 상황! 이때 가게 주인은 새벽 두 시에 처칠에게 전화를 한다.

"각하! 각하가 태우시는 시가는 안전하게 보관되어 있습니다!"

정말 유명한 일화라 할 수 있겠다. 자, 이 대목에서 우리가 생각해 보아야 할 한 가지가 있는데, 과연 처칠은 이렇게 시가를 피웠는데도 어떻게 90세까지 건강을 유지했냐 하는 것이다. 그의 사진들을 보면 거의 대부분 시가를 꼬나물고 있고, 공식 석상이나 비공식 석상이나 시가를 입에서 뗀 적이 없다 외교 의전 행사 때에도 시가를 물고 있었다. 이 때문에 외교 문제로까지 비화한 적도 있었다. 그런데도 그렇게 오래 살다니….

"내 건강의 비결은 술과 시가라니까!"

처칠의 말이 사실일까? 일단 그가 90세까지 산 것은 맞지만, 그의 말년은 그렇게 건강하지만은 않았다. 1953년 그의 나이 78세, 뇌졸중이 날아든다.

"어…어어, 이…이거 왜 이래? 몸이…!"

"가…각하!"

뇌졸중으로 그는 몸의 왼쪽 부분이 완전히 마비되어 버렸다. 그리고 12년 뒤인 1965년 1월 24일, 대뇌혈전증으로 사망하게 된다. 술과 시가를 줄창 했는데도, 이때까지 살 수 있었던 이유는 무엇일까? 더구나 제2차 세계대전이라는 인류의 운명을 건 전쟁을 5년씩이나 치르면서도 별 탈 없이 건강을 유지했던 비결은 무엇일까? 일단은 타고난 건강 체질이라 말할 수 있겠다. 그리고 이 건강 체질을 관리하는 그만의 노하우가 그의 장수를 도왔다 할 수 있겠다. 처칠은 게으르기로 유명한 인물이었는데, 오전 시간 내내 침대에서 생활을 했던 것이다. 이런 그의 생활 태도는 제2차 세계대전 당시에도 변하지 않았는데….

"각하! 아프리카 전선에서 몽고메리 장군이 보내 온 전문입니다!"

"그래? 그럼 보고해 봐."

"예? 여기서요?"

"그럼 어디서 하게?"

"여기는 침실…"

"침실이면 어떻고 사무실이면 어때? 내가 오전 중에는 침실에서 일하는 거 몰라, 인마! 전쟁에서 이기려면 총리인 내가 건강해야 하잖아? 나는 침대에서 늘어져 있지 않으면 몸살이 나는 체질이야! 후딱 보고해!"

그랬다. 제2차 세계대전 당시 영국의 운명을 결정지은 수많은 작전과 결정들은 그의 침대에서 이루어졌던 것이다.

처칠은 시가를 폈는데도 90세까지 산 게 아니라, 시가를 펴서 90세까지밖에 못 살았을 수도 있다. 그의 말년에 불어닥친 뇌졸중이 그 좋은 증거라 할 수 있을 것이다. 처칠의 삶이 시가와의 동거 때문에 행복했다 할 수 있겠지만, 그 동거 덕분에 그의 말년은 비참하기 그지없었다. 단순히 90세까지 장수하고 싶은 아니라 건강하게 장수하고 싶으시다면, 지금이라도 담배를 끊는 것이 어떨까?

처칠의 삶이
시가와의 동거 때문에
행복했다
할 수 있겠지만,
그 동거 덕분에
그의 말년은
비참하기 그지없었다.

철부지 남편 톨스토이와
악처 소피아

고 매 한 이 상 과 비 루 한 현 실

톨스토이 Lev Nikolaevich Tolstoi를 모르는 사람이 있을까. 《전쟁과 평화》로 대표되는 러시아의 대문호! 그의 책을 읽지는 못했어도 최소한 제목 정도는 알고 있어야 '상식'이란 단어에서 멀어지지 않을 것이다.

이 톨스토이를 말할 때마다 꼬리표처럼 따라다니는 한마디가 있으니, "톨스토이의 아내 소피아, 그녀는 세계 3대 악처 중 한 사람이다! 그녀만 아니었다면, 톨스토이는 좀 더 오래 살 수 있었을 것이다."

3대 악처는 많은 이들에게 엉뚱한 공식을 제공했는데, "천재나 영웅에게는 늘 악처가 꼬이는 법이지. 소크라테스 봐. 크산티페가 그렇게 바가지를 긁었는데도 대철학자가 됐잖아? 나폴레옹의 마누라 조제핀은 또 어떠냐? 애가 나이만 많이 먹어서 낭비벽만 심했지. 결정적으로 톨스토이를 봐! 소피아가 그렇게 바가지를 긁어 댔으니 견딜 재간이 없었던 거지. 그러니까 집을 뛰쳐나온 거 아냐."

톨스토이를 아는 많은 사람들이 소피아를 악처로 몰아간 결정적 증거! 그것은 톨스토이가 여든두 살에 감행한 '가출'이었다. 이를 계기로 톨스토이는 죽게 된다. "얼마나 살기가 싫었으면 여든둘이나 된 노구를 이끌고 집을 뛰쳐나왔을까?" 대충 이런 식으로 톨스토이를 아니, 소피아를 바라봤던 것이다. 이 대목에서 우리가 염두에 두어야 할 질문 한 가지가 있다. 소피아는 왜 악처가 되었느냐는 것이다. 겉으로 본다면 이 둘의 결합은 '환상의 커플'이라 부를 수 있을 정도로 조건들이 좋았다. 둘 다 귀족이었고 먹고사는 데 전혀 지장이 없는 상황. 배울 만큼 배웠고, 사회적 명예도 얻은 그들이 아니던가? 크산티페의 경우는 무능력한 가장에 대한 울분이라도 있었을 테지만, 소피아의 경우는 이런 경제적 문제와는 상당 부분 동떨어져 살았을 터인데…. 이번 주제는 세계 3대 악처에 당당히 그 이름을 올린 소피아에 관한 이야기이다.

✷ ✷ 대문호의 청년 시절

"주인님! 이…이러시면 안 되요…되요…되요…되요…."

"안 되긴 무슨, 이리 와!"

그냥 작품만 보면, 톨스토이는 천재라 할 수 있을 것이다. 그러나 이런 대작을 쓰기 위해서는 대작의 두께만 한 삶의 무게를 경험해야 하는 것이 작가의 숙명. 그런 의미에서 톨스토이는 삶의 무게를 제대로 경험했다 할 수 있겠다. 젊은 시절 톨스토이는 그야말로 '개'였다.

"나타샤, 오늘밤 나랑 어때 응?"

"아잉, 백작님은 하녀랑만 논다면서요?"

"어허 그런 게 어디 있어? 어디서 그런 증권사 객장에서나 돌 법한 헛소리를 듣고 온 거야? 나는 XX염색체 가진 사람이라면 가리지 않는다는 주의야."

빵빵한 귀족 집안의 아들이었던 톨스토이. 그의 두 손에 쥐어진 것은 돈과 시간뿐, 톨스토이의 젊은 시절은 여자와 도박을 빼면 아무것도 남아 있지 않았다. 그러나 이런 탐닉에는 그만의 이유가 있었으니….

"저기 백작님? 거시기… 이제 저는 가야 하는데요. 그럼 안녕히 주무세요."

"어허, 긴 밤 끊었는데 무슨 소리야?"

"아니… 몸도 안 좋고 그래서….'

"잠깐 이리 와 봐. 무릎베개 해 줘라 응? 내가 '따블'로 줄게."

"무…릎베개요?"

"그래, 이렇게 따뜻한 여자 품이 좋아."

톨스토이가 여자에 집착했던 것은 바로 그의 콤플렉스 때문이었다. 두 살 때 어머니를 잃은 톨스토이는 모성에 대한 집착이 강했다. 여기에 그 자신의 외모 콤플렉스까지 합해지면서, 독특한 여성관이 만들어진 것이다. 그렇게 폭풍 같은 20대를 흘려보낸 톨스토이는 30대가 되면서 슬슬 사람 꼴을 하며 살아가게 된다.

"야, 뭐니 뭐니 해도 남자는 결혼을 해야 사람이 되는 거야. 더 늦기 전에 장가가라, 응?"

"여자가 있어야 장가를 가지."

"그럼 지금까지 너랑 논 여자들은 여자가 아니고 남자냐? 외계인 이야?"

"이놈이 꼭 말을 해도, 어… 근데 저 여자 누구냐? 오우… 청순가련! 죽이는데? 쟤 누구냐? 너 아는 애냐? 저런 애라면 한번 결혼해 봐도 괜찮을 거 같은데?"

"…"

"야? 쟤 누구냐니까?"

"내 딸이다. 이 변태 같은 놈아!"

궁정 의사였던 친구, 그의 딸에게 필이 꽂혀 버린 톨스토이…. 그는 끈덕지게 친구를 물고 늘어지는데…

"야, 친구 소원도 못 들어 주냐? 아니, 장인, 장인님, 장인 어르신! 딸을 저에게 주십시오! 제가 행복하게…"

"야 이놈아! 소피아 나이가 몇 살인 줄 알아? 걔 아직 열여덟 살이야!"

"그런데요?"

"네 나이가 몇 살인데? 너 올해 서른넷이잖아? 나이 차를 봐 나이 차를! 띠동갑도 훨씬 넘었어, 이 날강도 같은 놈아!"

"에이, 사랑에는 국경도 없다는데…. 그리고 원조교제다, 성폭행이다 해서 세상인심도 흉흉한데 후딱 시집보내는 게 장인어른 정신 건강에도 좋다니까요."

톨스토이는 히딩크식 압박축구 아니, 압박구혼으로 구혼 7일 만에 결혼을 하게 된다. 이때가 바로 1862년 9월 23일이었다. 서른네 살의 중년 톨스토이와 아직도 젖살이 뽀송뽀송한 열여덟 살의 소피아 안드레예브나 베르스 Sofia Andreevna Bers. 이 둘의 결합은 누가 봐도 좀 이상해 보였다. 게다가 당시 톨스토이에게는 아들이 한 명 있었다. 물론 법적인 결혼으로 얻은 아들은 아니었다. 자신의 하녀였던 아크시니야 바지키나가 낳은 사생아였지만 어쨌든 아들은 아들이었다.

그렇게 말 많고 탈 많은 결혼식을 끝마친 톨스토이. 열여섯 살의 나이 차를 극복했다는 자신감 때문이었을까? 아니면 정말로 아내를 사랑했기에 그랬던 것일까? 결혼식이 끝난 후 톨스토이가 제일 먼저 한 일은 신부에게 자신의 15년 치 일기장을 건넨 것이었다.

"자기야. 부부 사이에는 서로 숨기는 게 있어서는 안 되겠지?"

"당근이죠."

"그래서 말인데, 이거 받아."

"이게 뭐죠?"

"응, 내가 지난 15년 동안 쓴 일기장이야. 내 인생 모두를 숨김없이 기록한 일기장이지. 내가 자기에게 숨기는 게 하나도 없다는 걸 증명하고 싶었어."

"아, 여보…!"

"하지만… 당신 일기장도 공개해야 한다는 거!"

그랬다. 톨스토이는 부부 사이에는 비밀이 없어야 한다며 서로에게 각자의 일기장을 보여 주자고 제안했다. 이게 무슨 교환 일기장도 아니고…. 여하튼 겉으로만 보면 참 바람직한 부부상이라 할 수 있겠다. 부부 생활을 하면서 서로 일기장을 교환하고, 이 일기장을 통해 서로의 마음을 확인한다는 취지는 정말 훌륭했다. 이 훌륭한 생각도 그리 오래가지 않았다. 톨스토이는 자신의 비밀을 더 이상 소피아에게 보여 주기 싫었는지, 아내가 보는 일기 외에 따로 비밀일기를 쓰게 된다. 어쨌든 어린 신부는 남편의 일기장을 펼쳐 드는데….

"여보, 정말 당신 이렇게 살았어요?"

"젊었을 때 치기 어린 마음에….'"

"짐승! 변태! 이 일기장은 당신이 숨겨 놔요. 보기만 해도 무서워요…!"

"아니, 난 새로운 마음으로 결혼 생활을 하려…"

"다 용서해 줄 테니까, 내 앞에서 이 일기장 꺼내지도 마요!"

그 일기장에는 젊은 시절 여자와 도박에 빠져 살았던 톨스토이의 행적이 고스란히 적혀 있었던 것이다. 산전수전 공중전까지 다 경험한 서른네 살의 톨스토이에게는 '지나간 과거' 정도로 치부할 수 있겠지만, 열여덟 살 때 묻지 않은 꿈 많은 소녀에게 톨스토이의 일기장은 입에 담지 못할 야설 그 자체였던 것이다. 톨스토이의 일기장은 어린 신부에게 섹스의 부정적인 측면만을 부각시켰다.

"…원래 손만 잡고 자면 아이가 생기는 거 아니었어요?"

"지금 농담해? 손만 잡아도 애 낳으면, 쎄쎄쎄 하면 세 쌍둥이 낳겠네? 자자, 일단 이리 와 보라니까…."

그러나 이미 섹스에 대해 부정적인 인식을 가지게 된 어린 신부는 냉

정할 수밖에 없었다. 이런 소피아를 보며 톨스토이는 한탄하게 된다.

"몸매만 잘 빠지면 뭐 해? 애가 무슨 목석도 아니고, 완전 도자기야 도자기! 보는 것만 좋아."

신혼 초부터 삐걱거린 두 사람. 과연 이들은 순탄한 가정을 꾸려 갈 수 있을 것인지….

✳ ✳ 악 처 의   눈 물

신혼 초부터 삐걱거리기 시작한 톨스토이와 소피아의 관계는 톨스토이의 모성 콤플렉스 때문에 더욱 벌어지게 된다.

"…여보, 나 또 임신이래."

"정말? 리얼리? 혼또니? 축하축하! 이제 조금만 더 하면 축구단을 만들 수 있겠군. 고마워, 자기야."

"그런데 자기야. 혹시 이런 말 못 들어 봤어?"

"무슨 말?"

"덮어 놓고 낳다 보면 거지꼴을 못 면한다."

"그래서?"

"아니, 무조건 애만 낳는다고, 되는 일이 아니잖아. 키워야지, 먹여야지, 공부시켜야지…."

"우리가 돈이 없어, 땅이 없어? 뭐가 불만인데? 내가 돈을 안 줬어?

요즘 애 많은 건 그만큼 잘산다는 증거야. 그리고 나라에서 적극적으로 애 낳으라고 그러잖아? 이제 출산 장려금도 나오고, 교육비도 나오고, 아파트 청약도 할 수 있고…. 여하튼 애들이 많으면 좋아."

"낳는 건 좋은데, 나 혼자 다 키울 순 없잖아. 하다못해 유모라도 좀…."

"그게 엄마로서 할 소리니? 어떻게 애 엄마 되는 사람이 자기 애를 남한테 맡길 생각을 해? 나 자기한테 실망했어!"

어머니를 그리워 하던 톨스토이는 모성애에 대한 집착이 강했다. 이 때문에 소피아는 피임을 전혀 할 수 없었고 계속해 임신과 출산을 반복해 무려 열세 명의 아이들을 낳게 되었다. 여기까진 그래도 수긍하고 넘어갈 수 있다. 부부간의 금슬이 좋아 애가 많은 것을 누가 탓하겠는가? 진짜 문제는 유모를 들이지 않겠다는 톨스토이의 완강한 고집이었다. 한 해도 배가 꺼지는 날이 없던 소피아는 젖이 마를 날이 없었다. 당시 평범한 귀족들이나 나름대로 사는 집에서는 유모를 부르는 것이 상식이었는데….

"아니, 톨스토이 백작네는 그 돈 아껴서 나중에 싸 짊어지고 갈 거야? 왜 유모를 안 불러? 그러다 가슴 다 망가져."

"그게, 남편이…."

"그게 무슨 소리야? 애들 걱정은 안 해? 빨리 크려면 젖을 많이 먹여야 하는데, 겨우 두 개 가지고 저 많은 입을 어떻게 감당할 거야?"

톨스토이의 고집 때문인지, 아니면 원체 허약하게 태어나서인지는 모르나 태어난 열세 명의 자식들 중 여섯은 어려서 죽게 된다. 이런 상황 속에서도 톨스토이는 끊임없이 소피아를 임신시켰고, 유모를 반대했다. 물론 소피아가 이렇게 애만 낳고 살았다면, 그럭저럭 버틸 만했을지도 모른다. 돈 많겠다, 시간 많겠다. 아이들만 보고 산다면 시간은 잘 갈 것이다. 그러나….

"자기야! 이거 이번에 내가 쓴 작품이거든?"

"'전쟁과 평화'? 뭐가 이렇게 두꺼워? 이거 설마…."

"응, 자기가 교정 좀 봐 줄래?"

"…."

명문은 악필이라고 했던가? 대문호 톨스토이의 원고는 사람이 읽을 수 없을 정도의 악필이었다. 이 악필을 사람이 볼 수 있는 글로 교정하는 일은 언제나 소피아의 일이었다. 그 두꺼운 원고를 가득 메운 알아보기도 힘든 글자들을 고치는 작업이 결코 쉬운 작업은 아니었을 것이다. 육아에 교정 작업까지 떠맡은 소피아의 일상은 전투 그 자체였다. 하루 다섯 시간 이상 자 본 적이 없다는 푸념이 나올 만한 상황. 그러나 이때까지만 하더라도 소피아는 나름대로 현모양처로 살아가려 애썼다. 남편

노부부의 48주년 결혼기념일
레프 톨스토이(1828~1910)와
소피아 톨스토이(1844~1919).
레프 톨스토이가 죽기 두 달 전의
사진이다.

의 성격이 좀 모난 건 시어머니가 일찍 세상을 떴기 때문이고, 글씨는 못 써도 글은 잘 쓰지 않는가? 유모를 두지 못하게 했지만, 모정에 굶주린 그이의 유년시절을 떠올리면 이해할 수도 있지 않은가? 젊은 시절의 방탕함, 이 역시도 한때의 치기라 이해할 수 있지 않은가? 그러나 정말 이해할 수 없는 일이 벌어졌다.

"사유재산을 가진다는 게 말이 돼? 우리는 지금 농민들을 착취하는 거야! 난 내 재산을 모두 환원할 거야. 그리고 이제부터 우리는 농부가 되는 거야. 날 따를 거지 소피아?"

지주 생활을 청산하고, 농민으로 돌아가겠다는 톨스토이의 폭탄선언…. 톨스토이 개인에게 있어서는 분명 고뇌에 찬 결단이었겠지만 이제껏 귀족으로 살아온 소피아에게는 귀신 씨나락 까먹는 소리일 수밖에 없었다. 아무리 고매한 이상이라 하더라도 현실을 외면할 수는 없지 않은가?

"당신이 무슨 이팔청춘이야? 젊어서 혁명 한다면 아직 세상을 덜 살아 그런 거라 이해라도 하지, 당신 나이가 지금 몇 개야? 농민 계몽? 그래, 계몽 좋다 이거야. 계몽 좋아하는 당신이나 열심히 계몽하지, 왜 우리까지 덩달아 끌려가야 하는데? 당신 제정신이야?"

우리가 악처라 말하는 소피아. 그러나 한 발짝 물러서 바라보면, 인고의 세월을 눈물로 참아 냈던 평범한 아내들의 모습이 드리워 있음을 알게 될 것이다.

한 발짝 물러서 바라보면, 인고의 세월을 눈물로 참아 냈던 평범한 아내들의 모습

퀴리 부인,
바람났네

우 리 가   읽 는   위 인 전 이   반 쪽 짜 리 인   이 유

퀴리Marie Curie부인 하면, 더 이상 설명이 필요 없는 여성 과학자의 대표 주자이다. 노벨상을 두 번이나 받았으며 이 업적 덕분에 프랑스의 저명 인사들만 묻힌다는 판테온에 안장되었다. 유로화를 쓰기 전 프랑스에서 제일 고액권이라 할수 있는 5백 프랑화 앞뒷면에는 퀴리 부부의 초상이 인쇄되어 있었다.

그런데 이처럼 추앙받는 퀴리 부인이 두 번째로 노벨상을 수상할 당시, 프랑스 사회의 지탄을 한 몸에 받았다고 한다. 그런가 하면 노벨상을 선정하는 스웨덴 왕립 과학 아카데미에서는 선정 취소를 고민했다. 더 나아가 퀴리 부인은 사회적으로는 매장 당하는 상황에까지 이르게 된다. 왜 그랬을까? 그렇다. 퀴리 부인은 해서는 안 될 사랑, 불륜의 주인공이었던 것이다.

＊ ＊ 퀴 리 부 부 의 사 랑

마리와 피에르, 이들은 진실로 사랑했다. 폴란드계 유태인이며 소르 본 대학 최초의 여성 물리학 박사였던 마리는 1895년 자신보다 여덟 살이 많은 물리학자 피에르 퀴리와 결혼하게 된다. 결혼 3년 후 어느 날,

"피에르! 우라늄에서 새로운 물질을 발견했어요!"

1898년 퀴리 부부는 역청 우라늄광에서 새로운 방사선 원소를 발견하게 된다. 그리고 이 방사선 원소에 라듐과 폴로늄이라는 이름을 지어 준다.

"마리, 우리 조금만 더 연구해 봅시다."

"그래요 피에르…. 당신만 곁에 있어 준다면 어떤 시련이 와도 견뎌 낼 수 있어요."

마리와 피에르, 그들이 발견한 라듐은 학계의 비상한 관심을 이끌어 낸다.

"피에르란 놈이 라듐이란 걸 발견했다며?"

"장난 아냐! 우라늄보다 더 강한 방사선을 낸다더군."

"야… 이거 장난 아닌데?"

라듐의 발견으로 피에르는 노벨물리학상의 후보로 추천된다. 첫 번째 노벨상 수상에서 마리는 수상자 명단에서 제외됐다.

"아니 이런 게 어디 있습니까? 울 마누라가 얼마나 열심히 연구했는데요! 울 마누라 이름 안 넣어 주면 나 노벨상 안 받을랍니다!"

"어허, 이 사람이…. 걍 주면 주는 갑다 하고 받으면 될 일 가지고…."

"울 마누라는 이번 연구에서 굉장히 중요한 역할을 했음다! 공동 저자라고요, 공동 저자!"

"이 사람이… 이름만 올려놓고, 공동 저자라고 하는 걸 한두 번 보는 줄 알아? 아무리 마누라가 좋다지만, 여자가 무슨…!"

"마리에게는 핵심 기술이 있습니다!"

피에르는 마리의 공동 수상을 강력하게 주장했고, 이 덕분에 1903년 노벨물리학상은 피에르 퀴리, 마리 퀴리 그리고 앙리 베크렐 이 세 사람이 공동 수상하게 된다.

이들 부부는 행복해 보였다. 두 딸은 잘 자라 주었고, 연구는 인정을 받았으며, 이들의 사랑은 영원할 듯했다. 문제는 피에르 퀴리의 제자인 폴 랑주뱅 Paul Langevin 이었다.

"어이, 폴! 이 실험 결과 좀 정리해 주게."

"알겠습니다. 선생님."

폴은 꽤 유능한 제자였지만, 유능 그 이상의 평가를 받기에는 함량 미달이었다. 한마디로 모범생 스타일의 남자였던 것이다.

"폴이 말야… 연구에 있어서는 천재가 아니지만, 정리 정돈에 있어서는 천재일 거야."

"정말이요?"

"그럼, 일단 그놈 손에 뭘 던져 주면 깔끔하게 이론으로 만들어 낸다니까. 번뜩이는 재치는 없어도 차분하게 논문 정리하는 걸로는 따라갈 놈이 없지.”

“다행이네요. 그런 제자를 둬서….”

이때까지만 해도 폴과 퀴리는 남편의 제자와 스승의 사모님 관계였
다. 그러나 덜컥 사건이 터져 버린다.

1906년 5월 7일, 길을 가던 피에르는 짐마차의 바퀴에 머리가 깔려
그 자리에서 즉사한다. 피에르의 나이 마흔일곱, 마리의 나이 서른아홉
의 일이었다.

“아이고 여보! 당신 없이 나 혼자 어떻게 살라고, 흑흑…. 우리 딸애
들은 어떻게 하라구요? 예? 뭐가 그리 급하다고, 흑흑….”

피에르의 죽음 앞에 마리는 오열한다. 11년간 부부이자, 동료이며 친
구로 지내 왔던 피에르와 마리는 그렇게 이승에서의 연을 접게 된다. 실
의에 빠져 있던 마리는 곧 정신을 차리고, 연구에 매진하지만 가슴 한구
석에 차곡차곡 쌓이는 피에르에 대한 그리움은 어쩔 수가 없었다.

“아… 피에르….”

이때 마리의 눈에 들어온 한 남자가 있었으니, 바로 남편의 제자 폴
이었다.

“사모님… 너무 괴로워하지 마세요. 이렇게 슬퍼하시면, 하늘에 있는
선생님도 힘드실 거예요.”

“아… 폴!”

“사모님…!”

마리는 남편을 잃은 상실감을 남편의 제자를 통해 달래려고 하는데….

✳ ✳ ✳ 라듐처럼 치명적인 마리의 불륜

피에르 퀴리의 아내였던 마리 퀴리와 피에르 퀴리의 제자였던 폴 랑주뱅은 눈이 맞았다.

"아 폴! 난 당신밖에 없어요!"

"사모님!"

이 둘은 사랑을 하게 되지만, 문제는 이 둘의 사랑이 사회적으로 용납될 수 없는 사랑이란 것이었다. 스승의 여자라서? 남편의 제자라서? 피에르는 죽지 않았던가? 피에르의 문제가 아니었다. 폴이 문제였다. 폴은 결혼한 유부남이었다. 한국적 시각으로 보면, 명백한 '간통'이었다.

"사모님! 사랑해요."

"폴, 우리 둘만의 공간을 만들자⋯. 그리고 우리의 사랑을 키워 나가는 거야."

마리는 적극적이었다. 늦게 배운 도둑질이 날 새는 줄 모르는 법! 마리는 아파트까지 구해서 폴과 밀회를 즐기게 된다. 그러나 꼬리가 길면 잡히는 법. 폴의 아내가 눈치를 챘다.

"폴! 얘기 좀 해요!"

"나 바빠!"

"바쁘겠지. 선생 마누라랑 놀아나려면 몸이 두 개라도 모자라겠지."

"!"

"죽은 당신 선생을 생각해서라도 이 정도에서 끝내요. 아니 지금 당신이랑 놀아나는 여자를 생각해서라도 이쯤에서 멈춰요. 노벨상도 받은 여자인데….”

그러나 이 둘은 이미 눈에 보이는 게 없는 상태. 마리는 폴에게 별거를 요구하는 편지를 보냈다.

“폴, 기다릴게요. 끝까지 기다릴게요. 그러니까 당신이 별거할 수 있는 모든 방법을 다 동원해요. 우리 예전처럼 당신 방에서 같이 지낼 수 있을 때까지 우리 노력해요. 당신의 결혼 생활을 끝장낼 수 있는 모든 방법을 다 동원해서 내게로 돌아와 줘요.”

늦바람이 무섭다더니, 마리의 폴에 대한 집착은 날이 갈수록 심해졌다. 이제는 폴의 연구 성과에까지 관여하게 되는데….

“휴… 폴이 너무 불쌍해. 걔가 할 수 있는 건 실험을 정리하고, 이론을 만들어 내는 정도야.”

“네가 좀 도와주면 안 되니?”

한 쌍의 연인이 숨어 있는 사진
1911년 벨기에 브뤼셀에서 개최된 제1회 솔베이 회의 사진.
퀴리는 앉은 줄 오른쪽에서 두 번째에 자리를 잡았고 사진 오른쪽 끝에 랑주뱅이 서 있다.
랑주뱅 옆, 아인슈타인의 모습도 볼 수 있다.

"이게 도와주고 말고 할 문제야? 또 폴이 얼마나 자존심이 센데…."

마리는 자신의 친구들에게 폴의 능력에 대한 문제를 토로하며, 자신이 도와줄 수 없음을 한탄했다. 마리는 이제 폴에게서 빠져나올 수 없는 상태였다. 이런 상황에서 1911년 마리는 노벨화학상 수상 결정을 듣게된다. 마리의 노벨화학상 수상 소식을 들은 프랑스 국민들은 마리의 집으로 몰려왔다. 그러곤 외치기 시작했다.

"화냥년은 꺼져 버려라!"

"유태인 여자가 건실한 프랑스 가정을 박살 냈다!"

"그러고도 노벨상을 받을 생각이냐?"

"갈보년아, 꺼져 버려라!"

폴과 마리의 불륜 행각이 언론에 공개된 것이었다. 폴의 아내가 마리의 편지를 발견했던 것이다. 하루빨리 아내의 손에서 벗어나 별거하라는 마리의 편지를 본 폴의 아내는 더 이상 이들을 용서할 수 없었다. 그녀는 이 편지를 일간지 〈뢰브르〉에 보냈고, 편지 내용은 1911년 11월 23일자 신문에 대서특필된다.

"천재 여과학자, 남편의 제자와 눈 맞았다!"

"유태인 여과학자가 건실한 프랑스 유부남을 꼬셨다!"

"가정파괴범 퀴리!"

프랑스는 들끓었다. 드레퓌스 사건으로 반유대주의를 확인했던 프랑스인들은 다시 한 번 유태인 타도를 외치며 마리에게 몰려갔다. 퀴리는 꿋꿋하게 자신의 사랑을 지키려 했다.

"폴! 당신이 원한다면 노벨상 같은 거 다 포기할게! 난 당신만 있으면 돼!"

그러나 그 사랑스런 폴은 가정으로 돌아갔다.

"미안, 나에겐 가정이 있어. 그만 날 잊어 줘."

퀴리는 버림받게 된다. 상황이 이렇게 돌아가자 스웨덴의 왕립 과학 아카데미에서도 마리에 대한 노벨상 수상을 다시 생각하게 된다.

"이거 참… 상을 주자니 그렇고… 안 주자니 또 그렇네….”

"불륜은 애정이 아닙니다. 불륜은 과학일 뿐입니다."

"…뭐 하자는 플레이야?"

"아니, CF라도 들어올까 싶어서…"

"자자, 헛소리들 그만하고 어쩔 거야? 이 바람난 부인한테 상을 줘야 하는 거야, 말아야 하는 거야?"

"준 거 또 뺏을 순 없잖아? 그리고 불륜이랑 과학은 별개의 문제잖아."

"…젠장, 죽은 놈만 불쌍하지."

이리하여 퀴리 부인은 1903년에 이어 1911년에 다시 한 번 노벨상을 받게 된다. 그러나 이 노벨상 수상은 안 하느니만 못한 결과를 가져오게 되었는데,

"화냥년 주제에 상은 받고 싶은가 보지?"

"갈보년…. 서방질이나 하는 년은 때려죽여야 해!"

"조리돌림을 해 버려야 한다니까!"

프랑스 국민들의 반응은 냉담했다. 분명 국가의 명예이건만, 사람들은

그녀가 노벨상의 권위를 떨어뜨렸다고 주장했다. 어린 시절 위인전에 나오는 퀴리 부인은 오로지 과학 연구에만 매진하느라 주변은 물론, 자신의 건강까지 돌보지 않는 맹렬 과학자였다. 그러나 그에게도 '사랑'이 있었고, 그 사랑 덕분에 온 세상을 적으로 돌려야 했다. 그동안 반쪽짜리 위인전을 봐야 했다는 사실이 새삼 화가 나는 지금이다.

그에게도
'사랑'이 있었고,
그 사랑 덕분에
온 세상을
적으로 돌려야 했다.

"신념과 운명은 동전의 양면이다"

굳은 신념이 미덕인 인간 사회에서 덮어 두어서는 안 될 질문, 지금의 신념이 혹 미신은 아닌가 하는 점이다. 한 나라의 주권, 한 여성의 죽음, 한 사회의 터부, 한 시대의 종교적 억압, 한 사회의 의학계 풍조를 좌지우지했던 거짓 믿음을 여기 모았다. 때로는 신의 권능으로, 때로는 무지의 권능으로 인류를 위협해 온 신념의 아이러니다.

식민지에서 벌인
마술쇼

알 제 리 독 립 을 억 압 한 프 랑 스 의 기 획

프레드 진네만의 1973년작 〈쟈칼의 날〉을 기억하시는가? 이 영화는 1960년대 초를 배경으로, 프랑스 극우 세력이 최고의 킬러 쟈칼을 고용해 알제리를 반환 하겠다고 나선 드골 대통령의 암살을 의뢰하는 것으로 시작한다. 이번에 이야 기해 보고자 하는 것이 바로 알제리 역사의 한 부분이다. 132년간 프랑스의 지 배를 받다, 1962년 겨우겨우 독립을 한 알제리… 이 말 많고 탈 많은 알제리의 식민 지배 초창기, 프랑스 정부가 '마술'을 통해서 알제리 독립운동의 불씨를 꺼 버렸다면 믿으시겠는가? 이 코미디 같은 일이 당시 프랑스 정부가 진지하게 진행했던 프로젝트라면? 이번 주제는 바로 마술을 통한 반란 진압이다.

✳ ✳ 권력에 도전하는 마술사를 마술로 진압하라

프랑스가 알제리를 점령한 지 20여 년이 흐른 1850년대. 나폴레옹 3세에게 난데없는 소식이 날아든다.

"폐…폐하, 큰일 났습니다! 아…알제리에서… 알제리에서…!"

"뭐야, 호떡집에 불났어? 이놈의 작가는 맨날 큰일이래. 야야, 무슨 일인데 그래?"

"그…그게 알제리에서 지금 반란을 준비하고 있다는 보고가 들어왔습다."

"뭐? 반란? 어떤 놈이야? 어떤 놈이 반란을 한다는 거야? 이 반란군 놈들 탱크로 확 밀어 버리겠어! 누구야?"

"에, 그게… 반란이 아니라 반란 징후랍니다."

"반란이든, 반란 징후든! 너 인마 3·1 독립만세운동도 모르냐? 이놈들도 그렇게 확 들고 일어나면 시끄러워지거든? 미리미리 밟아 놔야 해. 누구야?"

"그게, 마라부트족이라고 좀 요상한 놈들임다."

"요상해?"

"예, 제다이도 아닌데, 포스를 믿고 있는 놈들임다. 포스가 함께한다고… 이상한 마술 같은 걸로 알제리 원주민들을 선동하고 있답니다."

"…거시기 요다같이 생긴 애들이냐?"

"아니 뭐, 생긴 건 걍 사람인데, 하는 짓은 요다입니다. 굿도 하고, 부

적도 써 주고… 푸닥거리도 하고….”

“야, 그건 요다가 아니라 무당이잖아! 난 또 〈제국의 역습〉 찍는 줄 알았더니만, 〈왕꽃선녀님〉 찍고 있는 거잖아? 총독 보고 알아서 하라고 그래라.”

“저, 폐하, 지금 그런 수준이 아니거든요? 마라부트 애들이 마술로 알제리의 얼빵한 애들 혼을 다 빼놓고는 이제 프랑스로부터 독립할 때다, 와─그런 분위기로 몰아가고 있거든요. 여차하면 한판 맞짱 뜨자 그럴 기세임다.”

“그래서?”

“아무래도 군대를 보내야 하지 않을까 싶슴다.”

“군대? 그 정도야?”

“분위기 심상찮답니다. 알제리 주둔군 애들 지금 에이형 근무로 계속 근무 중이랍니다.”

“흠, 내가 좀 궁금해서 묻는 건데, 그 마리오네트? 마라부트? 그래 마라부트 애들이 보여 주는 마술이란 게 뭔데?”

“에… 정보 보고에 따르면 맨손으로 북경 오리를 때려잡고, 떡볶이를 철근같이 씹어 먹으며, 달리는 마을버스 2-1에서 뛰어내려도 멀쩡하다는….”

“…육봉달이잖아.”

“아니 그래도 마라부트 애들이 아픈 사람들을 슥 만지기만 해도 병이 싹 낫는답니다!”

"장난하냐? 육봉달 때문에 군대를 파견하자고?"

"…."

"당장에 프랑스에서 제일 잘나가는 마술사 섭외해! 빨랑!"

"폐하, 마술사로 어쩌시려구요?"

"별거 있어? 그쪽에서 육봉달로 나오면, 이쪽에서는 육봉달보다 더 잘나가는 카퍼필드 같은 놈을 데려가서 프랑스가 너희들보다 개그… 아니 마술 수준도 높다고 확 기를 꺾어 놔야지 안 그래? 육봉달이 마술이면 마, 카퍼필드는 마술이 아니라 포스다!"

"알겠습다! 지금 당장 마술사를 수배하겠습다."

이리하여 프랑스 정부는 당대 최고의 마술가인 로베르 우댕Jean Eugène Robert Houdin을 섭외하게 된다. 현대 마술의 아버지라 불리우는 로베르 우댕! 그는 과연 위기의 프랑스를 구해 낼 수 있을 것인가?

"로베르 우댕! 지금 조국 프랑스가 당신을 필요로 합니다! 당신만이 조국을 위험에서 구해 낼 수 있습니다."

"…아저씨 지금 뭐 하자는 플레이요? 마술사보고 조국을 구해 내라니? 지금 〈아마겟돈〉 찍수?"

"황제 폐하께서 급히 찾으시니 일단 궁으로 갑시다."

"이거 참, 알았으니까, 이거 좀 놓고 얘기합시다. 아무리 황제라지만 공짜는 안 돼! 출연료 계약서부터 쓰고 갑시다."

✳ ✳ 마 술 vs 마 귀 : 공 포 조 성

나폴레옹 3세 앞에 선 로베르 우댕. 그동안의 자초지종을 다 듣는데,

"그러니까… 지금 알제리로 가서 거기 있는 육봉달이란 놈의 기를 확 꺾어 놔라 그 소리십니까?"

"글치, 마술 그까이 거 대충 벽이나 몇 번 통과하고, 총알이나 몇 번 씹어 주면 되는 거 아냐?"

"흠, 이게 또 계산을 해 보면, 고도의 심리극을 연출해야 하고… 그래설라무네 무대장치도 좀 신경 써야겠고, 알제리까지의 출장비에, 체재비에… 그런데 폐하, 제 출연료가 좀 세거든요?"

"지금 마 알제리가 통째로 넘어가느냐 마냐의 갈림길인데, 그까이 거 출연료 부르는 대로 다 입금시킬게, 계좌 불러!"

"오케바리! 조국의 명인데 어딘들 안 가겠습니까!"

이리하여 희대의 마술사 로베르 우댕은 알제리행 배편에 몸을 싣게 되는데, 알제리 총독부에서는 로베르 우댕의 일정에 맞춰서 알제리 전역에 대대적인 홍보를 하기 시작한다.

"지상 최대의 마술쇼! 로베르 우댕! 육봉달 수준의 마술이 아니라, 포스가 느껴지는 진짜 마술! 자자, 오시라! 애들은 가라, 애들은 가!"

졸지에 흥행 기획사가 된 알제리 총독부. 이들의 계산은 명확했다. 마라부트족을 위시해 알제리에서 한다하는 실력자들 그리고 알제리의 일반 국민들 전부에게 프랑스의 위대한 마술을 보여 주겠다는 것이었

다. 한마디로 말해 마라부트족의 마술보다 비교 우위에 있다는 사실을 확실히 각인시키겠다는 의도였다. 이렇게 차곡차곡 마술 흥행이 준비되는 동안 프랑스 최고의 마술사 로베르 우댕이 알제리의 수도 알제에 도착하게 된다.

"음… 그러니까 총독 나리, 마리오네트? 마가린? 아… 마라부트족 애들이 보여 주는 마술이라는 게 대충 어떤 겁니까? 진짜 육봉달 수준입니까?"

"우리가 보면 진짜 애들 장난이거든, 상처 부위에 손 갖다 대면 상처가 낫고 대충 그런 수준?"

"상처가 나면 밴드를 붙일 것이지 애들 수준하고는…. 알겠슴다. 대충 뭐 프랑스가 마술에 있어서도 너희들을 훨씬 앞지른다, 그런 분위기로 몰고 가면 되죠?"

"당근이지! 그렇게만 해 주면 잠잠해질 거야. 난 오뎅만 믿을게…. 아…아니, 쏘리, 우댕…! 우댕만 믿을게."

"걱정하지 마십쇼. 내 이놈들에게 프랑스 마술의 기본기부터 확실히 보여 줄 테니까…. 어디서 삼류 밤무대 마술을 들고 나와서 감히 프랑스한테 집적거려?"

이리하여 로베르 우댕의 마술쇼가 벌어지는 날이 다가왔다. 극장 안은 알제리의 시민들과 유력 인사들, 그리고 마라부트족 핵심 인사들로 인산인해를 이루는데,

"이거 좀 보쇼들…. 마라부트족 애들이 계속 육봉달 마술을 울궈먹는

다는 소릴 듣고, 선진 프랑스 마술의 진수를 보여 주려고 왔는데, 함 보고 판단해 보시라 이거요. 그럼 첫 번째 마술이 뭐냐면, 당신들 말이야 계속 프랑스랑 싸우겠다 그러는데, 여기 실크 모자 보이지? 우리나라에서는 이런 모자 안에서 대포알이 우수수 떨어지는 나라야!"

"우와…!"

로베르 우댕은 자신의 실크 모자에서 5파운드 대포알을 꺼냈다. 알제리 국민들이 동요하기 시작했다. 회심의 미소를 짓는 우댕,

"힘 좀 쓰는 애 있냐? 있으면 나와서 이 상자 좀 들어 볼래?"

우댕의 말이 끝나기가 무섭게 마라부트족의 건장한 남자가 성큼성큼 걸어나왔다.

"이 나무 상자 들 수 있겠어?"

"이게 지금 누굴 놀리나?"

남자는 나무 상자를 번쩍 들어올렸다. 마분지로 만든 것처럼 가벼워 보이는 상자. 그 모습을 보자 우댕은 회심의 미소를 지으며,

"자…이제 내가 너한테 최면을 걸 거야. 그런 다음에도 이걸 들 수 있을까? 자… 당신은 이제 한없이 힘이 약해집니다… 약해집니다… 약해집니다… 레드 똥!"

"지금 뭐 하자는 플레이야? 아주 지랄을 랜덤으로 떨어라!"

"그럼 이제 나무 상자를 들어 봐."

"이까이 거… 대충… 흡…! 이…이게…이게 왜 안… 들리지?"

마라부트족 청년이 아무리 용을 써도 나무 상자는 들리지 않았다. 벌

써 얼굴이 벌게지는 청년, 이때 우댕이 무대 뒤편을 향해 눈을 찡긋하자, 갑자기 마라부트족 청년은 비명을 지르며 뒹군다.

"으악! 마귀…! 마귀가 씌었다!"

회심의 미소를 짓는 우댕. 그는 나무 상자 안에 얇은 철판을 넣어 뒀던 것이다. 처음에는 그냥 가벼운 나무 상자였지만, 두 번째에는 전자기장을 흘려 넣어 전자석이 되었던 것이다. 즉, 바닥에 딱 달라붙은 것이었다. 여기에 한 술 더 떠 나무 상자 옆에 있는 철제 손잡이에 전기를 흘려 넣자 이 전기 충격에 마라부트족 청년은 기겁을 했던 것이다.

"자자, 전부 최면을 걸어서 닭 한 마리도 못 잡게 힘을 빼앗아 버리는 수가 있어. 알았어? 조심해!"

알제리의 민중 봉기를 예방하기 위해 긴급 파견된 프랑스 최고의 마술사 로베르 우댕! 알제리 민중들은 우댕의 말에 겁을 집어먹고 마술쇼 이야기를 알제리 곳곳에 퍼뜨리기 시작하는데,

"프랑스 애들이 총만 잘 쏘는 줄 알았는데… 마술도 잘혀. 마라부트족 애들은 껌이라니까 껌!"

"장난이 아니라니까, 막 최면을 거니까 그 갑빠 죽여주던 애가 힘을 못 쓰더라니까."

"육봉달 가지고는 택도 없겠더라고… 마라부트족 믿고 봉기했다간 박살 나겠더만…"

"모자에서 대포알이 나오더라고…. 프랑스 남자들은 전부 다 모자 안에 대포알 하나씩 넣고 다닌다는 소리잖아."

순식간에 마라부트족의 영향력이 축소되었다. 상황이 이렇게 되자 알제의 이슬람 교주가 자신을 위해 특별 공연을 해 달라는 상황까지 벌어지게 되었다. 그야말로 일발역전의 드라마가 펼쳐지게 된 것이었다.

"오뎅 씨 마술이 그렇게 대단하다면서?"

"오뎅이 아니고 우댕입니다만, 어쨌든 뭐 마라부트족이 하는 육봉달식 개그마술보다는 윗선에 있죠. 교주님이 아직 프랑스에 대해서 잘 모르셔서 그러신데, 프랑스에 가면 저 같은 놈이 득실득실합니다. 원래 저도 프랑스에서는 쌈마이인데, 다른 일류 마술사들이 워낙에 스케줄이 밀려 있어서 제가 알제리로 오게 된 겁니다."

"그래? 그렇구나…. 우리는 마라부트족 애들이 하는 마술이 진짜 대단한 건 줄 알고, 그거만 보고 있었지. 오뎅 씨가 아니었으면 큰일 날 뻔했어."

"아니 뭐 오뎅이 아니라 우댕이지만, 이렇게라도 알제리가 선진 마술의 세계를 접할 수 있게 됐으니 다행입니다."

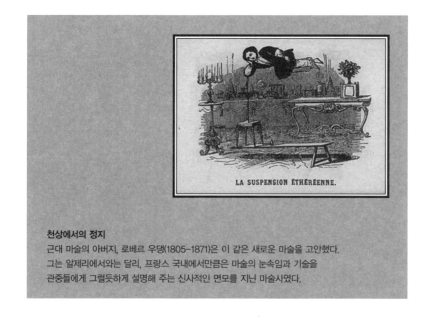

LA SUSPENSION ÉTHÉREENNE.

천상에서의 정지
근대 마술의 아버지, 로베르 우댕(1805-1871)은 이 같은 새로운 마술을 고안했다.
그는 알제리에서와는 달리, 프랑스 국내에서만큼은 마술의 눈속임과 기술을
관중들에게 그럴듯하게 설명해 주는 신사적인 면모를 지닌 마술사였다.

✳ ✳ 정 의 v s 꼼 수 : 연 출 의 힘

이렇게 되자 마라부트족도 가만히 앉아 있을 수가 없었다.

"어이 오뎅! 이게 어디서 굴러먹던 개뼈다귀 같은 놈이야? 프랑스 뒷골목에서 사기나 치면서 입에 풀칠이나 하더니, 이제 알제리까지 건너와 사기를 쳐?"

"어쭈… 지금 너 뭐라고 그랬어? 사기?"

"그래 사기! 이게 어디서 사기야!"

"사기란 증거 있음 대 봐! 증거 대라니까!"

"증거? 오케이 증거 보여 주지! 너 나랑 결투하자! 마법사라면 나랑 결투해서 이길 거 아냐? 단 조건이 있는데, 결투는 총으로 하고, 내가 먼저 쏠 거야. 마법사라면 내 총 피할 수 있을 거 아냐? 그게 증거 아냐?"

"그…그렇다고 할 수 있다고 볼 수 있을지도 모른다고 생각해."

"…뭐야! 지금 한다는 거야, 못 한다는 거야?"

"해야지!"

"좋아, 그럼 지금 당장 총을 준비해서…"

"아, 잠깐! 스톱…! 웨이트! 그러니까 말이야…. 내가 결투할 줄은 모르고, 마법부적을 깜빡했거든, 내가 알제로 가서 마법부적을 가져오면 그때 결투를 하자. 오케이?"

이렇게 해서 시간을 번 오뎅… 아니 우뎅은 결투 준비에 들어가게 되는데,

"일단 말이야, 저 무식한 마라부트족 놈 총에 장난을 좀 쳐야겠는데…. 어이, 총독 아저씨! 착하고 세금 잘 내고 국가 시책에 적극 협조하는 훌륭한 마술사 한 명 골로 보내기 싫으면 당장 저 꼴통 마라부트족 놈 총에서 실탄을 빼고 공포탄을 장전해 주세요."

"음, 알겠네."

"그리고 일단은 총알이 필요한데, 아… 그리고 결투 장소에 벽이 있나요? 벽에다가 구멍을 뚫어 놓고…. 그래, 피를 흘리게 만드는 거야!"

"피는 왜?"

"이 사람이! 연출을 몰라요, 연출을…. 총독 아저씨 삼국지 안 봤어요? 맹획을 일곱 번 잡았다가 일곱 번 풀어 주는 거? 그냥 시키는 대로 준비나 잘 해 주삼!"

이리하여 결투 당일 마라부트족의 마술 청년은 약속처럼 먼저 총을 쏘는데,

"받아라, 정의의 총알이다… 탕!"

총소리를 듣자마자 고개를 홱 돌렸던 우댕의 입에는 놀랍게도 총알이 물려 있었다. 씩 웃는 우댕…. 마라부트족 청년은 물론, 결투 참관인들 모두 놀라는데,

"이제 내 총을 받을 차례군… 탕!"

우댕은 마라부트족 청년의 옆 벽을 향해 총을 쏘았다. 그러자 벽에서는 철철철 피가 흘러내리는데,

"너는 이미 죽었다."

"이…이럴 수가…."

"더 이상 프랑스와 날 깔보지 마라. 지금은 벽에서 피가 흘러나오지만, 다음번엔 네 몸에 나 있는 구멍이란 구멍이 다 피를 토할 것이다."

결국 이날의 결투를 계기로 알제리의 반란 징후는 완전히 꺾이게 된다. 지금의 시점으로 보면 정말 코미디 같은 일화이지만, 순진한 알제리 원주민을 상대로 프랑스 정부가 한편의 사기극을 펼쳤다는 사실에 뒷맛이 씁쓸해지는 건 왜일까? 대한민국도 한때 식민지 역사를 겪었기 때문일까? 아니면 마술에 겁을 먹고 나라를 빼앗긴 알제리의 우매함 때문일까? 혹은 약소국을 무대로 여유로이 한판 사기극을 벌이고 패권까지 장악한 프랑스의 사악함 때문일까?

마술로 식민지를 일구다니 지금이야 웃으라고 하는 이야기 같지만 당시로서는 꽤 심각했고, 영국과 함께 식민지 경영의 최일선에서 싸워 나갔던 프랑스 정부와 현대 마술의 아버지 우댕의 노하우를 한눈에 알게 해 주는 일화다.

> 혹은 약소국을 무대로 여유로이 한판 사기극을 벌이고 패권까지 장악한 프랑스의 사악함 때문일까?

반바지 착용 죄

잔 다르크는 음란했다?

여러분들 혹시 잔 다르크Jeanne D'arc라는 이름을 들어 봤나? 못 들어 봤다면 그게 이상할 것이다. 세계사 교과서 프랑스 편에 등장하는 것이 잔 다르크이며, 프랑스에 잔 다르크가 있으면 한국엔 유관순이 있다는 말도 심심찮게 들었을 것이고, 이도 저도 아니라면 프랑스가 낳은 세계적인 영화감독 뤽 베송의 〈잔 다르크〉 포스터라도 한 번쯤은 봤을 것이다. 백 년 전쟁 당시 분연히 떨쳐 일어나 오를레앙에서 영국군을 패퇴시키면서 그 이름을 온 유럽에 떨친 여장부! 그 뒤에 어찌어찌 영국군에게 잡혀 마녀로 몰리게 되었고, 결국 마녀라는 이유로 화형에 처해지게 된 여자. 대충 여기까지가 잔 다르크에 대한 일반 상식일 것이다. 그런데 말이다, 잔 다르크에게 '마녀' 말고 또 다른 죄명이 있었다는 사실을 여러분들은 알고 계시는가? 이번 글의 주제는 바로 이 잔 다르크의 '두 번째 죄'에 관한 것이다.

✳ ✳ 여 자 가 다 리 를 보 이 면 풍 기 문 란 ?

"수인 번호 14122번 잔 다르크! 재판이여, 나와!"

"아따 마…. 참하게 생겼다."

"예쁘면 뭐 혀? 벗고 댕기는데…."

"어이 잔 양! 아니 미스 잔, 고개 좀 쪼까 들어 보지그래?"

"그려그려, 애가 참 참하게 생겼다. 딴 건 아니고… 우리가 시방 널 재판해야 쓰겠는데, 일단 뭐 마녀란 거 너 인정하냐?"

"그게 무슨 귀신 씨나락 까묵는 소리유? 지가 우째 마녀유?"

"마녀 아니라고?"

"지가 마녀란 증거가 어딨슈? 증거 있음 대 보세유!"

"마녀란 증거는 뭐… 만들면 되는 거 아녀?"

"이런 재판이 어딨슈! 지는 마녀가 아니에유!"

"…그럼 마녀 건은 좀 이따가 하고…, 다음! 너, 하나님 믿는다고 했지?"

"그라믄유! 지가 얼마나 독실한 신잔디유…. 헌금도 꼬박꼬박 하는구만유."

"그런데, 왜 성경 말씀 어기는 겨? 그리고 아무리 급해도 그렇지, 전쟁터에서 옷은 왜 벗고 댕기는 겨? 이건 마, 풍기문란에, 국기문란 행위여!"

"…."

"대답 못 하는 건 인정한다는 겨?"

"아니, 그런 게 어딨슈! 전쟁터에서는 활동성 있는 옷을 입어야 하는 게 맞잖아유! 괜히 전투복을 만들었겠슈?"

"그래도 그렇지! 어떻게 여자가 다 벗고 나올 수가 있는 겨! 남사스럽 게 말이여…"

"지는 분명 옷을 입었슈!"

"잔 양… 아니 미스 잔, 계속 이렇게 오리발 내밀 겨? 다 증거가 있고, 증인이 있다니까!"

"증인 불러 봐유! 대질하게 해 주세유!"

"이거 참, 어이! 증인 불러와!"

"충성! 영국 육군 2사단 28연대 4대대 수색중대 1소대…"

"아 됐구, 일단 앉아 보랑께…. 그래, 자네가 저기 미스 잔을 잡은 겨?"

"야, 지가유, 로버트랑 찰리랑 같이 해서 확 잡았슈."

"그려? 그럼 그때 잡혔을 때 미스 잔 복장이 우쨌는데?"

"아따, 마…말이 아니었지유…. 여자가 남사스럽게 반바지를 입고 있 었다니게유…. 위에 셔츠는 남자 셔츠 입고, 반바지를 그렇게 입었는 데…. 아유 남사스러워서…"

"그때 다리는 보였던 겨?"

"그라믄요, 반바지를 입었는데 다리가 안 보였겠슈?"

"어이 미스 잔, 이래도 오리발 내밀 거여? 봐, 딱 증거가 나오잖아!"

"그…그건…"

"그리고 지금도 반바지 입고 있잖여!"

"…지도 할 말은 해야겄슈! 아니 전쟁터에서 싸우는데, 지금 치마 입고 싸우게 생겼슈? 치마 입고 어느 천년에 싸워 이기겠슈? 칼도 휘두르고 활도 쏴야는데, 치마 입고 싸우라구유? 그게 어디 가당키나 한 말이냐구유?"

"자네는 성경도 안 읽고 지내나? 신명기 22장 5절에 분명히 나와 있다! 남자나 여자가 서로 옷을 바꿔 입으면 안 된다! 남자는 남자 옷! 여자는 여자 옷만 입어야 한다고 분명히 나와 있잖아! 근데 미스 잔! 자네는 남자 옷을 입고 전쟁터에 나왔어! 그것도 반바지를 입고 말이야! 이건 하나님 말씀을 모독하는 거고, 국가를 모독하는 거고, 크리스천을 모독하는 일이다! 인정하지? 이건 마녀들이나 하는 짓이야! 이건 그냥 화형이야 화형!"

"…남자 옷 입은 건 인정하는데, 제가 옷을 벗고 나왔다는 건 억울해유! 지는 분명히 옷 입고 전쟁터에 나갔어유!"

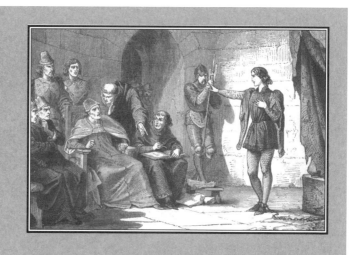

변론하는 잔 다르크
잔 다르크(1412~1431)는 변호인도, 자문관도, 증인도 없는 상태에서 스스로 변론해야 했다.
애매모호한 근거를 들어 죄를 추궁하는 심판관들 앞에서 문맹 소녀가 쏟아내는 변론은
놀랍도록 논리적이었다고 한다. 그러나 1431년 5월 29일, 법정은 화형을 선고했다.

"이 아줌씨가 지금 머리통에 스팀 돌게 만드네…. 잔 양! 미스 잔! 방금 전에 분명히 반바지 입었다믄서! 네 입으로 말했잖아! 여자가 다리 보이면 다 보이는 건데, 지금 무슨 소리 하는 거여? 전쟁터에 있는 그 수많은 남정네들 앞에서 발을 보였는데, 이게 옷 벗고 댕긴 게 아니면 뭐한 겨? 지금 전쟁터에서 스트립쇼 하자는 겨?"

✳ ✳ "반 바 지 는 내 생 명 과 도 바 꿀 수 없 다"

다리를 보이면 다 보인 것이다? 난데없이 '발 누드론'을 주장하는 재판관들! 과연 그들의 주장은 정당한 주장일까?

"어이 미스 잔, 우리 툭 까놓고 말해 보자. 요즘 시대[15세기]가 아무리 개방되었다고 해도 다리 보이는 여자 봤냐? 다리는 결혼하고 나서 첫날밤에 남편한테나 보여 주는 거잖여. 이거 인정해, 안 해?"

"…인정해유."

"그렇지? 인정하지? 시대가 아무리 개방화되어두, 가슴이나 보여 주면 보여 주지, 다리는 안 보여 주지, 아니 못 보여 주지! 다리가 어떤 곳인디…. 그러니까 양갓집에서 제대로 교육받은 참한 처녀들은 다리를 꽁꽁 감추고 다니는 거 아니겠어?"

그랬다. 이 당시 여성 복장은 가슴은 넓게 파여 '라인'이 다 드러날 정도였으나 유독 다리만은 보이지 않도록 조심, 또 조심하였던 것이다.

덕분에 나온 것이 가슴을 돋보이게 하면서도 다리는 보이지 않게 하는 원피스들. 그랬으니 이 당시 다리를 보인다는 것은 상당한 '각오'가 필요한 일이었다.

"그렇지만 그게 전쟁을 하기 위해서는⋯."

"또, 또, 핑계 댄다. 네가 그렇게 애국자여? 네가 그렇게 다리를 보임으로써 전쟁터에 있는 남자들 음심淫心을 자극하는 거 아녀? 그러다가 너 성폭행이라도 당하믄 우짤려고 그랬어, 응? 너 그런 거 즐기려는 거 아니었어?"

"무슨 말을 그렇게 해유! 지가 그런 마음을 얼마나 증오하는디유⋯. 지는 순결한 성처녀로 죽기 위해서 얼마나 노력했는디유⋯."

"노력의 흔적이 안 보이잖아! 다리나 보이고 다니는 게 노력한 거야?"

"지 반바지를 한번 보세유. 뭐 좀 이상한 거 안 보여유?"

"뭐가? 남자들 입는 반바지네, 뭐."

"보통 남자들 반바지 보믄 반바지를 묶는 끈이 일곱 개잖아유."

"그렇지. 보통 그 정도 하지."

"근데 지는 보시믄 알겠지만, 스무 개여유. 지도 나름대로 성폭행 대비해서 준비를 했구만유. 지도 나름대로 노력했슈."

"⋯어쨌든 반바지는 안 돼! 하나님도 여자는 바지 입지 말라고 그랬어! 바지는 마녀들이

지금 당장
치마 안 입으면
넌 마녀야!

나 입는 거고, 특히 다리를 보이는 반바지는 안 돼! 앞으로는 무조건 치마 입어!"

"아…안 돼유! 지는 반바지를 입어야 해유!"

"왜?"

"그게… 혹시 교도관이 절 어떻게 할 수도 있으니까…."

"지랄을 랜덤으로 떨어라. 지금 당장 치마 안 입으면 넌 마녀야! 알아? 알아들어?"

"그래두 지는 치마 못 입어유! 치마는… 성폭행 당하기 너무 쉬워유! 끈 스무 개 달린 제 특제 반바지 돌려주세유!"

"…너 우리 교도관들 못 믿는 거냐?"

"그라믄 재판관님은 교도관들을 믿는 거예유? 지 입장이 돼서 한번 생각해 보세유! 지가 겁 안 나게 생겼나!"

"우리 교도관들이 생긴 게 더러워 그렇지, 나름대로 착하거든? 그놈들은 법 없이도 살 놈들이라니까."

"그래도 반바지 돌려주세유!"

"너… 마지막 경고인데, 다시 한 번 남자 옷 입으면 넌 마녀야! 사형 당할 수도 있어!"

이 협박이 통했는지, 잔 다르크는 영국 측이 제공한 여성용 치마를 입게 되는데 그러나 이도 그리 오래가지 못했다. 잔 다르크는 아무래도 교도관들이 무서웠던 것이다.

'쟤들이 독한 맘 먹고 날 덮치기라도 한다믄….'

결국 잔 다르크는 고집스레 다시 반바지를 입게 된다. 이 당시 잔 다르크의 '강간'에 대한 공포는 상상 이상이었는지도 모른다.

"지는 다시 반바지를 입을 거구만유!"

"너… 반바지 입으면 그대로 화형이야!"

"…그래도 지는 제 순결이 더 소중하구만유."

이 당시 반바지를 입는 행위는 곧 신성모독이며, 풍기문란 행위로 간주되어졌다. 결국 이런 이유로 잔 다르크는 화형장에 끌려가게 된 것이다. 마녀야 원래 영국군에서 붙였던 별명이었으니 죄목으로 가져간 게 당연할지 모르지만, 진짜 죄목이었던 '반바지+남성복 착용'은 지금의 관점으로서는 어이없는 이야기다.

중세의 성

처 녀 의 뼈 가 우 리 를 지 켜 주 리 라

요즘 세상이야 여성에게 혼전 순결을 '대놓고' 강요하지 못하지만, 불과 십여
년 전만 해도 여성의 순결은 일생을 결정짓는 하나의 방향타로까지 의미를 부
여받았다. 분명 전근대적 발상이라고 해야 할 것이다. 그나마 다행인 것이 요즘
은 남성들도 많이 개명이 돼서 구태의연한 처녀성 논쟁 같은 것에서는 한발 비
껴난 모습을 보여 준다는 것이다. 난데없이 처녀성 이야기를 꺼내게 된 것은 중
세 시대 처녀들의 '군사적 가치'에 대해 이야기를 꺼내 볼까 해서이다. 중세 유
럽에서 '처녀성'의 가치는 한 개인의 문제를 넘어 한 나라, 한 영지의 운명을 판
가름 내던 귀중한 군사적 자산과 맞먹었다. 이게 웬 생뚱맞은 소리냐고 하실 거
같은데, 긴말하지 않겠다.

✳ ✳ 처 녀 성 의 군 사 적 가 치

"어이구… 르네 아부지…. 이게 무슨 일이다요…. 우째 이런 일이…."

"참 참하고, 바른 애였는데…. 좋은 데 갔을 거유…. 르네 아부지 정신 똑바로 챙겨야 해유. 알겠지유?"

"그려, 산 사람이라도 살아야제…."

"…다들 고맙구먼, 참말로 고맙구먼…."

"그려…. 힘내랑께. 르네도 좋은데 갔을 겨. 근데… 르네, 어디다 묻을 겨? 교회에다 묻을 겨?"

"뭐 다른 데 묻을 데 있었어?"

"…거시기 이번에 새로 성을 쌓는다는데…."

"…그게 무슨 소리여? 설마 르네를?"

"아니… 거시기 요즘 같은 세상에 처녀 구하기도 힘들고…. 또 르네가 원체 바른 생활 소녀였잖여? 르네가 뒤로 호박씨 깔 애도 아니구…."

"하긴… 르네만 한 애가 없었제."

"갸가 참… 죽은 애 앞에 두고 이런 말 하긴 그렇지만, 처녀는 확실하당께…."

"…이런 말 하긴 그렇지만, 나라를 위해서도 그렇고, 또 좀 짭짤하잖여? 우덜을 위해서도 자네가 좀 나서 줘야 쓰겄어."

"그려! 아 이 험난한 세상에 르네가 우덜 곁에서 우덜을 지켜 준다면…! 이 얼마나 값진 겨? 안 그런감? 자네도 그렇지 않나? 르네가 이렇게 죽을 팔자라고는 안 봐. 언제고 큰일에 쓰일 거라 생각했는데… 지금이 기회인 겨!"

"…"

이리하여 르네 아버지는 르네의 시신을 잘 썩히게 된다. 살이 다 썩고 뼈만 남자 이 뼈를 잘 추려 내 다시 하얗게 말렸다. 말 그대로 백골이 된 르네의 뼈!

"우리 딸 르네구먼유…. 잘 부탁드리겠슈."

"고맙구먼…. 근데 혹시나 해서 물어보는데, 르네가 처녀였제?"

"영주님!"

"아녀, 아녀, 그냥 확인 차 물어봤어. 알겠어… 고맙네."

이리하여 르네의 뼈는 성벽 공사에 쓰이게 되는데, 성벽을 쌓는 와중에 회반죽을 발라 뼈를 성벽에 박아 넣기 시작했다.

"그려, 이제 우리 성도 천하무적이 되는 겨…. 숫처녀 뼈를 박아 넣었응께…. 이제 절대 성이 함락될 일은 없는 겨."

"암 그래야제…. 르네 아부지가 큰 결심했는데, 르네가 잘 지켜 줄 거여."

이리하여 성벽은 마침내 완성되기에 이르렀다. 마을 사람들은 성벽 완공기념 잔치를 벌이려고 막 준비를 하려는 찰나…!

"여…영주님! 거시기, 스페인 잡놈들이 쳐들어오는구먼유!"

"뭐여? 전부 전투 준비하고, 싸게 싸게 성 안으로 피신하랑께! 어여 들어와! 어여!"

졸지에 상황은 데프콘 1이 되어 버리고, 르네의 성은 첫 실전을 맞이하게 되었다.

"그래도 다행이여! 성이 완성되고 쳐들어와서!"

"다행이제…! 르네가 우릴 지켜 줄 거여!"

이런 영주민들의 기대를 안고 르네의 성은 잘 버티다가…!

"스페인 이 잡놈들이 땅굴을 파불고 있당께요?"

"뭣이여? 땅굴?"

"지금 막 방앗간 쪽으로… 아악!"

"스페인 잡놈들이다, 막아라!"

결국 르네의 성은 함락되었다. 영주민들이 포로가 되어 줄줄이 끌려나오는데, 그들의 눈은 르네와 르네 아버지에 대한 질책을 품고 있었다.

"뭐여, 르네가 처녀가 아니었어?"

"아이고 마… 얌전한 고양이 부뚜막에 먼저 올라간다고, 르네 그년이 뒤로 호박씨를 깠구만…!"

함락되는 성
어린이가 사랑하는 레고의
단골 소재이자, 게이머가 매혹당한
영원한 길드의 꽃이며, 각종 드라마와
영화 속에 구현되어 중세 판타지의
핵심으로 꼽히는 것이
바로 공성전이다. 우리에게도
낯설지 않은 공성전은 성내 보급을
차단하고 최종적으로
성을 함락시키는 것을 목표로 삼았다.

"르네 아부지! 딸자식 한번 잘 키웠네! 흥!"

중세 시대, 성을 지을 때 꼭 필요했던 재료가 바로 '처녀의 뼈'였다. 처녀로 죽은 여자의 뼈를 백골이 되도록 잘 말려서 성벽 사이사이에 박아 넣으면 그 성은 천하무적의 성이 된다고 믿었다. 처녀의 힘으로 성을 지킨다는 주술적인 의미였는데, 당시에는 '절대 진리'로 통용되었던 것이다. 문제는 이렇게 지은 성이 함락이 되는 경우였는데, 그럴 경우 사람들이 내린 결론은 그 뼈의 주인이 처녀가 아니라는 것이었다. 지금의 상식으로 봐서는 분명 말도 안 되지만, 중세 시대에서는 일반 상식처럼 통용되었던 이야기였다. 처녀에 대한 인류의 집착은 이 정도로 질겼던 것이다.

처녀에 대한
인류의 집착은
이 정도로
질겼던 것

섹스의 암흑기

신 께 서 섹 스 를 금 하 셨 다

일반적으로 중세 시대 하면 '암흑기'란 단어를 먼저 떠올리게 된다. 르네상스가 오기 전까지 인간의 이성이 철저히 억압되었던 중세…. 그중에서도 핵심적 문제였던 것이 바로 '섹스'였다. 왜 인간의 섹스가 억압받았던 것일까? 섹스가 인간의 원초적 욕망이었기에? 아니면 죄악의 근원이라는 종교적인 신념 때문에? 피상적인 이유들로 의문을 풀기엔 뭔가 석연치 않다. 좀 더 구체적인 이유는 없었을까? 이번 주제는 중세 시대 탄압받았던 '섹스'에 관한 것이다.

✳ ✳ 중세 성생활 행동 강령

"에… 이렇게 공사다망하신데 부른 이유는, 종교적으로 건전한 성생활에 대해 몇 가지 알려 드릴 것이 있어서입니다. 좀 지루하시겠지만, 우리 모두 하나님 나라에 올라가기 위한 노력으로 아시고 잘 들어주시기 바랍니다. 일단은 해서는 안 되는 행위에 대한 조항부터 말하겠습니다."

"신부님! 해서는 안 되는 섹스도 있습니까?"

"있습니다. 잘 듣고, 이런 행위를 하지 않도록 유의해 주시기 바랍니다. 일단 남자분들…! 남자들이 흔히 저지르는 실수 중 하나가 '몽정'입니다. 이거 정말 안 좋은 행위입니다. 어떻게 몽정을 할 수 있습니까? 참고 참고 또 참지, 싸긴 왜 쌉니까? 이건 다 믿음이 부족해서입니다. 참고 참고 또 참아서 이겨 내십시오! 몽정은 악마의 유혹입니다!"

"거시기, 무슨 커피 선전 같은데…. 그나저나 몽정이란 게 자연스러운 현상 아닙니까? 그걸 어떻게 참습니까?"

"참으세요! 참고로 말씀드리자면, 몽정은 죄입니다."

"저기 신부님…. 피치 못할 사정으로 쬐끔, 아주 쬐끔, 흘리게 되면 어떻게 됩니까? 용서받을 수 있습니까?"

"굿 퀘스천입니다. 에… 또 사람이란 게 원래 불완전한 존재 아니겠습니까? 신께서는 이런 인간의 실수를 언제든 용서해 주십니다. 어쩔 수 없이 실수로 쬐끔 흘리게 되면 저한테 말씀해 주십시오. 그럼 제가 회개할 방도를 알려 드리겠습니다. 미리 말씀드리자면, 7일간 금식하셔야 합니다."

"…."

"에, 그리고 혹시나 해서 말씀드리는 것인데요. 몽정은 몽정인데, '손의 도움을 받은 몽정'의 경우에는 이야기가 좀 달라집니다. '손의 도움을 받은 몽정'은 악마의 도움을 받은 몽정입니다! 이럴 경우 죄의 대가가 무거워집니다. 20일 동안 금식하고 회개해야지만, 사면받을 수 있습니다. 그래도 여러분들은 사제가 아니라 20일 동안 금식이지만, 저희 사제들은 훨씬 더 가혹한 대가를 치러야 합니다."

"예?"

"노블리스 오블리제라 하지 않습니까. 혹시 그럴 일이 있겠냐만, 수도사가 '손의 도움을 받은 몽정'을 하였을 경우에는 30일, 주교가 했을 경우에는 50일간 금식을 해야만 합니다."

"남자만 너무 억울한 거 아닙니까? 여자들은 아무런…"

"여자들도 있습니다! 만약 여자들이 자위를 하는 경우에는 7년 동안 절식해야 합니다! 남자의 경우는 피치 못할 사정이 있다지만, 여자의 경우는 빼도 박도 못합니다! 여자들의 자위는 악행 중의 악행입니다! 신성한 2세 생산을 위해 준비된 몸을 자위로 더럽혀서는 안 됩니다."

"…."

"자위에 대해서는 대충 설명이 끝난 거 같으니까, 이제는 섹스에 대한 이야기를 할까 합니다. 여기서 꼭 기억해 둬야 할 게 있는데, 바로 교회의 권위가 보호하지 않는 체위로 섹스를 해서는 안 된다는 점입니다."

"신부님, 궁금한 게 있는데요. 교회의 권위가 보호하지 않는 체위란 게 뭡니까?"

"별거 아닙니다. 정상위 빼고는 다 교회의 권위가 보호하지 않는 체위라 생각하면 됩니다. 구체적으로 설명드리자면, 클린턴이 즐겨 했다는 구강성교, 이거 안 됩니다. 그리고 후배위! 이건 짐승들이나 하는 짓입니다. 에, 마지막으로 소돔과 고모라에서나 나올 법한 항문 성교, 이런 끔찍한 체위로 섹스를 하는 것은 중대한 범법을 저지르는 행위입니다. 여러분이 실감할 수 없겠지만, 이런 체위로 섹스를 할 경우에는 15년 동안 빵과 물만 먹고 회개해야만 죄를 용서받을 수 있습니다."

"그러면 정상위로만 하면 아무 때나 섹스를 해도 되는 겁니까?"

"섹스는 아무 때나 할 수 있는 게 아닙니다! 다 시간과 장소, 상대를 가려 가면서 해야 합니다!"

"저기… 부부끼리 섹스할 때도 그런 걸 꼭 따져야 하는 겁니까? 부부인데, 대충…"

"그런 생각이 위험하다는 겁니다! 부부라면 무조건 섹스할 수 있다는 생각! 그런 생각은 당장 버리십시오! 아무리 부부라도 아무 때나 섹스할 수 있는 건 아닙니다! 아무 때나 섹스하는 건 신에 대한 모독입니다! 또, 부부라고 아무 때나 섹스를 할 수 있는 게 아닙니다. 일단 예배가 있는 주일과 수요일, 금요일은 부부 관계를 맺어서는 안 됩니다. 그리고 부활절 전 40일 동안과 크리스마스 전 40일 동안은 절대 섹스를 해서는 안 됩니다. 아… 맞다. 성찬식 3일 전에도 섹스를 해서는 안 됩니다."

"그럼 언제 하라는 겁니까! 아예 하지 말라는 소리잖습니까?"

"어허! 잘 찾아보면 할 수 있는 날도 많은데, 어디서 투정을 부립니까?"

"신부님! 만약에 신혼 첫날밤에 부활절이나 성찬식, 주일이나 수요일 금요일이 끼여 있으면 어쩝니까?"

"아니, 신혼 첫날밤 누가 섹스를 하랬습니까?"

"!"

"결혼한 날로부터 3일 동안은 '로비아스 밤'이라고 해서 성행위 없이 잠을 자야 합니다."

"…"

"그리고 명심할 게 하나 있는데, 섹스를 한 사람은 교회에 나올 수 없습니다. 섹스를 하고 나서 30일 동안은 교회 문턱을 넘어서는 안 됩니다. 30일이 지났다고 해서 함부로 교회로 들어올 수 없는데, 30일이 지난 후에 교회에 들어오려면 따로 40일 동안 고행과 헌금을 해야 합니다."

"…아예 섹스를 하지 말라는 소리잖습니까?"

"섹스는… 신성한 것입니다. 2세 생산을 위한 섹스가 아닌 섹스는 전부 다 불경한 짓입니다. 2세 생산을 위해서는 1년에 한두 번만 하면 되잖습니까? 노파심에서 말씀드리는 것인데, 섹스에서 쾌락을 찾는다는 건 죄악입니다. 죄악을 저지르지 마십시오."

✳ ✳ 섹 스 억 제 , 세 계 를 구 원 하 기 위 한 사 제 들 의 몸 부 림

　교회의 강력한 섹스 억제! 1년의 반 이상을 섹스할 수 없는 날로 지정하고, 이를 어길 경우 강력한 제재를 가했던 교회! 종교적인 열망 때문일까, 아니면 속세의 권력에 대한 집착 때문일까? 결론부터 말하자면, 중세 교회의 이 억지스런 '섹스 억제책'은 고도로 계산된 '인구 억제책'이라 할 수 있겠다.

　"이번에 상티몬 수도원에서 올라온 보고서 봤나?"

　"나도 그 보고서 봤네. 세상이 어떻게 돌아가는지, 원. 계속 이런 식으로 나가다가는 이 세계가 멸망할지도 모르겠네."

　"자네도 그런 생각을 했나? 나도 요즘 그 생각만 하면 잠이 안 오네. 다들 생각이 있는 건지 없는 건지…."

　"배운 거 없고, 생각할 시간도 없는 농노들에게 뭘 더 바라나? 그네들이 미래에 대한 생각이 있겠는가? 그냥저냥 순간의 쾌락에 들떠 살아가는 인생들 아니겠나? 그들을 탓하지 말게나…. 생각은 우리 같은 이들이 하면 되는 거야."

　"아무리 그래도, 무턱대고 애들만 낳으면 어쩌자는 건가? 땅은 한정적인데, 사람 수는 늘어만 가고… 이런 식으로 가다간 얼마 지나지 않아 식량이 부족해 온 유럽, 아니 온 세계가 멸망할 수도 있네."

당시의 식자층, 그러니까 엘리트라 불리던 집단 중 최고 클래스의 오피니언 리더가 바로 기독교 사제들이었다. 그리고 당시 이들의 머릿속에 자리 잡은 것이 초보적 수준의 인구론이었다. 중세 유럽의 농업 생산 능력은 비료나 퇴비에 대한 개념도 없었기에 삼포제, 즉 땅을 삼등분해서 땅을 쉬게 하면서 경작하는 수준이었다. 문제는 식량은 산술급수적으로 증가하나 인구는 기하급수적으로 증가한다는 것이다. 인구가 이런 식으로 증가하다간 종국에는 인류가 멸망할 것이란 결론에 도달한 엘리트들, 머리를 쥐어짜게 된다.

"땅을 무한정 넓힐 수는 없는 법! 그렇다면 답은 하나야! 늘어나는 입을 줄일 수밖에!"

"그럼… 어쩌지? 피임법을 가르쳐야 하나? 콘돔 생산을 늘리고…."

"피임을 가르친다고 임신이 안 되나? 아예 그 짓을 못 하게 만들어야지!"

"어떻게 섹스를 못 하게 하나? 또 하지 말란다고 안 하겠는가?"

"못 하게 하는 게 아니라, 아예 할 생각을 머릿속에서 지워 버려야지."

"무슨 방법으로?"

"후후… 우리가 누군가? 신을 모시는 사제들 아닌가? 신의 권능을 살짝만 빌리면… 못할 것이 있겠는가?"

그랬다. 당시 사제들은 '인류의 멸망'이라는 절체절명의 위기를 벗어나기 위해 인간 본연의 욕구인 '성욕'을 억제하기로 결정했던 것이다. 지금의 시점으로 보면 황당하기 그지없는 섹스 억제책이지만, 중세시대로서는 '인류 멸망'을 피하기 위한 몸부림이었다니…. 사제들의 고뇌 어린 결단이 느껴지지 않는가?

신의 권능을
살짝만 빌리면…
못할 것이
있겠는가?

쓸모없는 장기 '결장'의 수난사

똥 독 은 만 병 의 근 원

결장結腸이란 장기가 있다. 사전에서 결장을 찾아보면, '맹장과 직장 사이에 있는 큰창자의 한 부분. 작은창자에서 소화된 음식물에서 수분을 흡수하는 구실을 한다' 고 나와 있다. 이 결장의 길이는 약 1.37미터 정도이고, 크게 네 부분으로 나뉜다. 상행上行 결장, 횡행橫行 결장, 하행下行 결장, S상결장.

이름도 낯선 '결장' 이란 장기의 이야기를 장황하게 했으니, 왜 이 이야기를 꺼냈는가에 대해 말해야겠다. 결장은 한때 인류의 '무병장수' 와 밀접한 관련을 맺고 있다는 의심을 받은 적이 있다. 그러니까 백 년 전쯤, 한다하는 외과의사들과 유력한 노벨상 수상자가 나서서 "결장은 맹장과 함께 쓸모없는 장기이다! 이 두 개의 장기는 세트로 잘라 버려야 한다! 이참에 결장과 맹장을 묶어서 수술하면, 포인트도 적립해 주고, 할인 혜택도 주어야 한다!"라 주장했다는 것이다.

지금 들어 보면, 일견 황당하기까지 한 주장…. 그러나 이 주장이 70여 년 전까지만 하더라도 의학계에서는 '꽤' 설득력이 있는 학설로, 나중에는 하나의 공인된 학설로 자리 잡았던 것이다.

＊ ＊ 메 치 니 코 프   박 사 의   경 고

20세기 초반, 한다하는 의사들, 특히 외과의사들은 맹장과 직장 사이에 있는 결장이라는 장기를 보면서 고민을 해야 했다.

"흠… 아무리 봐도 이놈의 결장이란 거… 이거이거 아주 쓸모없는 장기라니까. 위는 음식물을 받아들이고, 작은창자는 소화해서 음식물의 영양을 받아들이는데, 이놈의 결장은 도무지 쓸모가 없어. 어디에 쓰는 건지, 왜 달려 있는 건지, 밥은 먹고 다니는지…. 대체 왜 이게 달려 있는 거지?"

"맹장하고 비슷한 게 아닐까? 인류가 진화하면서 서서히 퇴화된… 뭐 그런 거 아닐까?"

"생긴 건 또 왜 이래? 무시무시한 게 꼭 뱀처럼 생기지 않았냐? 풀 속에 숨어 있는 뱀처럼 사람 배 속에 둘둘 감겨 있는 게 보면 볼수록 재수가 없어."

마취 기술과 소독 기술이 발달함에 따라 사람의 배를 마음대로 갈랐다가 꿰맸다가 하면서 인체의 신비를 연구하던 그들에게 있어서 결장은 아무런 쓸모가 없는 장기였다. 특히 생김새가 뱀과 비슷하다는 이유로 천덕꾸러기 취급을 받아야 했다. 생김새가 비호감이라는 데 그쳤다면 그럭저럭 기분 나쁜 장기로 끝이 났겠지만, 하는 일도 없이 밥이나 축내고(?), 그도 모자라 사람 몸에 병을 만드는 '퇴화된 원시 기관' 이라는 오명까지 뒤집어쓴 것이 문제였다.

이런 의사들의 생각에 방점을 찍은 이가 있었으니, 바로 엘리 메치니코프였다. 우리에게는 요구르트로 친숙한 메치니코프는 1908년 노벨상을 받으며 일약 학계의 주목을 받았던 인물이다 이 사람은 러시아 사람이다. 요구르트 이름 때문에 불가리아 출신으로 알고 있는 이들이 많은데, 이 사람의 고향은 러시아이고, 프랑스의 파스퇴르 연구소에서 활약했던 인물이다. 그는 왜 요구르트나 개발할 것이지, 결장에 대해 경고를 보냈던 것일까? 해답은 그의 연구실에서 찾을 수 있었다. 메치니코프는 1888년 파리의 파스퇴르 연구소에 들어갔는데, 이 파스퇴르 연구소에서 죽을 때까지 탐구했던 주제가 '세포 내의 소화작용 연구' 와 '혈액병의 현미경적 연구'…. 마지막 연구 주제가 '장내 세균의 독소와 노쇠와의 관계' 였다.

"꾸불꾸불한 결장은 똥을 담고 있는 긴 똥주머니라니까! 사람은 각자

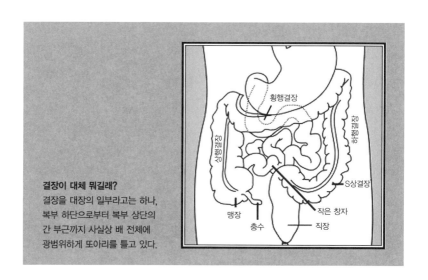

결장이 대체 뭐길래?
결장을 대장의 일부라고는 하나,
복부 하단으로부터 복부 상단의
간 부근까지 사실상 배 전체에
광범위하게 또아리를 틀고 있다.

몸속에 1.4미터 정도 되는 긴 똥주머니를 차고 있는 거야! 쓸모? 결장은 인간에게 있어서 재앙이야 재앙! 멀쩡히 잘 만들어진 똥이 있다 치자고…. 보통 같으면, 이 똥이 그냥 직장을 거쳐서 화장실로 숏 골인 되잖아? 근데, 이 결장이란 놈이 그 중간 단계에서 떡하니 막아선 거야. 멀쩡한 똥을 괜히 배 속에 집어넣고는 기다리게 만든다는 거지. 악덕 유통업자들처럼 말이지. 자 그런데 말이야. 여기서 중요한 게, 똥을 그냥 가지고만 있느냐는 거야. 결장이란 놈은 똥이 들어오면 재깍재깍 배출해야 하는데, 그걸 하루 정도 품고는 그다음 날이나 돼서야 이걸 배출하거든…. 하루도 양반이야! 하루 이상 걸릴 때도 있고, 어쩔 경우에는 계속 거기에 붙어 있는 경우도 있거든."

"…똥을 배 속에 넣고 있다는 게 위험한 겁니까?"

"너 이 자식 완전 개념 상실했구나? 너 의대생 맞아? 똥을 배 속에 넣고 다니는데, 그게 위험하지 않다고? 똥독이 오르면 사람은 죽어! 알아? 근데, 그 똥을 배 속에 넣고 다니는데 안전하겠냐고? 그것도 사람 장기에 말이다. 만약 잘못해서 똥독이 혈관으로 역류해 들어가면 다른 장기에까지 질병을 퍼뜨리게 되는 거야. 만성 변비 걸린 애들 있지? 걔들은 배 속에 수류탄을 몇 개씩 달고 사는 거야. 알간?"

"증거가 없잖습니까?"

"변비 걸린 애들 방귀 냄새 맡아 봤어?"

"…아뇨."

"네 여자친구보고 방귀 한번 뀌어 보라고 그래 봐."

"…"

"냄새가 엄청 고약할 거야. 그게 바로 증거야! 몸속의 노폐물을 빼 줘야 하는데, 그게 쌓이고 쌓이면서 고약한 냄새가 나는 거야. 몸에서 이상 신호를 보내는 거잖아."

"그…렇군요."

20세기 초반 의학계를 뒤흔든 '자체 똥독 중독론'이었다. 똥독이 인간의 건강을 위협한다는 것이 주요 내용인 이 '자체 중독론'은 당시 한다하는 의사들에게 인정을 받으며 퍼져 나가기 시작했다. 그리고 이 자체 중독론에 의해 지탄의 대상으로 지목된 것이 바로 결장이었던 것이다.

"메치니코프 말이 맞다니까! 결장은 인류의 재앙이야! 멀쩡한 똥을 왜 배 속에 넣어 두는데? 먹었으면, 빨리빨리 싸야 하는 거 아냐?"

"똥독… 그거 무서운 거야."

"인류의 건강 증진을 위해서도 똥은 빨리 뽑아내야 해!"

"그래 결장을 없애 버리자!"

메치니코프가 설파한 결장 유해론 덕분에 의사들은 힘을 얻게 되었다. 이제 결장 제거는 시간문제인 거 같았다.

※　※　**의 학 계 의　명 탐 정 ,　윌 리 엄　레 인**

"인류를 위해 총대를… 아니 메스를 들겠다!"

이런 상황에서 20세기 초반 가장 권위 있는 병원으로 정평이 나 있던 영국 런던의 가이스 병원의 외과 과장이었던 윌리엄 레인William Arbuthnot-Lane은 바로 총대를, 아니 메스를 들게 된다. 여왕으로부터 작위를 받을 정도로 인정받던 윌리엄 레인 경. 이 사람, 한마디로 난사람이었다. 골절, 언청이, 구개 파열, 장폐색증, 유두감염에 대한 치료법을 개발해 내기도 한 윌리엄. 아서 코난 도일은 윌리엄의 뛰어난 관찰력과 개성을 바탕으로 '셜록 홈스'를 만들었다고 고백했었다.

의학계의 명탐정 윌리엄 레인. 그는 메치니코프가 결장 유해론을 말하기 이전부터 결장의 유해성을 인정하고 있던 차였다. 그가 처음으로 결장에게 내민 카드는 '장 세척'이었다.

"문제는 똥독인데, 똥이야 관장을 하든, 변비약을 먹든, 안 나오면 쳐들어간다 요구르트를 먹든 대충 해결이 되는 건데, 문제는 결장에 붙어 있는 남아 있는 똥이란 말이야… 이 똥만 싹 긁어내도 사람의 수명은 획기적으로 늘어날 거야."

이런 윌리엄의 눈에 들어온 것이 있었으니, 바로 버터와 치즈였다.

"이거 정말 딱인데? 물이 아니니까 방광으로 갈 리도 없고, 끈적끈적해서 결장에 붙어 있는 똥을 흡착해서 닦아 낼 수도 있지 않을까? 이거 정말 딱인데? 클렌징크림으로 화장 지워 내듯이 한 큐에 똥을 닦아 낼 수 있겠어!"

윌리엄은 환자들에게 버터와 치즈, 크림 등등을 억지로 먹였다. 버터와 치즈 같은 유제품들을 억지로 먹인 윌리엄, 그러나 기대한 효과는 나오지 않고 부작용만 속출했다. 똥을 제거하기 위해 흡착력이 좋은 버터와 치즈를 먹인 결과, 환자들이 순식간에 뚱보가 되어 버린 것이다. 환자들이 굴러다니는 것을 본 윌리엄은 '유지방 흡착식 똥독 제거술'을 포기하고 이를 대용할 흡착물로 인체에 흡수되지 않으며 영양분이 없는 물질을 찾게 된다. 바로 파라핀이었다.

"서…선생님 이건 또 뭡니까?"

"후후, 당신의 생명을 연장시켜 줄 약입니다."

"아니 뭐가 이렇게 걸쭉해요?"

"이게 파라핀유인데, 이게 당신 장 속으로 들어가 빙글빙글 돌다가 배 속에 있는 결장으로 모일 겁니다. 거기에 있는 똥을 다 긁어서 당신 똥과 함께 세상 밖으로 나올 겁니다."

"…똥은 원래 나오는 거 아닙니까?"

"어허! 이건 결장에 묻어 있는 똥을 다 긁어내는 겁니다. 똥독이 얼마나 무서운 건지 아시죠? 일단 시원하게 '원 샷' 하신 다음에 봅시다. 어여 드세요. 꺾으면 안 됩니다!"

"흑기사도 안 됩니까?"

"사발주 드시겠습니까?"

버터와 치즈 대신 파라핀유로 결장의 똥을 긁어내겠다는 윌리엄의 생각. 그 생각은 맞아떨어지는 듯이 보였다! 파라핀유를 마신 환자들의 똥은 한결같이 '양초'처럼 나왔다. 마치 심지 없는 양초라 할까? 대장과 소장, 맹장과 결장, 직장을 거쳐 나온 똥들은 양초와 같은 모습으로 윌리엄을 맞았던 것이다. 비흡수성 파라핀유의 '성과' 앞에 한껏 고무된 윌리엄은 황급히 파라핀의 효과에 대한 정밀 조사에 들어갔다.

"존스 씨가 원래 십이지장궤양이 있었는데, 좀 차도는 있습니까? 양초 똥을 싸고 나니까, 몸이 어때요? 좀 가뿐해지거나…."

"아뇨. 그냥 똥만 이상하게 나와서 기분만 이상하던데요?"

"마틴 씨, 양초 똥을 싸셨던데, 어때요? 류머티즘은 좀 나아졌습니까?"

"똥하고 무릎하고 무슨 상관인데요? 쪼그리고 양초 똥 싸느라 무릎만 더 아프던데요?"

윌리엄은 당혹스러웠다. 이 당시 의학 상식으로는 똥독을 극복하면 무병장수의 꿈을 이룰 수 있었기 때문이다. 두 번에 걸친 흡착 방식이 실패하게 되자, 윌리엄은 결단을 내리게 된다.

"결장이란 놈은 살살 달래서 똥을 뽑아내고 말고 할 놈이 아냐! 이놈하고는 전면전을 벌이는 수밖에 없어. 그래 이제 칼을 뽑는 수밖에! 자르긴 잘라야겠는데, 어디부터 잘라야 할까? 그래, 하수구 제일 막히는 데가 어디야? 꺾이는 데! 똥이 가장 많이 스쳐 지나가는 S자 코스 'S상결장'을 들어낸다!"

S상결장 제거 수술을 성공리에 마친 윌리엄과 의사들. 환자의 상태에 촉각을 곤두세우는데, 환자들의 반응은 신통치 않았다. 아니, 여전히 똥독에 올라 있는 듯했다. 보통 사람들 같았으면, "이 정도 했는데… 결장에 대한 우리의 가설이 잘못된 거 아냐?"라는 의심을 했을 법도 한데, 이 당시 의학계에게 결장은 타도해야 할 적이었지, 협상과 연구의 대상이 아니었던 것이다.

월리엄마저도 마찬가지였다. S상결장을 제거했음에도 불구하고, 환자들이 도통 차도를 보이지 않는 상태라 의기소침해 있던 월리엄… 그런 그에게 낭보가 들려왔다.

"선생님! 노벨상 수상자인 메치니코프 박사가 결장은 인류의 재앙이라면서, 결장 제거를 위해 인류가 노력해야 한다고 했답니다."

"메치니코프가? 역시! 노벨상은 아무나 받는 게 아니었어! 암 그래야지! 난 틀린 게 아니었어! 노벨상까지 받은 메치니코프가 결장은 인류의 재앙이래잖아!"

메치니코프의 발언을 듣고 붐 업되어 버린 월리엄 레인, 그는 곧바로 의료진들을 불러 모은다.

"결장은 인류의 재앙입니다! 우리 메치니코프 박사도 재앙이라 하지 않았습니까? 우리는 인류를 똥독으로부터 구해 내야 한다는 숭고한 사명을 받았습니다. 우리 모두 결장을 잘라내 버립시다! 이제 시시하게 결장에서 똥을 긁어내거나, 똥이 쌓일 만한 부분을 잘라 내는 소심한 방법은 안 쓸 겁니다. 통째로, 결장 자체를! 들어내 버릴 겁니다! 지구상에서 결장이란 이름이 붙은 장기를 모조리 제거해 버리는 겁니다. 오늘부터 이 지구상에는 결장이란 장기는 완전히 사라지는 겁니다. 내 사전에 결장이란 없다!"

월리엄은 그길로 결장 제거 수술에 들어가게 된다. 그는 수술을 집도할 뿐만 아니라 자신의 수술을 동료 의사들에게 보여 주며, 결장 제거 수술의 장점을 설명한다.

"잘 들어. 이번 수술의 목표는 결장의 우회이다. 즉, 작은창자에서 결장을 거쳐서 직장으로 연결되는 똥의 3단계 유통 과정을 작은창자, 직장의 2단계 다이렉트 연결망으로 바꾸는 것이다. 이렇게 되면, 똥이 배 속에 남아서 장이 썩거나 할 염려를 아예 하지 않아도 되는 거야. 결장으로부터 완전히 해방되는 것이지."

윌리엄의 수술을 본 영국과 미국의 의사들은 열광하게 된다. 윌리엄 레인의 뒤를 따라 영국과 미국의 의사들은 너 나 할 거 없이 결장 제거 수술을 배워서 환자들에게 시술하기에 이른다. 이때쯤 되면, 윌리엄 레인은 결장 제거 수술을 맹신하게 되는데,

"왜 결장 제거 수술을 안 하는 거야? 이것만큼 훌륭한 수술이 어디 있어? 결장을 제거하면, 똥독에 오를 위험이 백 퍼센트 완전하게 제거되는 거거든? 똥독으로부터 스스로를 지키게 된다니까. 결장 제거 수술을 안 하면 안 할수록 손해 보는 건 환자들이라니까. 결장을 제거하면, 당장 질병을 예방할 수 있고, 노화를 지연시켜. 그것뿐인 줄 알아? 우울증도 치료돼."

"…그…래요?"

"수술이라 좀 께름칙하겠지만, 이게 또 생각 외로 간단한 수술이거든. 걍 배를 쭉 가른 다음에, 결장을 뚝 떼어 내. 그런 다음에 소장이랑 직장을 다이렉트로 연결해 버리면 되는 거거든. 어때 간단하지?"

✳ ✳ 장 만 제 거 하 면 , 만 병 통 치 ?

결장 제거 수술 예찬론자가 된 윌리엄 레인…. 그는 환자를 위한 수술이 아니라, 자신의 만족을 위한 수술을 하는 지경에 이른다. 그는 평생 1천 회 이상의 결장 제거 수술을 집도했다.

윌리엄은 신이 나 있었다. 웬만한 병은 모두 결장 제거 수술로 통했다. 위궤양으로 와도, 우울증으로 와도, 심지어 마누라가 잔소리를 고치기 위해서도 받아야 했던 것이 결장 제거 수술이었다. 이런 윌리엄의 결장 제거 수술 예찬론은 주변의 의사들에게도 광범위하게 퍼졌고, 바다 건너 미국 의사들에게도 영향을 끼치게 되었다. 1910~1920년대 미국의 많은 환자들은 영문도 모른 채 결장을 떼이고 말았다. 문제는 이 결장 제거 수술이 별로 도움이 되지 않았다는 것이다.

의사들의 말만 믿고 결장을 뚝 떼 낸 환자들은 그야말로 '바보'가 된 상황이었다. 그도 그럴 것이 애초부터 말이 되지 않는 소리지 않은가? 결장과 우울증이 무슨 상관관계가 있을까? 결장과 결핵은 또 어떻고 말이다. 환자들은 기대했던 치료 효과는 고사하고 평생을 장 불쾌감에 시달려야 했다. 그래도 장 불쾌감 정도에서 끝난 환자는 다행이었다. 수술 중 감염에 의해 죽는 환자, 탈장으로 사망하는 환자, 평생 불구로 살아야 하는 환자까지 나오게 됐다. 문제는 여기서 끝나지 않았다.

"아니, 쓸모없이 똥만 가득 차 있는 결장도 떼 내는 세상인데… 맹장은 왜 달고 있어야 하는데? 안 그래?"

"그렇지! 괜히 가지고 있다가 맹장염 걸리면 이게 무슨 손해야? 괜히 무인도 같은 데 떨어졌는데, 덜컥 맹장염 걸려 봐. 그건 그냥 죽는 거라니까!"

"퇴화된 원시 기관은 모두 제거해 버립시다!"

결장 제거 수술의 여파로 그 옆에 붙어 있는 맹장도 도매금으로 넘어가게 된 것이다. 외과의사들은 너 나 할 거 없이 맹장 무용론을 들고 일어났다.

"아니… 거시기 멀쩡한 장기를 떼 낸다는 게 좀 께름칙하지 않습니까?"

"께름칙하긴 뭐가 께름칙해! 결장도 떼 내는 세상인데!"

의사들은 결장에 이어 맹장까지 떼 내기 시작했다. 외과의사들은 새로 개발된 마취 기술과 소독 기술에 흥분해 새로운 외과수술 개척에 눈이 벌게져 있었던 것이다. 이 대목에서 궁금한 것이 '결장 제거 수술'의 대중화를 이끈 윌리엄 레인은 자신의 결장을 언제 떼어 냈느냐는 것이다. 누구보다도 열성적으로 결장 제거에 공을 들였고, 그 스스로가 결장은 인류의 건강을 위협하는 장기라 말하지 않았던가?

"나? 나는 아직 갖고 있어."

"선생님! 선생님께서 결장은 인류의 건강을 위협하는 장기라고 말씀하지 않았습니까?"

"쯧쯧… 정확히 들었어야지. 결장이 아니라, 결장이 가지고 있는 똥… 그 똥에서 뿜어져 나오는 똥독이 위협적이라고 말했잖아."

"아니… 어쨌든 결장이 위협적인 건 사실이잖습까? 선생님은 결장에 있는 똥독을 없애겠다고 결장을 떼 오셨는데, 그런 선생님이 결장을 가지고 있다고요?"

"걱정 말게, 나는 똥이 내 배 속에서 필요 이상으로 오래 있지 않도록 세심한 주의를 기울이고 있으니까. 한마디로 똥독이 내 몸을 공격할 시간을 안 준다는 거야."

"예?"

"음… 나는 똥이 조금만 지체된다 싶으면, 하제下劑 설사약를 먹는다네… 설사약으로 쫙 뽑아내는 거지. 그리고 똥이 내 몸속에 또아리 틀지 못하도록 언제나 복대를 차고 다닌다네, 이 복대가 장기를 바짝 눌러서 똥이 내 몸속에 머물러 있지 못하게 하고 있네. 그러니까, 나는 결장 제거 수술을 안 받아도 된다네."

"…"

중이 제 머리를 못 깎는다고 해야 할까? 아니면 남들을 불구덩이로 몰아넣고 혼자만 살아남았다고 해야 할까? 언제 어느 때고 볼 수 있는 역사의 아이러니를 발견한 기분이다.

중이 제 머리를
못 깎는다고 해야 할까?
아니면 남들을
불구덩이로 몰아넣고
혼자만
살아남았다고
해야 할까?

20세기 초반 의료계를 강타했던, 결장 제거 수술 붐… 지금의 상식으로 바라보면, 도무지 이해가 안 가는 이야기이지만, 인류의 역사는 이런 황당함의 연속이었다.

모 아니면 도,
신립의 로또 전투

무 데 뽀 정 신 의 위 험 성

'막무가내', '앞뒤 분간 없이' 라는 뜻의 '무데뽀' 라는 말이 실상 일본어란 것을 많은 분들이 알고 있을 것이다. 원래 무데뽀란 말은 없을 무無에 철포鐵砲 일본말로 는 '데뽀' 우리나라에선 '조총' 가 결합되어 만들어진 말이다.

이번 장에서는 무데뽀 정신의 기원을 찾아가 보려 한다.

✳ ✳ 무 데 뽀 의 기 원

　무데뽀란 말은 오다 노부나가의 일본 전국 통일의 마침표가 되어 준 나가시노 전투에서 나오게 되었는데, 독자 제위의 기억 속에는 〈카게무샤〉란 영화로 각인되어 있을 것이다. 천하통일을 위해 최고의 군사력을 조련했던 다케다 신겐은 조총이 아무리 날고 기어도 기마대 앞에서는 힘을 못 쓸 것이라 생각하였는데,

　"조총 봐. 그게 쏘면 쏜다고 다 맞나? 안 그래? 그리고 말이야… 그게 설사 맞는다 치자고, 그게 사정거리가 얼마나 되겠어? 유효 살상거리가 길어 봐야 1백 미터야. 확실히 맞히려면 50미터는 되야 한단 말이야. 그럼 뭐야? 한 번 쏘고 나면? 그다음은 그냥 말에 밟혀 죽는 게 다라니까!"

　이리하여 다케다 신겐은 풍림화산風林火山이란 부대를 조직하게 되는데, '풍'과 '화'는 기마대로 전선을 휩쓸고, '림'은 보병대로 기병대가 휩쓸고 지나간 뒤에 남아 있는 잔적을 소탕하는 것이었다. '산'은 다케다 신겐의 본대였던 것인데, 문제는 다케다 신겐이 천하통일의 꿈을 다 이루지도 못하고 죽으면서 일이 묘하게 꼬였던 것이다.

　"야… 잘 들어, 괜히 나 죽고 나서 깝치지 말고…. 앞으로 3년간은 내가 죽었단 말, 절대 꺼내지 마, 알았어? 나의 죽음을 적에게 알리지 말란 말이야, 이놈들아!"

　이러면서 다케다 신겐은 죽었다. 그렇게 3년이 지나고 나서, 신겐의 아들인 다케다 가쓰요리와 오다 노부나가가 맞붙게 된 게 나가시노 전

투였다. 풍림화산을 믿고 돌진하는 신겐의 기마대 앞에 떡하니 버티고 있는 것은 오다 노부나가의 조총대였으니,

"야야, 한 발씩 쏘고 재장전하다가는 택도 없어. 있는 대로 철포를 다 모아서 삼선사격 하는 거야! 첫 줄 놈 쏘고 나면 뒤로 빠져서 재장전하고, 둘째 줄이 쏙, 둘째 줄 빠질 때 셋째 줄, 셋째 줄 쏘고 나면, 다시 처음 쏜 놈들이 다시 쏘고… 이렇게 가면 아무리 기마대라도 박살 날 거야!"

오다 노부나가는 이런 생각으로 3천 정의 조총을 끌어모아 나가시노 전투에서 대승을 하게 된다. 이런 오다 노부나가도 혼노사의 변으로 유명을 달리하고, 그 뒤를 이은 것이 바로 도요토미 히데요시였던 것이다.

"일본이노 살길은 조선 정벌밖에 없으므니다! 조선놈이노 무데뽀이므니다! 나가시노에서처럼 개박살을 내면 되므니다!"

※ ※ 조 선 의 선 발 투 수 , 신 립

이리하여 1592년 4월, 도요토미 히데요시는 조선을 침략하게 되는데,

"전하! 왜놈들이! 왜놈들이!"

"워워, 진정하라니까, 왜 그래? 왜놈들이 또 노략질이라도 했대?"

"그…그것이 왜놈들이 동래성과 부산성을 함락하고는… 도성으로 쳐

들어오고 있답니다!"

"뭐야? 이런 젠장찌개 같으니라고… 동래성부사는 뭐 하고 앉아 있었대? 이것들 또 근무 안 서고 농땡이 친 거 아냐?"

"그…그것이 왜놈들이 조총을 쏘면서 덤벼드는 통에… 항전은 했었지만, 신무기에 밀려서리…."

"이것들을 그냥… 어이 사돈! 사돈이 힘 좀 쓰지그래?"

선조의 사돈, 그는 바로 신립 장군이었다. 이 당시 신립은 꽤 빵빵한 가문 내력을 보여 주고 있었으니, 그의 장인이 임진왜란 당시 총사령관이었던 권율이었고, 그의 동서가 바로 이항복이었다. 이항복은 또 임진왜란 당시 병조판서였으니, 병권에 있어서는 끗발 날리는 일가였던 것이다.

"그까이 거 뭐 제가 이탕개의 난 때 오랑캐 놈들 밀어낸 것처럼 확 쓸어 버리겠습다."

신립(1546~1592)
충주시립박물관에 있는
충장공 신립의 영정.

"그래그래, 역시 사돈밖에 없다니까…. 사돈만 믿을게, 내가 삼도도 순변사三道都巡邊使 자리 줄 테니까, 가서 저 문어 대가리들 확 밀어 버려, 알았지?"

이리하여 보무도 당당히 군대를 이끌고 왜놈들이 설치고 있는 남쪽 땅으로 내려가려 하였으나, 웬걸, 군사가 모여야지…! 선발주자인 이일이 데리고 갈 군사 3백 명이 없어서 쩔쩔매다 가서 해결하겠다고 먼저 출발한 걸 보면, 이 당시의 제승방략制勝方略 원래 조선 초기 군사제도는 진관체제라 하여 각 고을의 수령이 군대를 유지하고 있다가 적이 처들어오면 직접 방어에 나섰으나, 병력수가 줄어들자 유사시 각 고을의 수령은 병력을 모아 놓으면 서울에서 지휘관이 내려와 이 병력을 훈련시켜서 전투를 벌이는 형태로 바뀌었다. 그것이 제승방략 제도였다 제도가 얼마나 허망한 제도였는지를 알 수 있다. 그나마 다행인 것은 신립이 이리저리 군사를 모아 8천 명의 기병을 끌어모았다는 것인데,

"신립 장군, 거시기 내려가면 왜놈들의 조총을 조심하시오. 그게 장난 아니라드만…."

"조총이 뭐 쏘면 쏘는 족족 맞는답니까?"

류성룡의 충고를 귓등으로 흘려듣는 신립이었다.

✳ ✳ 신 립 은 왜 조 령 을 지 키 지 않 았 는 가 ?

부랴부랴 8천 명의 기병대를 이끌고 남하한 신립 장군에게 조정에서

는 연일 작전명령을 보내오는데,

"어이, 괜히 설치지 말고, 또 괜히 객기 부리지 말고! 조령만 틀어막어! 알았지?"

이런 조정의 생각을 왜놈들도 알았는지, 연일 정찰대와 수색대를 보내 조령을 살피는데,

"조선놈이노 머리에 총 맞지 않은 이상 조령을 버리지 않을 것이므니다! 분명 매복하고 있을 것이므니다! 무슨 일이 있어도 조령에 매복한 조선군이나 찾아야 하므니다!"

그러나 조선군은 조령에 없었으니….

"이거 큰일 났네. 위에다간 큰소리치고 왔는데 당최 방법이 없으니…. 이일, 이 자식이 상주에서 패해 버렸으니 방법이 없잖아?"

그랬다. 이 당시 신립 장군은 몇 가지 고민에 빠져 있었던 것이다. 왜군은 이미 1군과 2군으로 나눠서 서울로 치고 올라오는 상황. 상주에서 이일이 막아 주면, 이때 신립이 왜군을 박살 내고, 이일과 연합해 나머지 왜군도 쓸어버린다는 생각이었으나, 이일이 패해 버리니 방법이 없었던 것이다.

"자…장군 큰일 났습니다. 탈영병이 점점 늘어나는데요?"

"뭐야, 이놈의 자식들! 지금 나라가 망하기 바로 직전인데…."

급하게 모아 놓은 병사들이니 훈련은커녕 군복도 제대로 지급하지 못한 상황. 책 든 선비들까지 차출한 상황이니 사기가 높을 턱이 없었다.

"이 상황에서 조령 고개에 들어가 매복했다간…."

"아마 얼씨구나 하고 탈영할 겁니다. 평지에 있어도 탈영병이 속출하는데, 깊숙한 산골짜기라면 병력 통제가 안 될 겁니다."

상황이 이런 식으로 전개되다 보니 신립은 결국 최후의 선택을 하게 된다.

"인생 뭐 있겠어? 한 방이지 뭐. 이렇게 찔끔찔끔 병력 잃고 있다간 나중에 제대로 싸워 보지도 못하고 쫓겨날 거야. 제대로 맞짱 한번 뜨고, 이기면 좋은 거고, 지면 뭐… 다 같이 사이좋게 해피 투게더 하면서 물에 빠져 죽으면 되지 뭐."

그랬다. 신립은 로또 전투를 택했던 것이었다.

"자…장군, 병력수는 왜놈들이 훨씬 많은데 평지에서 일대일로 맞붙었다간 쪽수에 밀립니다. 그리고 왜놈들이 들고 있는 조총 때문에 기병 전투는…."

"인생 한 방이잖아. 괜히 쫄 거 없어. 기병으로 밀어붙이면 돼! 그리고 기병 전투는 산에서보다는 평지에서 싸우는 게 훨씬 유리해! 너 한니발의 칸나이 전투도 못 봤냐? 《로마인 이야기》 안 봤어?"

"아니 그래도 장군… 가능성 있는 한 방으로 가시죠? 로또 전투는 거의 813만 분의 1 확률인데…."

"그 입 다물라!"

이리하여 신립은 다닥다닥 끌어 모은 8천 병력을 탄금대에 집결시키는데,

"인생 한 방이다! 기병으로 밀어붙이면 왜놈들도 쫄 거야! 자 힘내서

돌격하자!"

그러자 일본군은 허탈한 표정으로 조선군을 바라보는데,

"조선군이노 개념을 완전 물 말아먹었스므니다. 조총 앞에서 기병전 이라니, 더구나 여기는 습지가 아니므니까?"

"완전 무데뽀이므니다."

"나가시노 전투에서 다케다군은 방패라도 들었는데, 조선군이노 아예 개념이 없스므니다."

"뭐 하고 있스므니까! 조총대 준비시켜야 하므니다!"

그랬다. 기병의 힘은 스피드에서 나오는 충격력인데, 이 당시 탄금대 전장은 발이 푹푹 빠지는 습지였던 것이다. 논밭과 같이 붙어 있는 이 질척거리는 땅에서 기병이 무슨 힘을 발휘할까? 신립은 그럼에도 불구하고 돌격 명령을 내리는데,

"무조건 돌격! 못 먹어도 고! 가서 저 문어 대가리 놈들을 쓸어…!"

신립의 말이 끝나기도 전에 조선 기병대는 돌격하였고, 그대로 조총의 밥이 되고 말았다.

"조선군이노 완전 또라이므니다! 계속 장전해서 쏴 버리므니다!"

"완전 나가시노 전투의 재판이지 않스므니까? 조선군이노 진짜 무데뽀이므니다."

신립의 8천 기병은 그렇게 탄금대에서 녹아내린 것이다. 임진왜란 최초의 제대로 된 '데스 매치'에서 신립은 어이없게도 나가시노 전투를 리메이크하였던 것이다. 말 그대로 '무데뽀 정신으로 돌격'이었다.

훗날, 임진왜란이 끝나고 다시 3백 년이 지나고 나서 경술국치의 치욕을 경험해야 했던 조선은 그 이후 일본인들이 한반도에 들어오면서 이 무데뽀라는 말을 다시 접하게 된다. 일본인들이 개념 없고 막무가내로 밀어붙이는 모습을 말할 때마다 무데뽀라 말하는 것을 보고, 우리 민족도 자연스럽게 무데뽀란 말을 쓰게 되었다는 사연….

이제 독립을 한 지도 어언 60년, 한 갑자의 시간이 훌쩍 지났음에도 아직 무데뽀란 말을 쓰고 있는 것을 보면 일본 지배의 그늘에서 아직 벗어나지 못하고 있음을 실감하게 된다.

말 그대로
'무데뽀
정신으로
돌격'이었다.

"과하면
넘치게 마련이다"

꿈은 크게 가질수록 좋다? 역사는 그리 호
락호락하지 않아서 좀 더 큰 꿈을 안고 한
발 내딛다가 나락으로 떨어진 인간들의 실
패담도 왕왕 끌어안고 있다. 제 꾀에 제가
넘어간 스탈린과 차우셰스쿠로부터, 욕망
의 종착지 풍경을 보여주는 '튤립 거품'과
골드러시의 뒷이야기까지, 역사 속에서 발
견한 과욕·과신의 에피소드들이다.

워터게이트 사건의 속사정

한 정보수집 담당의 엉뚱한 미래전략

워터게이트 사건을 모르는 사람은 없을 것이다. 멀리 갈 필요도 없다. 로버트 레드퍼드와 더스틴 호프만 주연의 1976년작 〈대통령의 음모〉나 톰 행크스 주연의 1994년작 〈포레스트 검프〉만 봐도 워터게이트 사건이 등장한다. 포레스트 검프가 괴한들의 모습을 보고 경찰에 신고를 했던 1972년 6월 17일 밤, 다섯 명의 괴한들은 민주당 전국 위원회 사무실이 입주해 있던 워터게이트 빌딩에서 체포된다.

문제는 이들 손에 각종 도청 장치와 몰래카메라 장치들이 들려 있었다는 점이었다. 뭔가 좀 일이 심상찮게 흘러간다는 느낌이 들 때 결정타가 날아든다. 다섯 명의 피의자 중 한 명이 전직 CIA요원, 제임스 맥코드 주니어였던 것이다. 이때까지만 해도 냄새는 나지만 단순한 의혹 정도로 끝이 날 사건이었는데, 〈워싱턴 포스트〉지의 기자 우드워드와 번스타인 두 사람이 이 사건을 파헤치면서 닉슨 대통령 Richard Milhous Nixon 은 확신범이 되어야 했다. 괴한 다섯 명 중 한 명의 계좌에 11만 4천 달러가 입금된 게 포착된 것이다. 자금의 출처? 물어볼 것도 없었다. 닉슨의 비밀 선거자금에서 전달된 것이었다.

이렇게 보면 닉슨이 선거에 이기기 위해 민주당 사무실에 도청장치를 하고, 재선을 위해 온갖 불법적인 일을 했다는 증거가 다 나온 것 같다. 자, 여기서 우리가 짚고 넘어갈 한 가지가 있는데, 닉슨이 '도청' 이라는 불법 행위를 떠안을 정도로 궁지에 몰린 상태였냐는 것이다.

현역 대통령이란 프리미엄에 핑퐁외교로 건진 데탕트 détente 본뜻은 완화, 휴식. 제2차 세계대전 이후의 냉전 상태가 1960년대 말부터 완화된 것을 의미함 라는 성과, 거기다 얼떨결에 (?) 참전했다가 수렁 속에서 허우적거려야 했던 베트남 전쟁을 최대한 꼴사납지 않게 정리한 것이 닉슨이었다. 이런 닉슨이 왜 도청까지 하려 했을까?

✳ ✳ 다 이긴 선 거

1969년 제37대 미국 대통령에 취임한 리처드 닉슨은 4년이란 시간을 훌쩍 흘려보내고, 어느새 재선을 걱정해야 할 때가 됐다. 이때 대통령 재선위원회의 위원장으로 앉은 사람이 닉슨 법률사무소 동료이자 전 법무부장관을 지냈던 존 미첼이었다. 그는 닉슨의 재선에 대해 의문을 품지 않았다.

"중국과의 핑퐁외교, 닉슨 독트린의 발표, 베트남전에서의 탈출. 여기서 뭘 더 할 수 있겠나? 이번 선거는 우리가 이겼어."

당시 민주당 경선의 분위기는 머스키와 맥거번의 양강 구도였다. 누가 올라와도 닉슨과 상대하기에는 함량 미달이었지만, 당시 재선위원회는 되도록 맥거번이 올라오길 내심 기대하고 있었다. 머스키를 상대하기에는 껄끄러운 면이 있었던 것이다.

원래 머스키가 탄탄한 조직력을 앞세워 초반 경선 분위기를 주도했으나, 이후 바람을 탄 맥거번이 머스키를 추격하는 구도! 결국 민주당 경선은 바람을 탄 맥거번이 승리하게 된다. 대통령 재선위원회로서는 축배를 들 수밖에 없었다.

"여론조사 결과 대통령 각하가 거의 61퍼센트 이상의 지지율을 보이는 반면에, 맥거번은 20퍼센트 대에서 오르락내리락하고 있습니다. 이 상태로 가면 3배차 낙승이 확실합니다."

"돌발 변수만 없으면 대통령 각하의 무난한 승리를 확신할 수 있습니다."

닉슨 선거본부가 다 이겼다는 듯이 희희낙락한 분위기였다면, 민주당의 분위기는 차분하기 그지없었다. 민주당 전국위원회 위원장 오브라이언은 침체된 선거캠프의 분위기를 일신하기 위해 애썼다. 그도 이번 선거에서는 닉슨을 이길 수 없다는 걸 잘 알고 있었지만, 후일을 위해 선거운동본부를 다독일 수밖에 없었다.

＊ ＊ 압 도 적 인 승 리 를 위 한 1 백 만 불 짜 리 계 획

닉슨의 승리가 거의 확실시되던 분위기! 이런 분위기를 즐길 수 없는 사람이 있었다. 대통령 재선위원회 내에서 거의 유명무실해져 버린 정보수집 담당 리디 G. Gordon Liddy! 정보수집이란, 박빙의 상황에서나 그 의미가 있는 것이 아닌가? 3배차 낙승이 예상되는 상황에서 정보수집이 무슨 소용일까? 그의 자리는 갈수록 위축될 수밖에 없었다.

더구나 그는 그동안 주변 사람들에게 '경박한 인물'이라는 이미지로 보인 통에 신용마저 잃고 있었다. 실제로 그는 경박하고 입이 쌌다. 그는 그저 '필요 없어진 정보수집 분과위원회 위원장'일 뿐이었다. 그는 무슨 수를 써서라도 자신의 위치를 확고히 만들고 싶어 했다. 이대로 가다간 선거가 끝난 뒤의 미래가 불투명해질 수밖에 없었기 때문이다.

리디는 자신의 미래를 위해서 새로운 계획을 짜게 된다. 바로 '압도적 승리'를 위한 정보수집 계획이었다. 당시 리디가 정말 실행하길 원했던 계획은 '도청'이었으나, 회의에서는 이보다 훨씬 과격한 계획들을 제안했다.

"압도적인 승리만큼 기분 좋은 건 없습니다. 기억은 사라지지만, 기록은 남습니다."

재선위원회를 이런 식으로 설득한 후 준비한 첫 번째 계획을 브리핑한다.

"1백만 불짜리 계획입니다. 이 계획은 여기 모인 분들 외에는 아무도 모르는 계획입니다. 알아서도 안 되고, 외부로 새 나가서도 안 됩니다. 인지하셨으면, 계획을 말씀드리겠습니다. 제일 먼저 대통령의 재선에 치명적인 위협이 될 수 있는 민주당 인사 몇 명을 유괴하거나 습격하는 겁니다. CIA나 해병대 출신으로 습격단을 조직해서….”

당시 재선위원회 위원들은 벌어진 입을 다물 수가 없었다. 너무도 비현실적이었기 때문이다. 이어지는 브리핑에서 리디가 내놓은 계획들은 이보다 더 현실성이 없어 보였다. 미녀들을 고용해 민주당 재선위원회 주요 인물들에게 접근, 부적절한 관계를 맺게 한 다음 정보를 빼 온다거나, 특수 비행선을 제작하여 그 속에 각종 센서를 설치하고 민주당 사무실을 감시한다는 내용들이었다. 재선위원회에서는 일언지하에 리디의 계획을 거부했다.

첫 번째 계획안이 부결되고 얼마 뒤 리디는 두 번째 계획을 들고 나온다. 이번에는 50만 불짜리 계획이었다. 이 역시 너무도 황당하였기에 거절당했다. 내용이란 것도 별로 없었다. 미인계로 민주당의 정보를 빼돌리거나 도청을 한다는 식으로, 첫 번째 계획과 별다를 게 없었던 것이다. 지금까지 비상식적이고, 허무맹랑한 계획을 연거푸 제출한 리디! 그는 자신의 계획이 현실성이 없다는 걸 모르고 있었던 걸까? 아니다. 이 모든 행동은 세 번째 계획을 재선위원회에 선보이기 위한 사전 작업이었을 뿐이다.

“세 번째 계획입니다. 이번 프로젝트의 총 예산은 25만 불입니다. 내용도 간단합니다! 민주당 전국 사무실에 우리 정예 요원들을 투입해서

도청 장치를 설치하는 겁니다. 앞에 구상했던 프로젝트에 비해서 별로 위험하지도 않고, 비용도 덜 들면서 효과는 최고입니다! 적의 계획을 미리 알아내서 대비한다. 이 얼마나 멋진 발상입니까?"

이때 대통령 재선위원회의 멤버들은 리디의 제안을 연거푸 두 번이나 거절한 것에 대한 일종의 마음의 빚이 있었다. 아무리 재선위원회에서 겉돌고 있는 인물이라지만, 그래도 한솥밥을 먹는 동지가 아닌가? 더구나 앞의 두 계획보다는 현실적이고, 예산도 상식적인 선이었다. 재선위원회 위원들의 마음이 움직이기 시작했다.

달리 말하자면, 리디는 앞서 제출한 두 개의 계획을 통해서 대통령 재선위원회 멤버들의 마음에 빚을 안겼던 것이다. 두 번이나 거절시켜서 마지막 세 번째는 차마 거절할 수 없게 만든 것이다. 여기에 덤으로 붙은 것이 일종의 착시 효과였다.

> 두 번이나
> 거절시켜서
> 마지막 세 번째는
> 차마 거절할 수 없게
> 만들었던 것

"민주당 인사를 잡아다가 린치를 하거나 습격하는 것도 아니고 미인계로 협박하는 것도 아닌데… 도청 정도면 약한 거 아냐? 비용도 25만 불이면 꽤 싼 편이지? 맨 처음 계획은 백만 불짜리였는데, 이 정도면 싼 거야."

이런 생각을 대통령 재선위원회 핵심 멤버들에게 각인시켰던 것이다. 결국 대통령 재선위원회는 리디의 제안을 받아들인다.

워터게이트 사건은 이렇게 시작된 것이다. 여기서 중요한 것은 당시 민주당 전국 위원회 사무실에는 도청을 해야 할 정도의 핵심 기밀이나, 선거판을 뒤엎어 버릴 정도의 전략이 없었다는 것이다.

지지율 격차가 거의 세 배에 이르는 상황. 뾰족한 대책도 없고, 그저 지더라도 덜 창피할 정도로 만들어 보자는 목표로 선거운동을 준비했던 민주당 캠프였기에 도청까지 하면서 알아낼 정보가 없었던 것이다. 설령 그런 비책이 있다 하더라도 판세는 이미 기울어진 상황. 허나 한 정보수집 담당의 과욕에 의해 닉슨은 정치 인생을 버려야 했다.

리처드 닉슨(1913-1994)의 위풍당당한 작별인사
1972년, 워터게이트 사건 연루를 부인하는 성명 발표 후 재임 성공.
1973년, 계속되는 상원 특별조사위원회의 출두 명령과 서류 제출 요구에 불응.
1974년, 탄핵안이 가결되자 결국 사임. 그는 임기 중에 사퇴한 미국 최초의 대통령이라는 불명예를 안았다.

전쟁의 최단 기록

영국과 맞짱 뜬 잔지바르 섬

인류 역사상 단일전쟁으로 가장 긴 전쟁이라면 너도나도 '백 년 전쟁'을 꼽을 것이다 115년간 싸웠다. 실제 전투 기간은 얼마 안 되지만 말이다. 그러면 말이다, 인류 역사상 가장 짧은 전쟁은 무엇일까? 당장 생각나는 전쟁이 제3차 중동 전쟁일 것이다. 이스라엘의 선제공격으로 시작된 '6일 전쟁'! 1967년 6월 5일 발발해 6월 10일 끝이 난 이 전쟁이 인류 역사상 가장 짧은 전쟁이었을까? 아니다. 역사상 가장 짧은 전쟁은 따로 있다. 바로 잔지바르Zanzibar 섬에서 영국군과 잔지바르군이 붙은 잔지바르 전쟁이 그것이다. 과연 얼마나 짧았기에 역사상 가장 짧은 전쟁으로 기록되었을까?

✳ ✳ 무모한 도전

"잔지바르의 용사들이여. 결전의 순간이 다가왔다! 우리는 이제 대영 제국의 압제에서 벗어나기 위한 독립 전쟁에 나설 것이다!"

"전하! 우리나라의 전력으로는 영국과 싸울 수 없습니다. 해가 지지 않는 나라라고 불리는 영국에 도전한다는 건 무모합니다."

"시작도 하기 전에 겁부터 먹지 마라! 내게도 생각이 있다. 영국 본토 에서 잔지바르까지의 거리는 지구 반 바퀴다. 당장 눈앞에 보이는 영국 함대만 제거하면, 그다음은 이 물리적 거리를 판돈으로 해서 외교적 협 상에 들어간다. 충분히 승산이 있는 게임이야."

잔지바르의 왕인 '사이드 카리드 빈 바르가슈Sayyid Khalid bin Bargash'는 영 국과 전쟁을 벌이기로 결심하게 된다. 1861년 오만으로부터 독립했지 만 곧 영국의 식민지로 전락해야 했던 잔지바르. 잔지바르는 그 이름만 봐도 이 나라가 어떤 나라인지 알 수 있는데, 페르시아어 잔지Zanzi 흑인와 바르bar 사주해안의 복합어로 두 단어를 합치면 '검은 해안'이라는 뜻이 된 다. 이 섬은 12세기부터 노예무역의 중심 거점으로 활약한 곳이었는데, 아라비아 반도와 아프리카의 동쪽 연안을 연결하는 지리적 특성 때문에 옛날부터 중계무역으로 유명한 곳이었다. 이런 천혜의 요충지를 영국이 그냥 넘어갈 리 없었다.

"잔지바르만 확보하면, 아라비아와 아프리카, 인도양까지 커버할 수 있다. 무슨 일이 있어도 잔지바르를 점령해야 한다."

이런 이유로 아프리카 동쪽 연안의 작은 섬인 잔지바르는 영국의 식민지가 된다. 그렇게 별 탈 없이 영국의 식민지로 잘 지내던 잔지바르가 1896년이 되면서 '불온한 움직임'을 보이기 시작한다. 정확히 표현하자면, 잔지바르의 왕^{술탄}인 사이드 카리드 빈 바르가슈가 판단력을 잃었다는 것이다. 쥐도 막판에 몰리면 고양이를 문다는 말이 있지 않은가?

이 부분은 설명이 좀 필요할 듯한데, 당시 잔지바르의 정치 상황이 좀 복잡했다. 잔지바르의 술탄 하마드 빈 수와이니가 1896년 8월 25일에 사망한다. 이때 조카였던 바르가슈가 무력으로 권력을 장악하는데, 영국은 이게 못마땅했다. 식민지 경영을 위해서는 고분고분한 무하마드를 술탄으로 앉히는 게 편했기 때문이다. 결국 영국은 바르가슈에게 술탄 자리에서 물러나라고 권고했지만, 바르가슈는 항전 의지를 불태우며 이를 거절했다. 이때 바르가슈는 해전에서는 밀리지만, 육전으로 가면 해볼 만하다는 생각을 가지고 있었다. 장기전으로 끌고 가 협상을 하려는 계산이었다.

"전하! 영국과 어떻게 싸우시려는 겁니까? 세계 2위와 3위의 해군력을 가진 국가들이 연합해 덤벼들어도 맞상대할 수 있는 전력을 보유하자는 것이 영국 해군의 목표입니다. 이런 나라와 어떻게 싸우자는 겁니

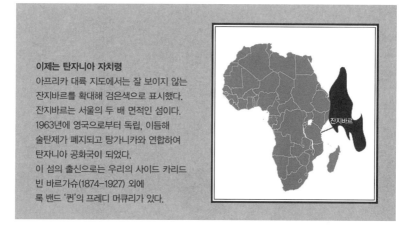

이제는 탄자니아 자치령
아프리카 대륙 지도에서는 잘 보이지 않는 잔지바르를 확대해 검은색으로 표시했다. 잔지바르는 서울의 두 배 면적인 섬이다. 1963년에 영국으로부터 독립, 이듬해 술탄제가 폐지되고 탕가니카와 연합하여 탄자니아 공화국이 되었다. 이 섬의 출신으로는 우리의 사이드 카리드 빈 바르가슈(1874~1927) 외에 록 밴드 '퀸'의 프레디 머큐리가 있다.

잔지바르

까? 우리에게 제대로 된 군함 한 척이라도 있습니까?"

"저기 보이는 우리의 불침전함不侵戰艦 글래스고호가 안 보이나?"

"전하, 글래스고호는 화물선이지 않습니까? 그것도 거의 침몰되기 직전인데… 저 배 선령船齡이 얼마나 되는지 아십니까? 저기에다 폼으로 대포 몇 개를 달았을 뿐인데, 저게 어떻게 전함이 됩니까?"

"싸워 보기도 전에 질 걱정을 하다니, 그런 패배주의는 당장 집어치워!"

"좋습니다, 전하. 바다에서의 해전은 포기했다 치고, 당장 영국군의 상륙을 막아 낼 병력은 어디서 구하실 겁니까?"

"우리에겐 용맹한 5백의 결사대가 있잖은가? 공격자 3배수의 원칙을 생각한다면, 영국군은 적어도 1천 5백 명의 병력을 몰고 와야 해. 거기다가 우리 병력은 잔지바르를 손금 보듯이 훤히 꿰뚫고 있어. 지리적으로도 이 싸움은 우리가 유리해."

"전하, 너무 무모합니다. 다시 한 번 생각을…!"

"더 이상의 반대는 국가에 대한 배신으로 간주한다!"

> 싸워 보기도 전에
> 질 걱정을 하다니,
> 그런
> 패배주의는
> 당장 집어치워!

해가 지지 않는 영국과의 전쟁을 결심한 잔지바르의 왕 사이드 카리드 빈 바르가슈! 그가 선전포고를 하기로 한 운명의 1896년 8월 27일. 아침은 밝아 왔다.

"우선 영국 해군에게 선전포고를 한다. 그다음에 글래스고호가 함포를 발사하는 걸로 개전에 들어간다."

잔지바르의 왕이 조만간 영국 함대를 격파해 승리할 것이라는 환상에 빠져 있던 그때, 영국 해군은 일상의 평화 속에 젖어 들고 있었다. 이날은 잔지바르를 비롯한 동아프리카 연안을 작전 구역으로 하는 헨리로슨 경의 함대가 친선 크리켓 게임을 하려던 날이었다. 크리켓 경기를 위해 잔지바르 섬 수역으로 로슨 함대가 속속 집결하던 찰나였다. 이런 상황조자 모르고 있던 사이드 카리드 빈 바르가슈는 위풍당당하게 선전포고를 했다.

"잔지바르 공국은 1896년 8월 27일 오전 9시를 기해 영국에게 선전포고를 한다."

9시 2분, 영국 함대의 기함에서 한가롭게 오늘 있을 크리켓 게임의 승자가 누가 될지 생각하던 로슨 경에게 수기 신호가 전달됐다.

"사령관 각하! 잔지바르의 부족장이 대영제국에 선전포고를 했습니다!"

"부관, 지금 농담하는 건가?"

"아닙니다. 방금 전 수기로 선전포고문이 전달됐습니다."

로슨 경은 머리를 긁적이더니,

"일단 크리켓 게임은 잠시 보류하도록, 그리고 잔지바르 수역에 있는 전 함대는 대영제국에 선전포고를 한 잔지바르에 대한 일제 공격에 들어간다."

로슨은 해역에 있는 모든 영국 함대에 공격 명령을 내린다. 그 첫 목표는 사이드 카리드 빈 바르가슈가 불침전함으로 자랑하던 글래스고호였다.

"저 배가 잔지바르의 전함인가?"

"정보에 따르면 화물선을 개조한 일종의 무장상선이라고 합니다."

"다른 해군 전력은?"

"없습니다."

"격침시켜라."

영국 함대는 일단 두 발의 포탄을 쏴다. 그 두 발의 포탄을 맞은 글래스고호는 그대로 격침, 잔지바르 앞바다에 조용히 가라앉게 된다.

"글래스고호에 착탄 확인. 그대로 침몰했습니다."

"다음 목표는 잔지바르의 반란 세력이 있는 사이드 카리드 빈 바르가슈의 궁전이다. 전 함대 포격 개시!"

로슨 사령관의 명령을 받고 급히 잔지바르항으로 달려온 로슨 함대는 포문을 열고 궁전을 향해 일제 포격을 가했다. 인정사정없는 포격이었다. 사이드 카리드 빈 바르가슈가 자랑하던 정예의 잔지바르 특공대 5

백 명은 이 포격으로 대부분 전사하게 된다. 남아 있는 몇몇도 부상으로 전투력을 상실했다.

"적! 완전 침묵했습니다!"

"아군 피해 현황은?"

"없습니다!"

"개전 후 얼마나 지났나?"

"개전한 지 37분 20초 지났습니다!"

"잔지바르에 또 다른 부대가 있나?"

"확인된 바로는 저 병력이 잔지바르의 전 병력입니다."

"그래? 그럼 종전 선언하고 잔지바르의 왕을 체포하도록."

개전한 지 37분 20초 만에 잔지바르는 모든 전력을 소진하고 패하게 된다. 애초에 게임이 될 수 없는 상황이 아니던가? 전쟁을 기획한 잔지바르의 왕 사이드 카리드 빈 바르가슈는 그대로 독일령으로 도망가 보호를 요청한다. 전쟁은 이렇게 끝이 났다. 한 편의 코미디와 같은 이 전쟁은 역사상 가장 짧은 전쟁으로 기록되었다.

네 개의 침실

기 발 한 스 탈 린 의 기 가 찬 죽 음

스탈린Iosif Vissarionovich Stalin 하면 떠오르는 단어들이 몇 개 있을 것이다. 그의 이름을 딴 도시 스탈린그라드, 대학살, 공포정치 등등 그의 이름은 긍정적이기보다는 부정적인 이름으로 더 많이 회자된다. 제2차 세계대전 직전 군에 대한 대대적인 숙청으로 군을 붕괴시켰고, 이후에도 숙청이란 미명하에 2천만 명에 달하는 소련인들을 죽인 희대의 학살자 스탈린. 그러나 그의 죽음은 그의 행적과 달리 너무도 생뚱맞았다. 이번 주제는 희대의 대학살자 스탈린의 어이없는 최후에 관한 이야기이다.

✳ ✳ 아 무 도 믿 을 수 없 다

"스…스탈린 동지, 키…키로프 동지가…!"

"키로프가 뭐 어쨌다구?"

"키로프 동지가 암살당했습니다!"

"뭐, 키로프가?!"

"불평분자들이 나선 거 같습니다!"

"이런 쓰레기 같은 놈들!"

자신의 오른팔이자, 학살의 주역이었던 키로프의 죽음 앞에 스탈린은 분개한다. 그리고 이어지는 대숙청. 스탈린은 키로프에 대한 복수라며 1천만 명이나 되는 사람들을 쓸어버렸다. 그야말로 씨를 말려 버린 것이다. 문제는 이때부터였는데 어느 정도 키로프에 대한 복수를 이루고 반란 세력도 쓸어 냈다고 판단한 스탈린에게 또 다른 걱정거리가 생긴 것이다.

"흠… 이놈들이 언제 어디서 덤벼들지 몰라. 내 살가죽이 티타늄 합금도 아니고 말이야. 개념을 밥에 말아 먹은 불평분자들이 날 암살하겠다고 덤비면? 이거 참 걱정이네, 난 오래 살아야 하는데 말이야."

고소공포증 때문에 비행기 타는 것도 싫어한 스탈린, 이제는 대인기피증까지 생기려 하고 있었다.

"사람이 큰일을 하다 보면, 불가피한 희생도 치르게 되고 하는 건데 꼴랑 사람 1천만~2천만 명 죽었다고 그거 가지고 앙심 품고 지랄하는 놈들이 꼭 있다니까. 이런 밴댕이 소갈딱지 같은 놈들…! 이놈들이 나한테 앙심 품고 덤벼들면? 그럼 안 되지!"

맞은 놈은 두 발 뻗고 자도, 때린 놈은 못 잔다고 했던가? 스탈린은 노이로제에 걸리게 된다.

"좋아! 앞으로 내가 살 별장에는 똑같은 침실을 네 개 만든다!"

"예? 네 개나요? 그걸 어디다 쓰게요?"

"이놈! 만들라면 만들어! 이게 다 인민의 영웅이자 지도자인 나 스탈린을 보호하기 위한 거야!"

스탈린은 자신이 기거할 별장에 똑같은 방을 네 개나 만들게 한다. 여기에 더해 각각의 방에는 전자동 문을 설치해 스탈린이 아니면 문이 열리지 않게 만들었다.

"후후, 내가 이 중 어느 방에서 자는지는 아무도 모를 거야."

이 네 개의 방은 스탈린의 개인 경호원들도 들어오지 못하게 했다. 별장의 침실은 온전히 스탈린만의 공간이 되었던 것이다. 문제는 말이다, 이때 스탈린은 뇌출혈 증상이 있었다는 것이다.

맞은 놈은 두 발 뻗고 자도, 때린 놈은 못 잔다고 했던가?

"스탈린 동지! 지나친 스트레스나 음주는 좋지 않습니다. 특히 사우나 같은 건 절대 하시면 안 됩니다."

"알았다니까 그러네…. 너 자꾸 나불거리면 확 시베리아 보내 버린다!"

주치의의 경고를 받았음에도 불구하고 스탈린은 1953년 3월 1일, 사우나를 하게 된다. 그러고는 침대에 들어갔는데….

"헉… 왜… 이러지… 꼴까닥!"

스탈린은 그대로 쓰러진다. 그다음 날이 되었다. 평소 정오쯤에 일어나는 스탈린이었으나, 정오가 지나도 어떤 방문도 열리지 않았다. 경호원들은 어떡해야 할지 고민에 빠진다.

"괜히 문 열었다가 총살당하는 거 아냐?"

"그냥 조용히 있자고, 때 되면 나오지 않을까?"

"그렇겠지?"

그렇게 하루가 지나고 이틀이 지나고 사흘이 지났다. 스탈린의 침실에서는 아무런 기척이 없었다. 상식적으로 나와야 할 사람이 안 나오면 들어가 보는 것이 정상인의 행동이 아니던가? 그럼에도 경호원들은 망설였다. 서슬 퍼런 공포정치의 시대가 아니던가?

"저기… 우리가 들어가는 건 좀 그렇고…. 그래! 할머니라면 괜찮지 않을까?"

"그렇지? 우리야 오해를 살 수 있겠지만, 할머니라면…."

나흘째 되던 날 경호원들은 머리를 짜내 별장에서 음식을 만들던 노파를 불러다가 스탈린 방문을 두드리게 만든다.

"저기… 내가 문을 두들겼다고 스탈린 동지가 노하면 어쩝니까? 이러다 시베리아로 끌려가면…."

"동무! 동무가 지금 문을 두들기지 않으면, 그대로 시베리아로 끌려가는 거요!"

"알겠어요, 알겠어…. 스탈린 동지? 스탈린 동지… 안에 계십니까? 동지?"

문을 두들겨도 아무런 인기척이 없는 상황. 그제야 경호원들은 문을 부수고 들어가는데…. 그 안에는 이미 죽어 있는 스탈린의 시체만 덩그러니 놓여 있었다. 이미 죽은 지 4일이 지난 후였다. 이때가 1953년 3월 5일이었다.

암살을 두려워해 이중 삼중의 안전장치를 만들었고, 혹시 모를 경호원들의 배신을 걱정해 자신만의 공간에 숨어 지내야 했던 스탈린. 그러나 안전하다 믿었던 그 공간이 부메랑이 되어 자신의 목숨을 앗아갈 줄은 몰랐을 것이다. 이를 두고 과유불급이라 해야 할지 사필귀정이라 해야 할지…. 어쨌든 인간 백정 스탈린은 그렇게 죽어 갔다.

이오시프 스탈린(1879-1953)
1940년대 말의 스탈린. 아래쪽 글씨는 그의 서명.

차우셰스쿠의
아이들

터 무 니 없 는 인 구 정 책 의 말 로

니콜라에 차우셰스쿠^{Nicolae Ceauçescu}. 이 희대의 독재자를 말할 때마다 그가 시작한 희대의 '인구 정책'을 말하곤 한다. '인구=국력'이라는 공식을 들고 나와 루마니아를 생지옥으로 만들어 버린 차우셰스쿠. 과연 적절한 인구수는 나라의 경쟁력을 유지시켜 주는 것일까? 차우셰스쿠의 황당한 경쟁력 확보 정책이 어떠했는지, 이 때문에 루마니아 국민들이 어떤 고통에 처했었는지 살펴보자.

✳ ✳ " 태 아 는 사 회 전 체 의 재 산 이 다 "

"서기장 동지! 취임을 축하드립니다!"

"어, 그려그려…. 축하는 축하고, 이제 나도 높은 자리에 앉았으니 한 번 국가를 위해 일을 해 봐야겠는데…."

1965년 3월, 게오르기우데지 Gheorghiu-Dej 가 죽자 차우세스쿠는 그의 뒤를 이어 공산당 제1서기로서 당의 지도자직에 올라앉게 된다 서기장직은 1965년 7월부터 맡았다. 1967년 12월에는 국가평의회 의장까지 맡으며 명실상부한 국가의 수반이 되었다.

"뭐 생각해 두신 일이 있으십니까? 박정희처럼 국토종합개발 5개년 계획 같은 걸…"

"그건 한국 애들이나 하는 거고…. 그래서 말인데 국가가 수출을 하지 않고 내수진작 효과를 낼 수 있는 인구수가 얼마지?"

"한… 1억 잡아야죠?"

"마니아가 등장할 수 있는 최소 인구수는?"

"그것도 한 1억 잡아야죠?"

"그렇지? 내가 생각해 봤는데… 루마니아가 강해지려면 역시 쪽수가 많아야 할 거 같아. 안 그래? 허구한 날 뱀파이어의 나라, 프란체스카의 나라, 드라큘라의 나라, 늑대인간의 나라로만 기억되는 거 지겹지도 않냐? 우리도 한번 폼 나게 살아 보자고!"

"지당한 말씀입니다."

"그래서 말인데, 앞으로 루마니아에서는 이혼, 낙태, 산아조절… 이 모든 행위를 엄금한다! 태아는 사회 전체의 재산이기 때문이다! 이혼, 낙태, 산아조절을 할 수 있는 여성은 아이가 넷 이상인 여자이거나, 공산당 당원이어야 한다!"

1966년 차우셰스쿠는 흡혈귀의 나라인 루마니아를 발전시키겠다며, 새로운 인구 정책을 내놓게 된다. 이에 대한 국민들의 반응은 냉담했다.

"그런 게 어딨어! 낳고 싶으면 낳는 거지. 이제는 애 낳는 거까지 나라에서 간섭하기냐? 언제 나라에서 콘돔이라도 하나 사 줘 봤냐고?"

국민들이 반발을 했지만, 어쩌겠는가? 이미 나라의 권력은 미스터 차에게 들어간 상황. 문제는 미스터 차가 집권하기 전까지 루마니아란 나라가 상당히 '프리' 한 나라였다는 점이다. 1966년까지 루마니아에서는 평균 다섯 건의 임신 중 한 건만이 출산, 그 나머지는 낙태로 이어지는 상황이었다. 동서유럽을 통틀어 가장 자유로운 낙태가 이루어지던 나라가 바로 루마니아였던 상황. 그런데 난데없이 국가에서 이 모든 걸 금지시킨다니….

"낙태 시술하는 놈, 벌금 낼 각오해! 피임약 먹는 여자? 벌금 낼 줄 알아! 앞으로 루마니아에서 낙태는 무조건 불법이야, 알아들었어? 그리고 어떠한 피임 기구도 수입 금지야."

독재자의 강력한 압박이 있었지만, 은밀하게 불법 낙태 시술이 이어졌고 밀수로 콘돔이나 피임약이 들어오게 됐다.

"콘돔 한 박스에 2백 불… 한 박스에 2백 불…."

"뭔 놈의 콘돔이 그렇게 비싸?"

"어허, 하이 리스크 하이 리턴이라잖아…. 나도 이거 들고 오느라 목숨 걸었어…. 쭈쭈바 껍데기보다는 이게 훨씬 더 안전할 텐데?"

"알았으니까… 쉿! 이거 그런데 낱개로는 안 파나?"

당시 피임 기구들의 가격은 폭등하게 된다. 문제는 이런 피임 기구의 밀수나 사용도 한계가 있었다는 점이다.

"앞으로! 모든 여성들은 한 달에 한 번 의무적으로 부인과 검사를 받아야 한다!"

"왜…?"

"루프와 같은 질 내 피임 장치 사용 유무를 확인하기 위해서다! 앞으로 루마니아의 모든 가임기 여성들은 한 달에 한 번 국가가 지정해 주는 병원에서 피임을 하지 않았다는 걸 검사받아야 한다."

"그런 게 어디 있어!"

"억울하면 아이 네 명 낳아! 네 명 낳으면 다 면제시켜 준다니까!"

이런 강력한 인구 정책을 시행하기 위해 차우셰스쿠는 감시 체제를 구축하게 된다.

"그러니까 말이야… 너희들은 무조건 여자들을 단속해, 알았어? 직장에서 근태나 그런 거도 감시해야겠지만, 제일 중요한 건 너희들 밑에 있는 여자들이 임신을 했는지, 안 했는지, 안 했으면 왜 안 하고 있는지 그런 걸 파악해. 그리고 임신할 수 있는데 안 하는 경우에는 너희들 선에서 조져라, 알았지?"

소위 말하는 '월경경찰'의 탄생이었다. 이들은 미친 듯이 직장을 돌아다니며 여자들의 임신을 독려하고, 임신을 한 여성들을 표창하기 시작한다. 문제는 이런 분위기 속에서도 임신을 하지 못한 여성들이다.

"비프체리카 동지! 동지는 결혼한 지 1년이 넘어가는데 어째서 소식이 없는 거요?"

"그…그게 남편이 힘이 달려서…."

"그게 무슨 소리요? 힘이 달리면 보약이라도 먹여야지! 동지의 혁명성이 의심스럽소! 이번 달에 동지에게 금욕세禁慾稅를 부과하겠소!"

"도…동지!"

차우셰스쿠 통치 시절의 여자들은 그야말로 가축이 되어야 했다. 네명이 한 조가 되어 벌거벗고 산부인과로 들어가 한꺼번에 진찰을 받아야 했다. 진찰의 목적은 간단했다.

"카추샤! 당신 피임 기구 쓴 적 없죠?"

"없습니다."

"피임약도 안 먹었죠?"

"안 먹었습니다."

"그렇군요… 축하합니다. 임신입니다."

"예? 분명 콘돔 꼈는데…."

"뭐? 피임 기구 안 썼다면서?"

"아니… 그게… 저…."

상황이 이렇게 되자 불법 낙태 시술과 함께 헝가리로의 탈출이 늘어

나게 된다. 산모들은 임신 초기에 다뉴브강을 건너 헝가리로 도망을 가게 되는데,

"헝가리에 가서 낙태 수술을 받고 돌아오면 돼…. 정 안 되면 망명하든가…."

이걸 두 눈 뜨고 바라볼 차우셰스쿠가 아니었다.

"이놈들…! 다뉴브강 건너는 연놈들, 무조건 쏴 버려 알았지? 애 낳으라니까 아예 강을 건너? 아주 요단강을 건너게 해 주마! 좋은 말로 할 때 애 낳아라… 응? 이것들이 말이야. 빠져 가지고… 이게 다 너희들 좋으라고 하는 거야 인마! 아이는 한 가정의 희망 아니겠냐? 한 가정에 자식이 네 명이나 있다는 거 행복하지 않냐?"

이리하여 몇 명의 산모들이 다뉴브 강가에서 시체로 발견된다. 결국 차우셰스쿠의 바람은 이루어지게 된다. 강력한 인구 정책의 결과 1년 만에 신생아의 출생률이 두 배로 늘어나게 된다.

"지도자 동지! 기뻐하십시오. 신생아 출생률이 두 배로 늘어났습니다!"

"오! 정말? 역시 나의 위대한 영도력이 빛을 발했구만…."

"그런데 말입니다, 사소한 것 하나도 같이 늘어났는데 말입니다."

"사소한 거?"

"유아사망률이 145.6퍼센트나 증가했습니다."

"…유아사망률이?"

"예…. 당장 보육 시설과 육아 시설이 부족할 뿐만 아니라… 결정적

으로 소아과 의사가 부족해서 이런 문제가 생긴 게 아닐지요? 어쩌죠? 지금 당장 유아사망률을 줄이는 게…."

"유아사망률만 줄이면 된다 이거지? 음… 좋아! 앞으로는 생후 한 달이 지나지 않은 아기에게 출생신고서를 끊어 주지 마! 그러면 유아사망률이 줄어들 거야. 안 그래?"

"…."

✳ ✳ 부 메 랑   이 펙 트

특유의 영도력으로 유아사망률을 줄인 차우셰스쿠. 그러나 유아사망률이 줄어들었다고 이들의 삶이 나아진 것은 아니었다. 당장 출생신고서를 끊어 주지 않자. 부모들은 정상적이지 않은 아기, 즉 육체적·정신적으로 불구로 태어난 아이들을 시설로 버리게 되었다. 보호시설은 버림받은 아이들로 가득 찼고, 이들은 적절한 보살핌도 없이 방치되어 죽어 갔다. 더 큰 문제는 보호시설로 보내진 쇠약한 아기들에게 체력 강화를 목적으로 수혈을 했다는 것이다. 수혈이야 뭐 할 수도 있는 거겠지만, 이때 쓰인 혈액은 에이즈에 감염된 것이었다.

"뭐 어쨌든 인구수는 좀 늘어났잖냐? 중요한 건 인구수가 늘어났다는 거야. 안 그래?"

차우셰스쿠는 스스로의 정책 결과에 만족을 표했지만, 태어난 아기와 아기의 부모들은 만족할 수 없었다. 차우셰스쿠에 의해 태어난 '차우셰스쿠의 아이들'은 다른 세대의 아이들과 달리 학업 성취도, 노동시장에서의 선호도 등이 월등히 뒤떨어졌다. 이와 반대로 범죄율은 다른 세대에 비해 훨씬 더 높았다.

"제길, 부모가 원하지도 않는데 태어나서 이게 뭐냐고?"

"애들은 바글대지, 강의실은 미어터지지, 우리보고 대체 어쩌라고?"

"우리가 무슨 58년 개띠냐구? 이리 치이고, 저리 치이고⋯."

차우셰스쿠 덕분에 태어난 '차우셰스쿠의 아이들'은 스스로의 정체성에 의문을 가지게 되었고, 궁극적으로는 사회의 패배자로서 음울한 인생을 살아가게 되었다. 그러던 1989년, 동구권이 붕괴가 시작되던 그 시점에 '차우셰스쿠의 아이들'은 거리로 뛰쳐나오게 된다.

"차우셰스쿠 이 쓰레기 같은 자식아! 너 땜에 내가 태어났잖아! 기왕 태어나게 할 거면 제대로 좀 키워 주지!"

"이놈 얼른 안 튀어나와? 애 낳으라고 옆구리만 찌르면 뭐 해? 애들을 낳았으면 키워야 할 거 아냐! 무조건 낳기만 하라는 게 말이 돼?"

1989년 12월 25일, 차우셰스쿠와 그의 아내는 대량 학살을 비롯한 여

1989년 루마니아 혁명
혁명은 차우셰스쿠(1918~1989)의 처형과
루마니아 공산당 정권의 붕괴로 이어졌다.
차우셰스쿠의 아이들은
독재 타도의 선봉에 섰다.

러 죄목으로 기소되었고 유죄 판결을 받았다. 그리고 그날 두 사람은 총살을 당했다. 이 이야기의 결말이 아이로니컬한 것은 차우셰스쿠의 죽음을 부른 이들이 바로 '차우셰스쿠의 아이들' 이었다는 점이다. 차우셰스쿠에 의해 태어난 아이들이 차우셰스쿠 정권 타도 시위대의 선두에 서서 차우셰스쿠를 몰아냈던 것. 그야말로 시대의 아이러니요, 역사는 부메랑이 되어 되살아난다는 산 증거라 하겠다.

애 낳으라고
옆구리만 찌르면
뭐 해?
애들을 낳았으면
키워야 할 거 아냐!
무조건 낳기만
하라는 게 말이 돼?

거품 속에
피고 진 튤립

거품경제 이후의 충격과 공포

한국에서 돈을 벌기 위해서는 정부가 말하는 반대로 해야 한다는 말, 한국에서 돈을 벌기 위해서는 돈을 땅에다 묻고 기다리면 된다는 말을 숱하게 많이 들어 보았을 것이다.

"정부 말을 어떻게 믿어? 정부 말 믿고 집 안 샀다가 지금 전셋값 올라서 등골 빠지게 생겼는데!"

"일본의 부동산 거품? 개 풀 뜯어먹는 소리 하지 마! 대한민국이란 나라가 건설 경기로 돌아가는 나라인데, 나라에서 미쳤다고 부동산 시장을 엎어 버리겠어? 정부 말 듣다가 쪽박 차기 전에 지금이라도 부지런히 땅 보러 다녀."

그럼에도 불구하고 여전히 부동산은 최고의 재테크 수단이자 온 국민이 열광하는 엘도라도 계곡이 되어 주고 있다. 무수한 경고에도 꺼지지 않는 부동산 거품! 이번 주제는 버블이 꺼지고 난 뒤에 남은 충격과 공포이다.

✳ ✳ 보이지 않는 손, 튤립 시장을 일구다

"야야, 이 양파 비스무리하게 생긴 게 뭐냐? 먹는 거야?"

"어허! 부정 타게시리! 이게 바로 터키에서 공수해 온 튤립 <small>1550년경 터키를 경유해 유럽으로 소개됐다. 튤립의 어원은 터키어로 터번을 뜻하는 단어에서 유래한다</small> 이란 놈이야. 이게 지금은 양파뿌리처럼 보이지만, 꽃이 피면 이게 또 장관이거든…. 무식하게시리 먹는 거만 찾는 너 같은 놈이 보기엔 아까울 정도라니까."

1550년경 유럽에 소개된 튤립은 그 시작부터 범상치가 않았으니,

"이게 꽃이 피면 꼭 왕관을 보는 것 같다니까. 좀 아쉬운 건 색깔이 영…."

"색깔이야 칠하면 되지, 어이! 여기 래커 하나만 갖다 줘!"

"무식한 놈! 야 이 자식아, 꽃 색깔이 맘에 안 든다고 칠을 하냐? 아예 시트지를 사서 붙여라!"

"아, 그럼 시트지를 사 올까?"

"…"

처음에는 단조로웠던 튤립의 색깔과 종류는 끊임없는 품종개량을 통해서 갖가지 색깔을 자랑하게 되는데….

"어이! 네더마인 사장! 이번 주말에 필드나 한번 나갈까? 가서 한 라운드 돌자고…! 한 게임 치고 그늘에서 생맥주 한잔 빨면… 캬! 생각만 해도 군침이 다 도네."

"일 없어. 이번 주말에 튤립 분갈이해야 해."

"튤립? 이 사람 그렇게 안 봤는데, 남자가 쪼잔하게 화분이나 붙잡고…."

"쪼잔하긴 누가 쪼잔해? 요즘 한다하는 사람치고 튤립 안 가꾸는 사람이 어디 있어?"

"에? 그게 무슨 말이야?"

"이거이거… 당신 안드로메다에서 왔어? 요즘 네덜란드에서 한다하는 사람들은 다 튤립 가지고 논다고! 어디 가서 비즈니스 뛰려고 해도 죄다 튤립 이야기만 하는데…. 쯧쯧, 세상살이에 이렇게 어두워서야."

그랬다. 튤립이 유럽으로 건너온 지 채 50년도 안 되서 튤립은 부호와 오피니언 리더 들의 '취미'가 되어 버렸다.

"흠, 역시 다비드 씨야. 다비드 씨 튤립은 언제 봐도 기품이 넘쳐흘러."

"크루이프 씨는 또 어떻고, 저 힘차게 뻗은 잎새 하며, 꽃봉오리에 흐르는 윤기는… 캬, 왕관이 따로 없네."

부자들은 사교계의 '머스트 해브 아이템'으로 떠오른 튤립을 중심으로 뭉치게 된다.

"우리 이럴 게 아니라 우리가 키운 튤립을 가지고 애화대회 한번 여는 건 어때? 개들도 애견대회를 하는데, 꽃이라고 못 할 거 없잖아?"

"좋지! 대회에서 우승하면 상금도 주고… 그래, 족보도 관리해서 '뼈대 있는 꽃'을 만들어 보자고!"

이렇게 되자 부자들은 너 나 할 거 없이 튤립을 키우게 된다. 처음에 대회에 나가겠다는 소박한 마음으로 시작된 튤립 재배는 어느 순간 상금을 타야겠다는 절박감으로 바뀌게 된다.

"이번 암스테르담 튤립 대회 봤어? 상금이 1만 플로린이래!"

"헤이그 대회는 3만 플로린이란다."

상황이 이렇게 되자 묘한 경쟁심이 붙은 네덜란드 부자들은 좀 더 아름답고 튼튼한 튤립 구근을 사기 위해 혈안이 된다.

"3천 플로린? 무조건 나한테 줘!"

"3천? 난 5천이야!"

수요가 폭등하니 가격도 자연 올라가는 시장의 법칙! 애덤 스미스의 보이지 않는 손은 네덜란드 화초 시장을 바쁘게 오가기 시작한다. 그래도 이때까지는 애교로 봐줄 수 있는 수준이었다. 아직까지는 말이다.

부자들에 의해 폭등하기 시작한 튤립 가격! 만약 이런 튤립 열풍이 프랑스나 독일, 영국에서 일어났다면 단순 해프닝 수준으로, '17세기 초반, 어디어디 부자들이 취미 삼아 튤립을 키웠다. 근데 취미가 좀 과해서 마니아 수준까지 가게 됐고, 가격이 다른 꽃에 비해서 좀 많이 비싸졌다' 정도로 기록되는 데 그쳤을 것이다. 문제는 이 튤립 열풍이 분 곳이 네덜란드였다는 점이다.

"이번에 네더마인 상사 주가가 폭등했다면서?"

"말도 마, 이번에 터키에서 배가 들어왔는데, 그쪽 향료를 전부 다 구입했다고 하더군. 신문에도 나고 아주 난리가 났어."

이 당시 네덜란드는 해상 교역으로 유럽 최고의 경제 대국 반열에 올라선 상황. 경제 규모가 커지자 자연스럽게 주식 시장이 열리게 됐고, 주식 시장이 열릴 정도로 사회 전반에 활력이 넘쳐흐르자 그에 따라 신문 시장도 커지게 됐다. 주식과 신문, 그리고 엄청난 경제 규모와 해상 교역을 통한 '교역의 습득' 은 튤립 열풍을 '광풍' 으로 몰아갔다.

"이번에 〈암스테르담 트리븐〉지 봤어? 부자들 사이에서 거래되는 튤립 가격이 장난이 아니라면서? 그거 먹지도 못하는데 뭐 그렇게 난리야?"

"야야, 이 단순무식한 놈아 튤립을 먹으려고 키우냐? 보려고 키우지!"

"흠흠… 그렇군, 어쨌든 한국말 틀린 게 하나 없다는 말이 다시 증명되는구만."

"그건 또 뭔 소리야?"

"돈 벌고 싶으면 땅에다 돈을 묻으라잖아. 튤립이 그렇게 비싸다는데, 나도 한번 튤립 키워 봐야지."

"!"

부호들 사이에서의 취미가 일반 대중으로 확산되기 시작했다. 너도 나도 튤립을 키워 한몫 제대로 잡아 보자는 생각으로 네덜란드의 모든 사람들이 튤립 재배에 뛰어들게 됐다. 상황이 이 지경에 이르자. 튤립은 더 이상 '꽃' 이 아니게 된다.

"가격이 이 정도로 뛰었는데…, 이 정도면 튤립 선물 거래를 할 수 있지 않겠냐?"

"당근이지! 선물 거래만 되면 튤립 거래가 좀 더 활발해질 거야!"

이리하여 암스테르담 주식거래소 바로 옆에 튤립 거래를 위한 공간이 따로 만들어지게 된다. 이제 튤립 투자가 본격적으로 불타오르기 시작했다.

"야! 들었어? 이번에 헤이그에 있는 청소부가 튤립 하나 잘 키워서 완전 대박을 쳤대!"

"정말?"

"이번에 한 20만 플로닌 땡겼다지 아마?"

"젠장! 나도 튤립에 뛰어들란다!"

네덜란드 전체가 튤립에 미치게 됐다. 이렇게 되자 통화는 팽창하고, 물가는 폭등했다. 네덜란드를 본 주변 국가들도 덩달아 들썩이게 된다.

"흠… 네덜란드 놈들이 그랬단 말이지? 이참에 우리도 남는 돈을 네덜란드 튤립에 투자해 볼까?"

영국과 프랑스 자본이 해외 투자란 명목으로 네덜란드에 들어와 튤립 열풍에 가세하기 시작했다. 덩달아 영국과 프랑스의 부호들도 튤립 재배에 뛰어들었지만 네덜란드만큼은 아니었다. 그들은 그저 '새로운 투자처' 정도로만 튤립을 바라봤다. 그러나 네덜란드 사람들의 생각은 달랐다.

"봐! 외국 애들도 튤립 키우잖아! 앞으로 돈 좀 있다 하는 전 세계 사람들은 모두 튤립을 키울 거야!"

✳ ✳ 튤립 구근 한 개 가격이 1억 원

그러나 이건 그들의 '착각'이었다. 그렇게 스스로를 위안했을 뿐이다. 그들도 슬슬 이 튤립 열풍에 거품이 끼었다는 걸 깨닫기 시작했다.

"솔직히 이거 좀 비싼 거 아니냐? 튤립 한 뿌리에 10만 플로닌은…."

"그게 뭔 소리야! 이 아름다운 자태의 가치를 생각해 보라구!"

거품이 최고조에 이르렀을 때에는 튤립 구근 한 개 가격이 1억 원을 넘기도 했다. 언제 거품이 꺼져도 이상하지 않을 상황. 그러나 사람들은 현실을 외면했다.

"야야, 정부 말 들어서 돈 버는 놈 봤냐? 돈 벌려면 땅에다 돈을 묻어야 한다니까."

"그래도… 이건 좀…"

1637년 1월 하얀색 크루넨 튤립의 구근 가격이 2천6백 퍼센트까지 급등했다. 이쯤 되자 네덜란드 경제는 완전 마비 상태가 돼 버렸다.

"미쳤다고 회사를 나가? 튤립 하나 잘 키우면 인생역전인데!"

사람들이 모두 튤립에 매달리게 된 것이다. 튤립 하나 잘 키우면 인생 역전인 상황에서 일이 손에 잡히겠는가? 네덜란드 경제는 올 스톱이 되었고, 그 많던 수출품은 다 사라지고, 오로지 튤립만을 수출하게 된다.

그러던 1637년 2월 어느 날, 튤립 가격은 미친 듯이 떨어졌다. 처음에는 단순히 현금을 확보하기 위해 내놓았던 몇몇이었지만, 가격이 떨어지자 매도 물량이 넘쳐나게 됐다. 상황이 이렇게 되자 튤립 거래소는 가격을 지키기 위해 가짜 경매를 꾸렸고, 튤립 대회의 상금을 올리며 가격 유지에 안간힘을 썼다. 그러나 이미 거품은 꺼졌다. 사람들은 그제야 튤립이 그냥 '꽃'이라는 사실을 깨닫게 되었지만 너무 늦었다. 이미 튤립 가격은 5백 플로닌 이하로 떨어져 있었다. 수많은 사람들이 거리에 나앉고, 이 여파로 네덜란드 경제는 급격하게 위축, 불황의 길로 들어섰다. 단순히 관상용으로 시작된 튤립 재배는 어느 순간 네덜란드 경제를 집어삼켜 버린 것이다. 그리고 거품이 꺼진 빈자리에는 사람들의 절규와 한탄만이 남았다.

버블이
꺼지고 난 뒤에
남은
충격과 공포

골드러시의 시작

한 스위스인의 가슴 뛰는 인생 역전

골드러시gold rush는 1848~1849년 캘리포니아주에서 금이 발견되면서 이주민들이 서부로 끝없이 밀려들었던 것을 의미한다. 우리에게는 청바지의 연원으로도 잘 알려져 있으며 서부영화의 소재로 심심찮게 등장했던 골드러시! 그런데 이 금이 원래 한 사람의 것이었다는 사실을 아는가? 골드러시를 촉발시킨 한 남자, 그의 파란만장한 인생 역정을 들여다보자.

✱ ✱ 아메리칸드림을 찾아간 스위스인

19세기 초반 스위스. 젊은 나이에 사업을 시작했던 요한 아우구스트 수터는 경험 없는 젊은 실업가가 그러한 것처럼 졸지에 실업자가 되어 버렸다. 실업자에서 끝났으면 실업 급여라도 타면서 입에 풀칠이라도 했을 것인데, 파산에, 신용 불량자 딱지까지 붙어 버리더니 어음 위조범에, 절도범 혐의까지 뒤집어쓰면서 교도소 특실을 예약한 상황. 수터는 마누라와 세 아이를 버려두고 그대로 프랑스로 도망간다. 만약 프랑스로 도망가 그냥저냥 인생을 보냈다면, 이 아저씨, 역사에 이름 한 줄 올리지도 못했을 것이다. 잘하면 지명수배자 명단에 '경제사범'으로 남는게 다였을 것이다. 그러나 역사는 수터에게 '경제사범 미결수'란 꼬리표 대신에 좀 색다른 꼬리표를 달아 주고 싶어 했으니….

당시 유럽의 기층민들에게 미국은 신천지였다. 공짜로 땅을 나눠 주는 나라, 노력한 만큼 그 대가가 확실히 돌아오는 나라! 수터도 미국행을 결심하게 된다. 우여곡절 끝에 위조 신분증을 얻은 수터는 그길로 미국행 배에 몸을 싣는다.

"좋아! 인생 한 방이야! 미국 가서 엎어 버리는 거야! 좋아, 가는 거야!"

1834년 7월 7일, 마지막 로또, 미국행에 오른 수터. 그의 나이 서른한 살이었다.

뉴욕에 도착하자마자 수터는 자신의 로또를 당첨시키기 위해 갖은 노력을 다하는데…. 짐꾼부터 시작해 약장수, 술장사까지 가리지 않고 돈벌이에 나선 수터는 곧 종잣돈을 모으게 된다. 그리고 이 종잣돈으로 음식점 겸 여관업을 해 나름대로 '대박'을 터트리게 된다. 하루가 멀다 하고 뉴욕항으로 밀려들어 오는 이민자들로 인해 그의 가게는 미어터졌다.

어느 정도 돈을 번 수터는 이번에는 가진 재산을 다 털어 미주리에 농지를 구입해 농사를 지으면서 민박을 경영했다. 그의 민박집은 서부에서 건너오는 사람들과 서부로 건너가는 자들의 경유지로는 제격인 위치였다. 이 민박 경영은 그의 인생을 전혀 새로운 방향으로 끌고 가는데….

✳ ✳ 사 나 이 의 로 망 , 서 부 개 척 길 위 에 서

"근데 뭐 먹을 게 있다고 계속 서쪽으로 가는 건데?"

"이 사람이… 사나이의 로망을 모르는구만? 캬… 그 광대한 초원에, 엄청나게 많은 들소들…. 몇 날 며칠을 가도 사람 하나 볼 수 없는 엄청난 땅덩이…! 아무나 갈 수 있는 곳이라면 난 서부로 안 갔을 거야."

"서부가 무슨 해병대냐? 근데 거기 너무 위험하지 않아?"

"이 사람이… 하이 리스크 하이 리턴이란 말도 못 들어봤나? 위험한 만큼 돌아오는 것도 크다니까."

"거기 가서… 성공한 사람은 좀 있나?"

"사나이의 로망이라니까! 성공은 그다음이야! 넌 마, 우리 톰 크루즈 형님이 찍은 〈파 앤드 어웨이〉도 못 봤냐? 말 타고 죽어라고 달려서 깃발 꽂는 거야! 그럼 그게 내 땅이야!"

"…그건…좀 있다가 나오는 건데…. 아직 서부는 미국 땅도 아니고…."

"어허! 말이 그렇다는 거 아냐, 말이!"

서부로 향하는 모험가들의 '썰'에 넘어간 수터는 미국으로 건너온 지 3년째가 되는 1837년, 가지고 있는 전 재산을 다 처분하고 서부로 갈 준비를 차곡차곡 해 나간다.

"아저씨, 마차 사시려구? 이게 최근 유행하는 '어이쿠스 8.0'인데, 2단 스프링 서스펜션에 가죽 시트, 최첨단 호로에 넓은 적재공간…. 완전 움직이는 궁전이라니까!"

"엔진은?"

"4기통 브이식스 엔진이지…. 말 네 마리가 끌고 가는데, 힘 좋아!"

"…36개월 할부 되나?"

말과 마차, 물소 떼까지 준비한 수터는 서부의 관문이 되는 인디펜던스 요새로 떠나게 된다. 그러나 석 달 동안의 지독한 행군 끝에 얻은 교훈은 서부가 생각만큼 멋지지 않다는 것이었다. 밴쿠버 요새에서도 도무지 갈피를 못 잡던 수터는 캘리포니아로 목적지를 돌린다.

이 당시 캘리포니아는 멕시코의 영토였다 1846년에 있었던 미국-멕시코 전쟁에서 미국이 승리하면서 캘리포니아는 합법적으로 미국의 소유가 된다. 1848년 캘리포니아는 미국에 공식적으로 할양되고, 때마침 터진 골드러시 덕분에 단기간 인구가 급증해 1850년 미국의 31번째 주가 된다.

수터는 샌프란시스코를 거쳐 새크라멘토에 도달하게 된다.

✳ ✳ 수터의 왕국, 노이 헬베티엔

샌프란시스코에서 북동쪽으로 115킬로미터 지점, 새크라멘토강과 아메리카강이 합류하는 비옥한 센트럴밸리에 위치한 새크라멘토는 말 그대로 '하늘이 내려 준 땅' 이었다. 수터는 그길로 캘리포니아의 주도 인 몬테레이로 달려가 주지사인 알베라도와 독대를 한다.

"새크라멘토가 비옥한 땅인 건 맞는데, 거기다 뭐 할 건데?"

"제 왕국을 건설할 겁니다."

"…왕국?"

"네! 이민자들을 데려와서 하나의 작은 이민자 왕국을 세울 겁니다. 이 름도 지었습니다. 노이 헬베티엔Neu-Helvetien 새로운 스위스 어때요, 죽이죠?"

"새로운 스위스? 이름을 왜 글케 지은거야?"

"일단 내가 스위스 출신이고, 공화주의자거든요…. 이름이 맘에 안 드는 겁니까?"

"흠…. 네 마음대로 해 봐라. 어차피 노는 땅이고…. 앞으로 그쪽 땅 에 대해서는 너한테 10년간의 독점적 특허권을 인정해 줄게."

주지사 알베라도는 수터에게 특허권을 인정해 주었다. 솔직히 주지

사로서도 손해나는 장사가 아니었기 때문이다. 황무지인 땅을 외국 자본과 인력을 끌어와 개발한다는 거, 이거 남는 장사였다. 자, 이렇게 되자 수터는 바빠지기 시작했다.

"일단 인력 끌어오는 게 일인데…. 멕시코 애들 절대 안 돼! 이것들 눈뜨자마자 해장술로 데킬라 마시고, 밥 대신에 나초 집어 먹을 놈들인데… 절대 안 돼! 음…. 일단은 내 고향 쪽 사람들 몇 명 데려오고… 그래, 카나카 원주민 애들이 군말 없이 일 하나는 잘하니까 걔들 좀 데려오고… 오케이. 선발대는 이렇게 꾸리자고!"

1839년 수터는 몇 명의 스위스 남자와 150명의 카나카 원주민, 50마리의 말과 75마리의 노새, 암소, 양과 마차를 이끌고 새크라멘토에 뿌리를 내린다. 수터와 선발대는 인적 없는 땅을 처음 보았을 때의 비장한 각오가 헛수고였음을 깨닫게 된다. 그들은 열대기후 덕분에 그야말로 땅 짚고 헤엄치기 식으로 농사를 짓게 되었다. 창고는 곡식으로 미어터졌고, 가축은 순식간에 수천 마리로 늘어났다. 수터는 자신의 왕국에서 재배한 식품들을 밴쿠버와 샌드위치 섬, 그리고 캘리포니아에 정박하는 배들에 납품하기 시작했다. 캘리포니아에 정박한 배들은 장기간의 항해에 대비해 식량을 구하고 있었고, 그 수요를 모두 채워 줄 수 있는 건 수터뿐이었다. 더구나 신선하기까지 하지 않은가? 행운은 여기서 끝나지 않았다. 과일 나무를 심기만 하면 열매는 알아서 자랐다. 선원들에게 신선한 과일을 제공하기 위해 시작된 과일 농사, 그것이 오늘날 캘리포니아산 과일의 시초가 된다.

돈이 모이자 노이 헬베티엔의 모습도 달라지기 시작했다. 사람들이 몰려들었고 창고는 하루가 멀다 하고 새로 생겼다. 운하가 건설되었고 해외 대리점까지 들어서게 되었다. 말 그대로 하나의 '왕국'으로 거듭난 것이었다. 수터는 미국에 도착한 지 14년 만에 집으로 편지를 보내게 된다.

"그동안 애들 키우느라 고생했지? 네 남편이 여기서 제법 성공했거든? 내가 말했지? 인생 한 방이라고, 이제 네 인생도 고생 끝 행복 시작이야. 이 편지 받는 즉시 애들 데리고 당장 미국으로 건너와라. 괜히 구질구질하게 집안 살림 정리하겠다고 시간 끌지 말고, 속옷 몇 벌만 들고 와. 오면 내가 명품관에서 한 벌 쫙 뽑아 줄 테니까."

이제 정말 고생 끝 행복 시작 같았다. 결정적으로 1846년, 미국이 멕시코와 맞짱을 떠 멕시코를 몰아내고 캘리포니아를 점령하면서, 수터의 마지막 남은 불안감 한 조각도 말끔히 해결해 주었다. 특허권 10년 뒤에 자신의 왕국이 어떻게 될까 하는 불안감도 사라진 것이다. 이제 수터의 왕국은 미합중국이 합법적으로 보장하는 것이었다. 그러나 호사다마好事多魔라 했던가? 이런 그의 행운도 종국을 향해 달려가게 되었으니….

※ ※ **행운은 불운의 짝패인가**

어느 꼭두새벽이었다. 제임스 마셜이란 제재소 일꾼이 수터의 집 문을 두드렸다. 제임스 마셜은 주머니에서 황급히 노란 알갱이 몇 개를 꺼내 보이고, 수터는 눈곱 낀 눈을 비벼 살피는데….

"이거 좀 보십시오!"

"웬 코딱지야? 더러운 자식…. 내가 새벽부터 네 코딱지를 봐야겠냐?"

"아…아뇨. 이건 코딱지가 아니라… 금입니다…. 아니 금 같아 보이는 겁니다!"

"금?"

"예! 어제 제재소 터를 닦으려고 땅을 팠는데… 그때 나온 겁니다. 제가 보기엔 금이 확실한데, 다른 애들한테 보여 주니까 막 저를 놀리는 겁니다."

"그래서? 지금 너 놀린 애들 혼내 주라고? 이 자식 너 그동안 왕따 당했냐?"

"아뇨! 이거 분명히 금이라니까요! 한번 깨물어 보십시오!"

수터는 알갱이 중 하나를 집어 들어 깨무는데….

"…진짜잖아?"

"그죠? 금 맞죠? 맞다니까! 야… 이거 금 맞잖아!"

"야야, 워워…. 진정해, 진정…. 일단은 말이야. 지금은 폭풍우가 몰아쳐서 가기가 좀 그렇고…. 그래 오늘은 여기서 좀 쉬어. 내일 나랑 같이 콜로마로 가자고. 가서 확인해야 할 거 아냐? 이게 어쩌다가 묻힌 건지, 아니면 거기가 원래 금맥이 있던 건지 확인해 봐야지."

다음 날 아침, 수터는 혼자 콜로마에 가야 했다. 제임스 마셜은 금에 눈이 멀어 그날 밤 폭풍우를 뚫고 콜로마로 달려간 것이었다. 콜로마에 도착한 수터는 일단 믿을 수 있는 인부 몇 명을 뽑아 운하로 데려갔다. 운하를 막고 채를 올려놓은 상태에서 몇 번 모래를 걸렀다. 채에 남은 반짝이는 알갱이들…. 수터와 인부들은 그 자리에서 굳어 버렸다.

"사…사장님…. 원래 금이란 게, 이렇게 쉽게 나오는 겁니까?"

"…상식적으론 아니지."

"…그럼 여기는 상식이 없는 땅이네요?"

"그…렇다고 할 수 있겠지?"

수터의 땅에서 금이 나오기 시작했다. 그것도 아주 비상식적으로 말이다.

'걍 체로 걸러 냈을 뿐인데, 이렇게 금이 나온다는 건…. 나 로또 맞은 거야? 여기는 전부 내 땅이잖아? 캘리포니아는 미국 땅이고, 새크라멘토에 대한 권리는 전부 나한테 있으니까, 이제 나 대박 난 거잖아? 아싸! 울트라 캡숑 나이스 짱이다!'

수터는 흥분된 마음을 가라앉히고 평상시처럼 행동했다. 지금 만약 금에 관한 소문이 새어 나갔다가는 지금까지 일궈 온 자신의 왕국 노이헬베티엔이 어떻게 될지 자신도 예상할 수가 없었던 것이다. 일단 철저히 보안을 유지한 채로 금을 어떻게 채굴할 것이며 그 판로를 어떻게 할지 또 어떻게 관리할지 계획을 짜야 했던 것이다. 그러나 운명의 여신은 수터를 버렸다.

금 발견 사실을 발설했다간 전부 아작을 내 버리겠다는 수터의 협박이 유효했던 건 겨우 8일이었다. 한 인부가 어느 여자에게 자랑삼아 금을 발견했다고 떠벌렸고, 그 증거로 몇 개의 금 알갱이를 건넨 것이다. 뒤이어 이 여자는 새크라멘토를 지나가던 여행객에게 이 이야기를 건넨 것이다.

첫 번째 재앙이 수터에게 달려왔다. 일꾼들이 모두 자리를 벗어났다. 젖소는 젖을 짜지 못해 젖이 퉁퉁 부어올랐고, 말은 물을 마시지 못해 마구간에서 발광을 했다. 닭은 모이가 없어 자기들끼리 서로 살을 파먹는 상황.

"애들이… 하룻밤 사이에 하늘로 솟았나, 땅으로 꺼졌나? 전부 성인 오락실로 몰려간 거 아냐? 아! 어이! 거기 지금 어딜 그렇게 가는 거야? 어쭈, 냄비까지 들고? 지금 일 팽개치고 피서 가는 거야? 이것들이 아무리 더워도…"

"…금 캐러 가는데요?"

"!"

"냄비로 몇 번 휘저으면 금이 나온다는데…. 저는 이만 바빠서."

"야! 거기 안 서? 금은 무슨 금이야? 누가 그런 헛소리를…"

"저도 알 건 다 알아요! 지금 사람들이 전부 냇가로 달려가고 있는데… 제가 제일 늦었어요!"

"…그럼 지금 전부 금 캐러 간 거야?"

"예, 지금 난리도 아니에요. 집에 있는 냄비랑 체 다 끄집어내서 냇가로 달려가고 있잖아요. 사장님도 더 늦기 전에 저랑 같이 가시죠?"

"…이런 된장."

알프스를 넘고, 대서양을 넘어, 미지의 캘리포니아까지 건너와 14년 간 온갖 고생을 다해 일군 수터의 왕국은 하룻밤 사이에 폐허가 됐다. 들판에 넘실대던 밀은 썩어 문드러졌고, 배고픔에 지친 가축들은 우리 를 부수고 나와 작물을 먹어 치웠다. 곡식 창고는 무너졌고, 치즈 공장 은 그 자리에 멈춰서 뽀얀 먼지만 쌓여갔다.

"야야, 금이 그렇게 쉽게 나오는 게 아니라…"

"봐요. 금 나오잖아요?"

"아니 그건 어쩌다가…"

"여기도 금이 나온다!"

"…야 자꾸 이럴래? 이 땅의 모든 권리는 나한테 있다는 사실 몰라? 엉? 이것들이 보자 보자 하니까 누굴 보자기로 아나…. 이놈들아 나 요 한 아우구스트 수터야!"

"그래서요? 지금 우리하고 맞짱 뜨겠다는 겁니까? 어디 한번 붙어 드 릴까요? 예?"

"야, 너…! 이게 그냥 말하는 네 가지가 아주…"

"네 가지가 뭘 어쨌다구요? 예?"

"아니, 뭐, 하던 거나 마저 하라구…."

금 앞에서 돌변한 수터의 고용인들, 이제 수터의 왕국은 파국을 향해 달려가는데….

하인들과 직원들이 나 몰라라 한 채로 금을 캐겠다며 너도나도 냇가로 몰려가는 걸 수터는 빤히 바라봐야 했다. 그나마 이때까지는 '애교'로 봐

줄 만한 상황이었다. 진짜 문제는 골드러시가 시작되었다는 것이다.

✳ ✳ 금 사 냥 꾼 들

전신기를 통해 전파된 금 발견 소식은 미국을 넘어 대서양 건너 유럽에까지 퍼져 나갔다. 이제 사람들은 너 나 할 거 없이 금을 찾겠다고 새크라멘토… 정확히 말하자면, 수터의 왕국이었던 노이 헬베티엔으로 밀려들어 왔다.

"캘리포니아에 가서 금만 찾으면 내 인생 피는 거야!"

"인생 한 방이야!"

이들 대부분은 하층민의 삶을 살던, 희망 없이 세월을 보내던 이들이었다. 그런 그들에게 법이나 원칙을 기대할 수는 없었다. 더구나 이때까지의 새크라멘토는 붕 떠 있는 상태였다. 멕시코로부터 땅은 빼앗아 왔지만 아직까지 하나의 주로 편입되지 못한 상황. 이런 상황에서 수터의 권리가 지켜지기는 어려웠다.

골드러시는 좀처럼 수그러들 기색이 보이지 않았다. 미국 국내의 이동이 대충 정리되는가 싶더니, 이제 유럽에서 금을 찾겠다고 덤벼드는 것이었다. 유럽에

캘리포니아에 가서
금만 찾으면
내 인생 피는 거야!

인생 한 방이야!

서 건너온 이들은 멀고 먼 서부 육로, 그러니까 우리의 상식 속에 들어 있는 포장 마찻길 대신 뱃길을 택했다. 이제 서부로 가는 길은 속도 전쟁이 됐다. 뉴욕항에서만 1백 척이 넘는 배들이 남아메리카를 돌아 서부로 가는 항로를 따라 출발했고, 이런 남아메리카 항로도 길다고 판단한 성질 급한 이들은 파나마의 지협地峽으로 배를 몰아갔다. 멀리 돌지 않는 파나마 쪽 길을 찾는 이들이 기하급수적으로 늘어나자 발 빠른 철도 회사도 나섰다.

"야야, 파나마에서 캘리포니아까지 철도 깔아! 이건 완전 대박 나는 노선이라니까! KTX처럼 거짓부렁이 쳐서 국민들 등골 빼먹는 거랑은 차원이 달라! 당장 애들 불러다가… 그래, 24시간 풀가동시켜!"

조금이라도 빨리 서부로 달려가겠다는 사람들의 욕망 덕분에 객차는 연일 매진이었다. 상황이 이렇게 돌아가자 수터도 슬그머니 마음을 고쳐먹는데…. 앉은 자리에서 당하느니 금 채취 사업을 시작한 것이다. 그러나 이도 얼마 가지 못했으니, 다들 혼자 금을 캐겠다고 수터를 떠난 것이다.

"야! 여기는 합법적인 내 땅이야! 내 땅에서 금을 캐려면…"

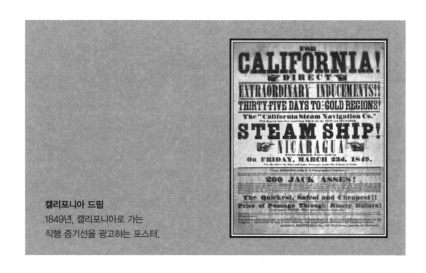

캘리포니아 드림
1849년, 캘리포니아로 가는
직행 증기선을 광고하는 포스터.

"사장님… 아니, 아저씨. 아저씨 안드로메다에서 오셨수? 지금 뭐 하자는 토킹 어바웃이유? 지금 돌아가는 꼴 안 보여유? 여기서 무슨 권리를 찾아? 아저씨 인생 너무 쉽게 사는 거 같지 않아? 좋은 말 할 때 권리 같은 소리 집어치우고, 아저씨 살 궁리나 하슈."

수터처럼 대서양을 건너 서부로 내달려 온 그들의 눈에는 수터가 일궈 놓은 왕국이 눈에 보이지 않았다. 수터가 아무리 자신의 땅이라고 말해도 돌아오는 건 멸시와 총부리밖에 없었다. 그는 완전히 망해 버렸다. 그러나 수터가 누구이던가? 혈혈단신으로 알프스를 넘어 프랑스로 프랑스에서 다시 대서양을 건너 미국으로, 캘리포니아가 아직 멕시코의 영토였던 시절 홀로 새크라멘토를 둘러보고 이 황무지를 개간해 자신의 왕국을 만들어 낸 인물이 아니던가? 수터는 다시 두 주먹을 불끈 쥐었다.

"이놈들! 어디 두고 보자. 나 수터야! 요한 아우구스트 수터! 그려, 아이 윌 비 백이여. 꼭 돌아와서 다 쓸어버릴 거다. 이 잡놈들!"

골드러시의 끝

한 스위스인의 가슴 시린 인생 역전

만화 속에는 종종 이런 장면이 등장한다. 먼지 구름을 일으키며 떼 지어 몰려가는 무리에 짓밟혀 한 사람이 호떡처럼 납작해지는 것이다. 요한 아우구스트 수터, 그 역시 골드러시의 역사 뒤안길로 사라진 한 사람이다. 자신의 땅에서 처음 금이 발견되었을 때만 해도 로또에 맞았다고, 더 이상 올라갈 데가 없을 정도로 성공했다고 믿었던 이 남자. 그러나 골드러시가 시작되자마자 나락으로 떨어지고 마는데…. 수터는 이 위기를 어떻게 타개할 것인가.

✳ ✳ 역전의 명수

골드러시가 불어닥친 새크라멘토에서 금 사냥꾼들에게 자신이 일군 땅을 빼앗긴 수터는 짐을 싸들고 어느 산골로 들어갔다. 다시 농사를 시작한 것이다. 수터가 재기의 몸부림을 치던 그때, 대서양을 건너온 또 한 무리의 인간들이 있었으니, 바로 수터의 가족이었다. 14년 동안 버려두고 지낸 아내와 세 아들이 빈털터리가 되고 만 수터 앞에 나타난 것이다.

"여보! 여보 성공했다면서?"

"아니 그게, 그놈의 금만 발견되지 않았으면…."

"금이 나왔으면 성공해야지, 이게 무슨 꼴이야? 어이구, 이래 놓고 날 불렀냐, 이 화상아? 어이구, 차라리 그냥 유럽에서 살게 할 것이지, 이 시골 촌구석까지 불러서 고생을 시켜야겠냐? 네가 남편이냐? 네가 사람이야? 어이구 속이야."

"아니, 지금은 이렇지만 내가 또 역전의 명수, 수터 아니겠어? 조금만 참으면, 내가 새크라멘토를 되찾으면, 당신은 호강한다니까 그러네…. 그러니까 조금만 참아, 알았지? 14년을 참았는데… 기왕 참은 거 좀 더 참아."

"차라리 우리 갈라섭시다."

"어허, 조강지처를 어떻게 함부로 버리나, 응?"

"내가 못살…아… 헉…헉… 콜록…콜록…컥컥!"

"아니, 여보! 여보 왜 그래? 여보! 정신 좀 차려 봐! 눈 좀 떠 봐! 여보! 내가 새크라멘토를 찾는 걸 봐야지! 명품관 가야지, 여보!"

이제 고생 끝 행복 시작이라고 생각했는데, 도착해 보니 쫄딱 망한 남편을 보고 충격을 먹은 탓일까? 아니면 노령에 너무 먼 길을 여행해서 일까? 수터의 아내는 새크라멘토에 도착하고 얼마 안 있어 불귀의 객이 되고 만다.

"이 쓰레기 같은 놈들…! 멀쩡한 남의 재산을 강탈해? 네놈들이 내 마누라를 죽인 거야, 네놈들이! 기다려라, 이놈들아! 내 기필코 복수해 주마!"

"저기, 아부지. 남이 들으면, 아부지가 어무이를 엄청 사랑한 것처럼 들리겠는데요? 14년 동안 나 몰라라 할 때는 언제고…."

"이놈이! 난 원래 네 엄마를 사랑했어, 인마! 사는 게 바빠 자주 연락을 못 해서 그렇지…. 그런데 네 이름이 뭐냐? 갑자기 생각이 안 나네…."

"…에밀이거든요?"

"아! 에밀! 그래 그렇지, 내가 떠날 때만 해도 쪼매난 꼬맹이였는데, 어이구 우리 셋째. 그동안 애비를 못 봐서 섭섭했구나?"

"전 첫째거든요?"

"…어이구 여보! 날 버리고 어딜 가려고 그래? 응? 나도 데려가, 여보!"

수터는 아내의 장례식을 마치자마자 세 아들을 불러 모은다.

"알프스 넘고, 대서양 건너 미국, 그것도 이 시골 깡촌인 서부까지 오느라 고생했다. 그놈의 금만 나오지 않았다면 지금쯤 너희들한테 페라리 한 대씩이랑 신용카드 안겨 준 담에 맘대로 놀라고 등 떠밀었을 텐데, 지금 아부지 꼴이 이렇다. 미안하다. 이게 다 그놈의 금 때문이다."

"…어쩌겠슴까. 그게 다 아부지 팔자인데, 그런데 어쩔 겁니까? 어무이도 돌아가시고…. 지금 이 깡촌에서 먹고살기도 만만찮아 보이는데…. 우리도 남들처럼 금이나 캐러 갈까요? 냄비라면 우리도 많이 있는데."

"냄비 같은 소리 하고 앉아 있네. 인마, 네 어미가 그렇게 가르치던?"

"예, 인생 한 방이라고…."

"이 여편네가 애들 교육을 어떻게 시킨 거야? 인생 한 방? 지금 로또 당첨 중계 하냐? 인생은 마라톤이야. 황영조나, 이봉주 봐라, 얼마나 멋있냐? 그렇게 천천히, 끈질기게 물고 늘어지면 인생 다 풀리게 되어 있어."

> 인생 한 방?
> 지금 로또 당첨
> 중계 하냐?
> 인생은
> 마라톤이야.

"그래서 아부지 인생이 이런 겁니까?"

"…잘 들어라. 아부지는 여기서 주저앉지 않는다. 아부지는 지난 14년 동안 인생 한 방…이 아니라, 내 왕국을 만들기 위해서 모든 걸 다 바쳤다. 그걸 지금 저 무식한 깡패 자식들한테 빼앗긴 거다. 나는 기필코 그걸 되찾을 거다."

수터는 아들들을 몰아치기 시작했다. 다시 시작된 수터 왕국의 재건! 전 세계에서 몰려든 금 사냥꾼들이 냄비와 체를 들고 개울 바닥을 헤집고 다니던 그때, 수터는 삽과 쟁기를 들고 황금알을 낳는 새크라멘토의 비옥한 토지를 개간하기 시작했다.

"무조건 씨 뿌려! 씨 뿌리고, 갈고, 김 매고, 이제부터 너희들은 유럽에서 건너온 영농 후계자들이다! 죽었다 복창하고, 땅만 파!"

포도 과수원을 만들고, 가축도 키웠다. 수터는 재기에 성공했다. 아들들은 자신들이 일궈 낸 성과를 보며 흥분했다. 그러나 수터는?

"아부지…! 아부지 말이 맞았어요. 역시 땅은 거짓말을 하지 않는군요. 존경합니다!"

"얘들아, 잘 들어라. 난 말이다. 내 왕국을 훔쳐 간 저 쓰레기 같은 놈들이랑, 주정부 놈들을 절대 용서할 수 없다. 그래서 이번에 친일재산환수법…은 아니고, 여하튼 내 재산은 내가 찾아와야겠다는 거다. 알아들었냐?"

"그게 뭔 소리예요?"

"간단히 말해서, 소송을 걸어서 내 재산을 다시 찾겠다는 소리다. 이제까지는 내가 두 손 놓고 당했는데, 이제는 당할 이유가 없어. 자 봐라. 이제 캘리포니아 주는 미국의 31번째 주가 됐다. 옛날처럼 무법천지가 아니란 소리야! 주정부에다가 내 권리를 주장하면 법적으로는 내가 확실히 이기는 거야. 그러니 에밀! …넌 말이야. 지금 당장 보따리 싸서 신림동 고시촌…이 아니라, 워싱턴으로 가서 법 공부해라."

"이제까지 죽자 사자 땅만 팠는데…."

"당장 주정부 상대로 소송을 걸어야 하는데, 우리 중에 법 전문가가 없잖아. 이 나이에 내가 공부하리? 그래도 네가 장남이잖아. 가서 죽자 사자 파!"

"아부지, 그럼 이제까지 모은 돈은…?"

"소송을 하려면 천문학적인 금액이 필요할 거야. 주정부 상대해야지? 그리고 내 땅에 쳐들어와서 허락 없이 집 짓고 사는 놈들한테 전부다 손해배상 청구 소송도 해야 해. 이게 1~2년 안에 해결될 문제냐? 그놈들이 그렇게 호락호락한 놈들이 아냐. 계속 질질 끌어서 우리가 지쳐 떨어지기를 기다리겠지. 저쪽에서 3년이고 4년이고 질질 끌면, 우리도 3년이고 4년이고 같이 질질 끌려 다니는 거야! 한번 붙어 보는 거야!"

세월이 흘러 워싱턴에서 돌아온 에밀! 이제 모든 게 다 준비되었다.

"에밀아! 준비됐지? 이제 가는 거야!"

"아, 거참 아부지도…. 제가 집에 온 지 하루가 됐습니까, 이틀이 됐습니까? 졸라도 이렇게 조르는 부모가 어딨습까? 완전 에밀 졸라네…."

"그걸 유머라고 하는 거냐? 이것들 지 어미 닮아서 유머도 후져요. 지금 마, 이렇게 한가하게 엉덩이 비비고 앉아 있을 시간이 어딨어! 당장 치고 나가도 시원찮을 판에…. 후딱 소송 안 걸어? 자, 내가 팰 놈들은 딱 두 놈이야. 한 놈은 내 땅에 들어와서 멋대로 집 짓고 살고 있는 저 쓰레기 같은 놈들…. 이놈들한테 일일이 손해배상 청구할 수 없으니까, 이것들한테는 퇴거 명령만 내리련다. 지금 당장 내 땅에서 썩 꺼지라고!"

그리고 다음은 미합중국 정부인데, 내가 뼈 빠지게 닦아 놓은 도로와 운하, 댐, 방앗간, 다리 등등을 무상으로 가져가서 사용하는 대가로 2200만 달러를 요구할 거야. 그리고 내 땅을 가로채서 취득한 모든 이득…. 그러니까 구체적으로 말하자면, 금 채취한 거 말이야. 그 배상으로 2500만 달러를 따로 요구할 거다."

"아부지, 21세기 달러 가치로 4700만 달러도 엄청난 거지만, 19세기 가치로는…!"

"아부지, 인생은 한 방이 아니라면서요!"

"아부지, 지금 아부지가 한 말이 뭔 소린 줄 아세요? 인류 역사상 최대의 손해배상 청구 소송이에요. 그것뿐이에요? 아부지는 지금 아부지 '옛날' 농장에 들어와 살고 있는 1만7,221가구를 통째로 쫓아내겠다는 소리를 하시는 거예요."

"쳇, 애초에 들어오지 않았으면 되잖아! 난 분명 멕시코 주지사인 알

캘리포니아 금광, 1858년.
사금을 채취하기 위해 나무 수로를 만들고 있는 광부들. 작자 미상, 캘리포니아의 오클랜드 미술관 소장 사진.

베라도한테 10년간의 특허권을 보장받았어! 그리고 미국인으로서 내 사유재산을 지킬 권리가 있음에도 불구하고, 저 양아치 같은 놈들이 총 들고 설치는 바람에 내 사유재산을 침해당한 거고!"

✳ ✳ 인 류 역 사 상 최 대 의 손 해 배 상 청 구 소 송

수터는 그렇게 미합중국 정부를 상대로 소송에 들어간다.

"원고는 1839년에 멕시코 주지사인 알베라도한테 10년간의 독점적 특허권을 허가받았습니다. 그 허가를 받고 160여 명의 개척단을 이끌고 이곳 새크라멘토를 개간해 나갔던 것입니다!"

"그건 미국이 캘리포니아를 할양받기 전의 일입니다!"

"원고는 미국인으로서 독점적 특허권을 인정받은 것입니다! 미국인의 사유재산을 미국 정부가 침해하고 있는 것입니다! 원고가 피땀 흘려 닦은 사회간접자본을 미합중국은 단 1달러도 주지 않고 강탈해 간 것입니다!"

"강탈이라뇨! 원래 있었던…"

"이 땅 위에 놓인 다리와 댐, 운하, 도로가 그럼 하늘에서 뚝 떨어진 겁니까? 캘리포니아가 아직 멕시코 땅이었을 무렵부터, 원고는 10년 가까이 이 땅을 개척했습니다!"

재판의 칼자루는 수터가 쥐고 있었다. 정부는 재판장을 빙빙 돌리면서 수터가 지쳐 나가떨어지기를 고대했다. 그러나 수터는 농장에서 나오는 모든 수익금을 탈탈 털어 소송에 투자했다. 재판은 점점 요상하게 꼬여 갔다. 아니 원고인 수터에게는 제대로 돌아가는 방향이었지만, 피고 측에게는 파멸로의 수순이었다. 4년 동안의 소송도 종착점을 향해 달려가고 있는 상황. 연방정부도, 주정부도 달리 뾰족한 수를 찾지 못하고 있었다. 법으로 따지면 분명 수터의 주장이 옳고 그의 권리가 보호되어야 했던 것이다. 그리고 캘리포니아 역사를 뒤바꿔 놓을 판결이 1855년 3월 15일 내려지게 된다. 캘리포니아 최고법정의 톰슨 판사는 원고 승소 판결을 내렸다.

"이 땅은 원고인 요한 아우구스트 수터의 땅이 맞아. 연방정부는 배상을 해야 하고, 원고 주장대로 원고 땅에서 엉덩이 비비고 앉아 있는 1만 7,221가구는 지금 당장 퇴거해야 해. 원고가 뼈 빠지게 돈 들여 가면서 만들어 놓은 땅에 쳐들어와서 원고 땅을 빼앗은 건 불법적 행위야. 쉬운 말로 말해서 강도짓이지. 당장 원고한테 땅 돌려주고, 배상금 지불해라. 이상 판결 끝!"

수터와 그의 아들들은 얼싸안고 기쁨을 함께했다.

"아부지, 진짜 인생 한 방이네요!"

"야야, 그게 뭔 소리야? 원래 내 건데 그걸 되찾은 거지."

"어쨌든 한 방이잖아요!"

이제 그와 그의 아들들은 세상에서 가장 큰 부자가 된 것이다.

그러나 이들의 기쁨은 그리 오래가지 못했다. 하루아침에 생존권을 빼앗긴 샌프란시스코의 주민들이 들고 일어난 것이다. 사람들은 순식간에 폭도로 변신해 법원으로 달려갔다. 그러나 판사는 이미 사라진 상황이었다. 이들은 판결의 수혜자인 수터와 그의 아들들을 쫓기 시작했다. 수터의 장남은 폭도들에게 쫓기다 결국 가지고 있던 권총으로 자살을 한다. 그나마 첫째는 운이 좋은 편이었다. 둘째는 폭도들에게 딱 걸려서 그 자리에서 살해당했다. 셋째의 운명은 좀 더 비참한데, 폭도들의 손에서 간신히 도망친 것까지는 좋았는데 집으로 몰래 숨어오는 길에 물에 빠져 죽은 것이다.

이제 샌프란시스코는 무법천지가 됐다. 수터가 뼈 빠지게 일군 재산이 폭도들의 손에 다시 한 번 강탈당하게 됐다. 더구나 그가 재기할 수 있는 발판이 되었던, 포도밭은 완전 불바다가 되어 버렸다. 집도, 농장도, 창고도, 모든 게 불타 버렸다. 그러나 수터의 운명은 거기서 끝나지 않았다. 그는 홀로 살아남았던 것이다. 아들 셋을 다 보내 버린 상황에서 이제 그에게는 오기만이 남아 있었다.

"이 자식들아…! 나 아직 안 죽었어! 나, 요한 아우구스트 수터야!"

아우구스트 수터(1803-1880)
그와 동향인 스위스인 화가
프랑크 부크서(Frank Buchser)가 그린
초상. 1866년.

악에 받친 수터는 다시 소송에 들어갈 준비를 한다. 그 후 25년간 워싱턴 의회와 법률 사무실을 오가며 자신의 땅을 되찾기 위해 온갖 노력을 다했다. 물론 그 노력은 아무 소용이 없었다. 사람들은 빈털터리 늙은이의 허황된 주장을 들으며 그저 웃기만 할 뿐이었다. 1880년 6월 17일, 수터는 가혹한 인생을 마감한다.

우리에게는 끝없는 모험과 낭만으로만 그려졌던 골드러시. 그러나 그 이면에는 처절하게 짓밟힌 한 인간의 삶도 있었던 것이다.

"게임에는 오직 승자가 있을 뿐이다"

최고의 승자들은 누구나 가슴에 뜨거운 열정을 지녔을까? 승리는 우리가 생각하는 만큼 숭고하거나 위대한가? 여기 숭고해 보이나 사실은 허망한, 위대해 보이나 사실은 쩨쩨한 경쟁의 발자취를 모았다. 역사의 뒤안길로 사라진 게임의 실상을 들여다보면, 우리는 인정사정 볼 것 없이 승자의 위대함만 기억하며 흘러온 건 아닌지 되묻게 된다.

링컨의
노예 해방 작전

정 치 적 도 구 로 탈 바 꿈 한 인 권

미국의 16대 대통령 에이브러햄 링컨Abraham Lincoln을 모르는 사람은 없을 것이다. 역사 교과서에 '국민에, 국민에 의한, 국민을 위한 정부는 이 땅에서 영원히 사라지지 않을 것이다'라는 연설문과 함께 기록된 그는 말 그대로 '성인'의 모습을 하고 있다. 그는 노예 해방을 선언하며 "나는 내 삶에서 내가 옳은 일을 한다는 확신을, 지금 여기 서명하는 이 순간만큼 느껴 본 적이 없다"고 말한 노예 해방 운동의 상징적 인물이다. 그런가 하면 흑인 투표권을 주제로 했던 그의 연설은 이 같은 생각에 불만을 품은 백인에게 링컨이 암살되는 결정적 계기가 되었다. 인권을 위해 피를 흘린 대통령…. 덕분에 링컨은 미국 역대 대통령 중에서 가장 위대한 대통령으로 추앙받는다.

여기까지가 우리가 알고 있는 링컨에 관한 이야기이다. 과연 이것이 사실일까? 그는 진정한 노예 해방론자일까? 유감스럽게도 아니다. 그의 머릿속에는 오로지 '통일된 미국'이라는 기치만 있었지, 노예 해방은 부차적인 문제였다. 오히려 남북 전쟁 중반 이후부터는 남군 측에서 노예 해방을 이야기할 정도가 되었다. 링컨은 그저 노예 해방이라는 정치적인 어젠다에 끌려 다녔을 뿐이다.

＊ ＊ 전 쟁 의 타 이 밍

18세기 중엽 시작된 영국의 산업혁명. 면방직 공업이 폭발적으로 팽창하자 한 가지 문제가 떠올랐다. 생산설비는 넘쳐나는데 원재료가 없다는 것이었다. 이때 등장한 것이 바로 미국, 그것도 남부였다.

당시 최고 히트 작물인 목화 생산을 하기에는 미국 남부만 한 곳이 없었다. 약간 걸리는 게 목화를 재배할 인력이 부족하다는 것인데, 이 역시도 금방 해결된다. 흑인 노예 덕이었다. 영국에 목화를 수출하면서부터, 미국으로 수입되는 노예의 양도 증가하게 된다. 이를 통해 남부는 목화 농사를 기반으로 한 농업 경제를 일구는데….

1793년, 남북 갈등의 원흉이 되는 기계가 만들어졌다. 미국의 발명가 엘리 휘트니가 '조면기'를 발명한 것이다. 조면기란 간단히 설명하자면 목화씨를 뽑는 기계이다.

조면기의 발명 타이밍은 정말 기가 막혔다. 18세기 말 미국에서는 노예제도를 폐지하자는 말이 흘러나오고 있었던 것이다. 이유는 목화에서 씨를 빼고, 이걸 다시 실로 뽑는 작업이 너무 번거로웠기 때문이었다.

아무리 노예라지만 역시 사람이 하는 일이 아니던가?

"조면기 한 대는 노예 3백 명분의 일을 해 냅니다. 이제 노예의 노동력 따위는 필요 없습니다!"

미국 내부, 특히 북부에서 노예제에 반대하는 움직임이 나온 것이다.

"영국만 해도 1833년에 노예제를 폐지했어! 프랑스도 1848년에 노예제를 폐지했어. 이런 상황에서 거꾸로 노예의 숫자를 늘리다니, 이건 시대의 흐름에 역행하는 반인륜적인 행위야."

"북부 놈들이 노예제 폐지하자는 이유가 뭐여? 윤리? 네놈들 뱃속에 있는 시커먼 속내를 내가 모를 줄 알아? 노예 쓰지 말고, 네놈들이 만든 기계 사라는 소리 아냐? 네놈들이야 공장 돌려서 기계 찍어 먹고산다지만, 우리는 어쩌란 소리야?"

남쪽과 북쪽이 노예제를 두고 팽팽하게 대립하게 된다. 상황이 이렇게 되자 중앙정부는 난감하게 되었다. 어느 한쪽 손을 들어 줄 수 없는 상황에서 결국 미봉책을 제시하게 된다.

1820년 남북은 미주리 협정을 맺는다. 북위 36도 30분을 경계로 그 이남에서는 노예제를 인정한다는 내용이었다. 문제는 이다음인데, 이 당시 미국은 계속 서로 남으로 뻗어 나가고 있던 상황. 속속 새로운 주가 생겨나게 되었는데, 각 주에서 노예제도를 유지하느냐 마느냐가 초미의 관심사가 되었다. 그러던 중 1852년 스토우 부인의 《톰 아저씨의 오두막Uncle Tom's Cabin》이 발간된다.

《톰 아저씨의 오두막》은 발간과 동시에 베스트셀러가 되었고, 노예제 폐지 움직임의 기폭제가 되었다. 이런 상황에서 링컨은 공화당의 대통령 후보로 나오게 된다.

✳ ✳ 손 바 닥 뒤 집 듯 의 견 을 바 꾸 다!

　1860년 미국의 16대 대통령 선거에는 세 명의 후보가 나섰다. 남부 대표인 민주당의 브레킨리지, 중도파인 더글러스, 그리고 북부를 대표하는 공화당의 링컨이었다. 이들이 바라보는 노예제도에 관한 관점은 각기 달랐다.

　브레킨리지: "남부의 경제권을 지켜 내려면, 노예제는 유지해야 합니다!"
　더글러스: "이렇게 논란이 많다면, 국민투표에 붙이면 될 거 아닙니까? 국민들에게 의견을 물읍시다."
　링컨: "반인륜적인 노예제는 폐지되어야 합니다!"

　이렇게 보면, 링컨이 노예제 폐지론자처럼 보이는데, 이건 '착각'이다. 링컨은 이때까지도 노예제에 대한 이렇다 할 입장이나 기준이 없었다. 일단 대통령 선거 전인 1858년 7월 일리노이주 시카고에서의 연설을 들어 보자,
　"이 사람이니 저 사람이니, 이 인종이니 저 인종이니, 어떤 인종은 열

등하므로 열등한 위치에 있어야 한다느니 하는 따위의 모호한 말들을 버립시다…"

이것만 보면, 링컨은 분명 깨어 있는 사람으로 보이는데 두 달 뒤 일리노이주 찰스턴에서의 연설은 이와 정반대의 내용이었다.

"나는 어떤 방법으로든 백인과 흑인이 정치적으로 또 사회적으로 평등하게 되는 것을 찬성하지 않으며, 찬성했던 적도 없습니다!"

불과 두 달 만에 손바닥 뒤집듯이 말을 바꾼 것이다. 그 뒤로도 링컨은 노예제 찬성과 반대 입장에서 아슬아슬하게 줄타기를 했다. 누가 정치인 아니랄까, 링컨은 계속해서 어느 줄을 설까를 고민했던 것이다. 그런 노력 덕분이었을까? 1860년 11월, 링컨은 미합중국 대통령이 된다.

그러나 기쁨도 잠시. 1861년 2월 4일, 사우스캐롤라이나주를 선두로 일곱 개 주가 연방에서 탈퇴. 제퍼슨 데이비스를 대통령으로 하는 아메리카 연방, 즉 '남부 연합Confederate States of America 남부 맹방이라고도 함'을 선포한다. 그리고 두 달 뒤인 1861년 4월 12일 남부 연합의 선제공격으로 남북전쟁이 시작된다. 이후 네 개 주가 남부 연합에 더 가담하게 되면서 전쟁은 확전 양상을 띠게 된다.

전쟁 초기, 링컨은 남부 연합을 달래기 위해 별별 수를 다 썼다.

"미국인이 분열하는 모습을 볼 수 없다. 지금이라도 늦지 않았다. 남부가 원한다면, 노예제를 계속 유지해도 된다. 현존하는 방식으로 남부는 노예제를 유지하고, 북부는 노예제를 하지 않는 방식으로 문제를 해결할 수 있다."

링컨에게 노예제도는 안중에도 없었다. 그의 머릿속에는 오로지 한 가지! '내 임기 중에 미국이 분열되는 것은 볼 수 없다!', 이 하나밖에 없었다. 오죽하면 이런 말도 했을까.

"미연방에서 탈퇴하고, 남부 연합이라는 폭도들에게 간 반란 주들에게 권고한다. 지금이라도 늦지 않았다. 90일 안에 남부 연합에서 탈퇴하고 돌아온다면, 노예제 유지를 인정해 준다."

링컨이 과연 흑인들의 자유를 위해 싸운 것일까? 링컨에게 노예제는 그냥 '핑계'였을 뿐이었다.

"대통령 각하! 이왕 이렇게 된 거 전쟁으로 무력 통합하는 수밖에 없습니다. 인구는 우리가 세 배나 많고, 공업 생산력은 비교도 안 될 정도입니다. 거기다 명분도 우리에게 있습니다. 지금 노예제를 폐지한다고 선포한다면 명분은 확실히 우리 쪽으로 넘어옵니다."

"그건 자네의 착각이야. 노예제를 폐지한다면, 남부 국민들이 반발할 거야."

링컨은 개전 초기를 거쳐 중기에 이를 때까지 노예제에 대해서 아직 결론을 내리지 못하고 있었다. 있어도 그만, 없어도 그만인 것이 노예제라고 생각하고 있었던 것이다.

✳ ✳ "노예를 해방할 건지 말 건지 결정해야…" 장군들의 독촉에 링컨은 묵묵부답

노예 해방에는 별 관심이 없었던 링컨. 그러나 링컨 밑에서 전쟁을 해야 했던 장군들은 '노예 해방'이 초미의 관심사였다.

"각하! 노예를 해방할 건지 말 건지 빨리 결정을 내려야 합니다."

"남군들의 진군 속도가 만만치 않습니다. 강한 적을 상대할 때는 적의 내부에서부터 흔들어 줘야 합니다. 남부에 있는 젊은이들 대부분이 징병된 상황이라 내부 치안이 취약합니다. 이때 흑인 노예를 다 해방시킨다는 포고문 한 장이면 남부 노예들도 흔들릴 겁니다. 그럼 남군은 싫어도 전방에 있는 병력 중 일부를 후방으로 돌릴 수밖에 없습니다. 각하! 결단을 내려 주십시오."

장군들의 애원 속에서도 링컨은 묵묵부답이었다. 남군 점령지에서의 노예제 유지에 대한 질문에도 링컨은 말을 아꼈다.

"각하! 남군의 진격이 예사롭지 않습니다! 당장 노예 해방을 선언하셔야 합니다!"

"남군을 흔들어 놔야 합니다. 각하! 용단을!"

링컨은 노예 해방에 대해서 끝까지 미온적인 태도였다. 장군들이 강력하게 노예 해방 선언을 요구했지만, 링컨은 끝끝내 이를 받아들이지 않았고 1862년 7월, 전황이 급격하게 악화되자 겨우 노예 해방을 선언하게 된다.

"1863년 1월 1일자로 반란군 지역의 흑인 노예들을 해방한다."

링컨의 노예 해방은 남군에게 몰려서, 어쩔 수 없이 하게 된 군사적 도박이었던 것이다. 실제로 이 해방령을 통해서 해방된 노예는 단 한 명도 없었다. 이 노예 해방령의 본래 목적은 남부 지역으로 진군한 북군 지휘관에게 해당 지역의 노예를 해방할 수 있는 권한을 주는 것이었다. 당시 북부에 잔류한 노예제 유지 주들은 이 해방령에서 제외됐다. 그나마 다행인 것은 이 도박이 먹혀들었고 외교적으로도 꽤 괜찮은 성과를 얻었다. 남부 쪽으로 기울어져 가던 유럽의 여론, 특히 영국의 여론에 지대한 영향을 미치게 된다. 외교전에서도 유리한 고지를 선점하게 된다. 이후 게티즈버그에서 남군을 섬멸하면서 남북 전쟁은 끝이 나게 된다. 링컨은 1862년까지 노예 해방에 대해서는 별생각이 없었다. 지금이야 링컨을 노예 해방의 아버지로 추앙하고 있지만, 남북 전쟁 당시에는 노예 해방에 대한 인식 자체가 희미했다. 오히려 남군 측 의식이 더 깨어 있었다 할 수 있는데, 전쟁 말기가 되자 남쪽은 생각을

같이 살거나, 같이 죽거나
흑인을 업고 '헌법'이라 쓰인 균형 막대를
들고 위태위태 강을 건너는
에이브러햄 링컨(1809~1865).
맨 아래 "포기하지 마십시오"라는 카피가
적혀 있다. 이 그림은 뛰어난 곡예사
샤를 블롱댕이 자신의 동료를 업고
나이아가라 폭포 위를 횡단한 장면을
패러디한 것이다.
〈하퍼스 위클리〉 1860년 8월 25일자.

달리 먹게 된다. 남부 연합의 대통령인 제퍼슨 데이비스는 이런 발언을
할 정도였다.

"영국과 프랑스가 우리나라를 외교적으로 인정해 준다면, 남부 연합
은 노예제를 폐지할 것이다."

남부 연합의 여론도 노예제 폐지로 서서히 가닥이 잡혀 갔다. 압권은
남부 연합의 명장인 로버트 에드워드 리 장군이다.

"북군과 싸우려면 병력이 필요합니다. 당장 흑인 노예를 징병할 수
있도록 방법을 강구해 주십시오. 최소 30만 명의 충원 병력이 필요한데,
노예들을 데려다가 전쟁터에 떠밀 수는 없지 않겠습니까?"

싸우면서 닮아간다고 해야 할까? 남부 연합도 노예제 폐지가 대세란
걸 인식하고, 노예제 폐지에 대해 전향적인 모습을 보였던 것이다. 노예
제의 본산인 남부 연합이 이럴진대, 링컨
의 모습은 '노예 해방의 아버지'라는 칭
호와는 거리가 있는 모습이다. 링컨은 노
예제 폐지를 위해 싸운 게 아니라, '하나
의 미국'을 위해 싸웠을 뿐이었다. 그 덕
에 보너스로 딸려 온 게 노예제 폐지였을
뿐이다. 역사란 참, 얄궂다는 걸 다시 한
번 확인하는 순간이다.

싸우면서
닮아간다고
해야 할까?

궁지에 몰린
독일의 독가스 작전

공 업 입 국 의 신 무 기

1914년 6월 28일, 보스니아의 수도 사라예보에서 울린 총성 두 발로 시작된 인류 최초의 제대로 된 '세계대전'. 4년 3개월 동안 유럽을 전쟁의 소용돌이로 몰아넣은 이 전쟁으로 인류는 3천5백만 명이라는 희생자를 목도하게 된다. 이 중 1백만여 명의 목숨을 앗아 간 신무기가 있었으니 바로 독가스이다. 제1차 세계대전 때 등장한 무기 중 극히 비인도적이었던 무기…. 하루에 3만 5천 명의 사상자를 냈던 신병기! 전쟁 이후 제네바 조약에 의해 금지 무기로 지정될 정도로 인류에게 커다란 충격을 주었던 이 독가스는 과연 어떻게 발명된 것일까? 이번 주제는 바로 독가스의 탄생에 관한 이야기이다.

✳ ✳ 공업입국의 슬로건, "식민지 대신 화학!"

1862년, 빌헬름 1세에 의해 재상으로 발탁된 비스마르크. 그가 내세운 정책은 한마디로 '과학의 발전'이었다.

"잘 봐…. 지금 영국이랑 프랑스 애들이 땅따먹기 하고 있거든? 아프리카만 봐도 가로로 나눠 먹고, 세로로 나눠 먹고 정신없지. 네덜란드 같은 애들도 식민지 가지고 있거든…. 근데 지금 우리가 같이 식민지 따먹겠다고 밥숟가락 꽂아 봐. 당장 전쟁 나지…. 아무리 우리가 잘나가고 한주먹 한다고 해도 쪽수로 밀어붙이면 감당 못 해. 완전 다구리 당한다니까. 그러니까… 걍 저놈들은 식민지 따먹고 있으라 그러고, 우리는 그냥 과학 기술이나 발전시켜서 그걸로 먹고살자고! 식민지 대신 화학! 오케이? 불만 없지?"

비스마르크가 계산을 뽑아 보니 영국과 프랑스에 맞짱을 떠서 식민지를 빼앗는다는 게 도무지 수지타산이 맞지 않는 것이었다. 이 판단은 탁월했다. 이런 정책에 따라 독일은 가열 찬 공업입국의 길을 걷게 되는데, 1880년이 지나면 산업혁명의 본고장인 영국을 능가하는 공업국으로 변신하게 된다. 자… 그런데 말이다. 여기서 좀 사소한 문제가 발생했다.

"아니, 우리가 무슨 코리아입니까? 가지고 있는 건 쥐뿔도 없고, 죄 수입해서 가공하고 앉아 있으니…. 이러다 전쟁이라도 나서 수입 끊기면 우리는 뭐 먹고삽니까?"

"거시기… 밀하고 감자는 많잖아?"

"밀하고 감자만 많으면 뭐 합니까? 밀하고 감자 빼고는 전부 다 수입하는데, 하다못해 돼지 사료도 수입해서 쓰고 있는데, 자원 무기화랍시고 딴 애들이 들고 일어나면 우리는 앉은자리에서 쪽박 차는 거라니까요!"

"됐어! 그런 일 없을 테니까 그런 걱정 하지 마! 정 안 되면 석탄 뽑아서 쓰면 되잖아?"

"석탄으로 뭘 어쩌자구요? 기껏해야 공장이나 돌리지. 공장만 돌리면 뭐 합니까? 원자재가 있어야 뭘 만들든지 뽑아내든지 할 거 아닙니까?"

"야야, 인생을 그렇게 삐딱하게 살지 말라니까. 좀 긍정적으로 생각하면서 살면 안 되겠냐? 젊은 놈이 왜 이렇게 비관적이야? 그런 일 없을 테니까 걱정 말고 하던 일이나 마저 해."

제1차 세계대전 전의 독일은 최대의 수입국이자, 수출국인 상황이었다. 문제는 평화 시에는 수출입에 별문제가 없지만, 전시에는 이야기가 달라진다는 것이다. 1914년 빌헬름 2세 재위기….

"저기… 폐하, 한바탕 붙는 건 좋은데, 전쟁이 길어지면… 보급에 쪼까 문제가 있을 거 같은데요?"

"보급?"

"예, 보급…. 먹고 싸는 문제야 대충 뭉개고 앉아 있든가 점령지에서 해결한다 쳐도, 애들 한테 적어도 총이랑 총알은 쥐여 주고 싸우라 해야 하는 거 아닙니까?"

"야야, 우리 지금 쟁여 놓은 총알이랑 대포알이 얼마나 되는데?"

"넉넉 잡고…, 한 1년 반쯤 쓸 거 같은데요?"

"그러면 충분하지 않냐? 전쟁이 1년을 가겠냐, 2년을 가겠냐? 길어 봤자 3개월이야. 후딱 쳐들어가서 파리만 점령해 버리면 디 엔드, 게임 오바라니까! 시답잖은 걱정하지 말고, 일단 쳐들어가자고!"

이렇게 독일은 제1차 세계대전에 뛰어들었다. 초반 러시는 상당히 좋았다. 프랑스의 수도인 파리 코앞까지 치고 들어갔지만, 결정타는 먹이지 못했다. 결국 전쟁은 참호전으로 이어졌다.

"이게 뭐냐고! 초반 벙커링 러시도 아니고… 벙커 짓고 앉아서 뭐 하자는 플레이야?"

"저것들은 뭐야? 아예 포토캐논 꽃밭을 만들어라."

"이거 참… 가스는 어떻게 나온다 쳐도 미네랄은 이대로 가다간 바닥을 드러낼 텐데…."

"GG 치고 나갈까요?"

"죽을래? 겜비가 얼만데…."

어디서 많이 들어 본 대사들…. 그랬다. 전쟁이 지구전이 되 가면서 지리한 참호전으로 이어져 가고 있었던 것이다. 3개월 정도의 단기결전으로 생각했던 독일군 참모부, 특히 군수참모부에는 비상이 걸렸다.

"차… 참모장님 큰일 났습다!"

"또 뭐야? 이번에는 기관총탄이 떨어졌어?"

"아니 기관총탄은 어떻게 챙겨 왔는데… 이번엔 휴지가 떨어졌답니다! 지금 전선의 병사들이 응가를 하고 나서 뒤를 처리할 방법이 없다고 군란을 일으키기 직전입니다!"

"이런 젠장! 그냥 나뭇잎이나… 그래, 손가락으로 대충 닦으라고 하면 안 될까?"

"…차라리 닦지 말고 그냥 바지 올리라고 하시지요?"

전쟁 발발 1년이 다 지나기도 전에 독일군은 가지고 있던 모든 자원이 다 바닥나게 된다. 과연 그들은 이 위기를 어떻게 극복할 것인가?

✳ ✳ 벼랑끝에 내몰린 독일 또다시, "식민지 대신 화학!"

물자가 바닥난 독일. 과연 독일은 이 난국을 어떻게 풀어 나갈 것인가?

"젠장, 저놈의 영국 놈들만 없었어도…. 치사하게 바닷길을 다 막아 버리냐?"

"차…참모장님, 큰일 났습니다!"

"이번엔 또 뭐야? 휴지도 보급해 줬잖아!"

"포탄이 떨어졌습니다."

"지…진짜야? 사실이야? 리얼리? 혼또니?"

"네."

"와, 미치겠네."

1914년이 다 가기 전에 대포의 포탄마저 바닥난 독일군. 이는 연합국 측도 마찬가지였는데,

"야야, 우리가 이틀 뒤에 프랑스군 진지로 쳐들어갈 거거든?"

"가다가 총 맞아 죽으라구요? 기관총에, 지뢰에, 대포에, 박격포에, 철조망에…."

"야야! 고참이 말하는데 이게 어디서 말을 끊어? 위에서도 양심이 있지 우리보고 그냥 가라고 하겠냐? 이틀 동안 저쪽에다가 조질나게 대포 쏴 준대! 돌격하기 전에 싸그리 쓸어 줄 테니까 걱정 말고 돌격하란다! 그러니까 한 이틀 쉬고 있다가 포격 끝나면 그때 돌격하자, 알았지?"

그랬다. 이 당시 참호전은 의외로 간단했는데, 가만히 참호에 박혀 있다가 돌격 명령이 떨어지면 일단 1박 2일 혹은 2박 3일 정도 신나게 지원 포격을 한다. 그 정도 포격을 가하면 완전 쓰러졌다고 판단, 돌격을 시작하면 이때까지 포격에 의해 박살이 났던 진지에서 꾸역꾸역 병사들이 나와 기관총을 거치하고 돌격하는 적군을 쏴 죽이는 방법이었다. 대전 후반에 후티어 전술이란 게 나오기 전까지의 돌격 방법이 이랬다. 문제는 이 공격 준비사격인데, 1박 2일 혹은 2박 3일간 줄창 포격을 하려면 그 소요 포탄량이 얼마나 될까? 한 번 공격하는 데 들어가는 포탄의 양이 1백만 발이 넘어가는 게 예사였다.

"영국 애들도 포탄 재고량이 바닥을 쳤답니다."

"시꺼! 걔네들은 수입이라도 할 수 있잖아! 당시 일본이 연합국 측에 각종 물자를 수출하고 있었다"

"어쩌죠? 바닷길은 영국 놈들이 다 막아 버려서 뭘 수입하고 싶어도…."

"지금 부족한 게 뭔데?"

"동이나 납… 니켈 같은 건 부족은 해도 대충 맞출 수 있겠는데…."

"있겠는데?"

"초석硝石이 바닥을 쳤습니다. 당장 화약을 만들어야 포탄을 만들 텐데…."

그랬다. 흑색화약과 성냥, 각종 불꽃놀이 재료로 쓰이는 질산칼륨이 바닥났다. 예로부터 화약의 주원료였던 초석. 그냥저냥 총에 쓰이는 탄환에 들어가는 화약을 만들기 위해서라면, 처마 밑이나 창고 같은 곳에 있는 초석을 긁어다 쓸 수 있겠지만, 1백만 발 이상씩 쏘아붙이는 상황에서는 택도 없는 방법이다.

"저기… 칠레나 미국에다가 초석 좀 보내 달라고 할까요? 칠레의 사막 지대와 미국 서부 지대는 초석의 대규모 산지이다"

"너라면 우리한테 팔겠냐?"

"아뇨."

"그렇지? 일단 대가리 박고 시작하자. 제발 좀 긴장 좀 하자! 엉?"

초석의 부족으로 포탄을 생산하지 못하는 절체절명의 상황. 이때 이들이 떠올린 비스마르크의 한마디, "식민지 대신 화학을"! 당장 독일군

수뇌부는 석탄에서 암모니아를 추출한 하버에게 염소가스 개발을 명령하게 된다.

"일단 염소가스를 만들어서 뿌리자고…. 그리고 그다음에는 포탄에다가 염소가스를 넣어서 날리는 거야! 독가스를 넣는 거니까 터지지 않아도 되잖아? 터지지 않아도 된다는 건 초석이 필요 없다는 소리잖아? 장약만 채우면 되니까…. 어때? 한번 해 볼래?"

"그게… 헤이그 조약에 위반되는 거 아닙니까?"

"야야, 조약이고 나발이고 그딴 거 없거든? 일단 이기고 봐야 하는 거 아냐! 영국 놈들이랑 프랑스 놈들은 일본에서 수입도 하고, 원료도 맘대로 가져올 수 있는데, 우리는 언제까지 손가락 빨아야 하냐고! 일단 이기고 보자고! 그리고 이게 비용 대비 효과에서는 짱이라니까! 포탄 백만 발 만드느니 염소가스 한 번 뿌리는 게 훨씬 효과적이라고!"

그랬다. 독일은 초석의 부족으로 포탄 생산에 차질을 빚자 연합국들에게 뒤처질지도 모른다는 강박관념에 휩싸였던 것이다. 1915년 4월 독일은 이프르Ypres에서 독가스탄을 사용하게 된다. 이 지명을 따와 최초의 독가스탄은 이페릿yperite탄이 되었다. 만약 독일군이 제1차 세계대전 전에 충분히 초석을 확보했더라면, 독가스는 만들어지지 않았을지도 모른다.

헤이그 조약에 위반되는 거 아닙니까?

야야, 조약이고 나발이고 그딴 거 없거든? 일단 이기고 봐야 하는 거 아냐!

히틀러의
위조지폐 작전
최 선 을 다 해 달 러 를 찍 어 라 !

요즘도 심심찮게 들려오는 뉴스 중 하나가 '북한의 위조지폐 생산' 정보이다. 그 진위야 어쨌든 미국은 북한이 위조지폐를 찍어 내고 있다고 확신하고 있고, 국제사회도 '불량국가' 북한이라면 능히 그러고도 남을 위인이라며 확신범 취급을 하고 있다. 과연 북한이 위조지폐를 만들었을까? 북한 위조지폐 제작설은 슈퍼노트super note 1989년 필리핀 마닐라의 은행에서 최초로 발견된 이 위조지폐는 초정밀 감별기로도 식별이 어려울 정도로 진짜 화폐 같았다고 한다의 진원지를 추적하며 나온 주장 중 하나였다. 북한이 제작 유통한다는 심증뿐이지 확실한 물증이 없었다 이란이 팔레비 왕조 시절의 장비로 제작을 해 시리아를 거쳐 레바논으로 수출했을 것이란 추측만이 있다.

문제는 매년 세계 유통량의 10퍼센트에 해당하는 위조 달러가 만들어지고 있고, 이 중 10퍼센트가 실제로 유통된다는 점이다. 세계 기축통화의 정점에 올라서 있는 달러의 위조지폐 유통은 미국으로서는 분명 커다란 위협이었다. 그렇기에 이 슈퍼노트의 존재 자체를 척결하겠다고 두 팔 걷어붙이고 나서는 상황이지만 역시나 답은 보이지 않아 심증만으로 불량국가들의 옆구리를 찌르는 것이었다.

심증만 있고 물증이 없는 상태에서 독재국가와 불량국가에 의심의 눈초리를 보내고 있는 미국. 미국은 어째서 국가 단위의 위조지폐 제작이 이루어질 것이라고 믿고 있는 것일까? 그 이유는 아마도 한 번 당해 본 경험이 있기 때문이 아닐까 싶다. 실제로 당한 건 영국이고, 미국은 가까스로 위기에서 벗어났지만, 위조지폐에 의한 '국가적 위기'의 가능성을 확인했기 때문일 것이다.

✳ ✳ 위 조 지 폐 드 림 팀

"전황을 획기적으로 바꿔 놓을 방법을 찾아내라! 지금 영국 폭격기들이 유럽 상공을 배회하고 있는 모습이 보이지 않는가?"

제2차 세계대전 초반. 확실한 기선제압을 했던 히틀러였지만, 얼마 지나지 않아 '첫 끗발 개 끗발'이라는 동서고금의 진리를 다시금 확인하게 된다. 영국은 미국의 도움으로 주야간 독일 본토를 폭격하기 시작했고, 동부 전선에서는 소련군에게 밀리고 있는 상황. 뭔가 타개책이 필요했다. 특히나 하루가 멀다 하고 날아오는 영국 폭격기들 앞에 신경이 예민해질 대로 예민해진 히틀러는 영국에 대한 보복 공격 계획을 들고 오라며 부하들을 몰아붙였다.

"동부 전선에서의 소련과의 전투는 적어도 소련 영토 안에서 싸우는 것이지만, 지금 영국은 우리 머리 위로 폭탄을 떨어뜨리고 있다. 당장 영국을 공격할 방법을 찾아내!"

이 당시 전쟁의 주도권은 연합국에게 넘어간 상황. 뾰족한 대책이 나올 리 없었다. 이때 한 명의 친위대원이 히틀러의 귀를 솔깃하게 만드는 작전을 들고 나온다. 베른하르트 크뤼거 Bernhard Krüger 소령이 자신의 이름을 따 만든 작전명 '베른하르트'였다. 소령은 히틀러와 직접 면담을 하게 된다.

"크뤼거 소령은 전력이 어떻게 되나?"

"네! 해외에 파견될 첩보원들을 위한 위조 신분증과 각종 서류들을 제작, 보급하는 임무를 맡아 왔습니다!"

"이 작전이 실효성이 있을 것 같나?"

"위조지폐를 만들면, 영국은 확실히 무너질 것입니다. 지금 영국은 국내의 모든 가용자원을 전쟁에 쏟아붓고 있습니다. 이미 전시국채는 찍을 만큼 찍은 상황이고, 돈 가치는 떨어지고 있습니다! 이런 상황에서 위조 파운드화를 뿌리면 영국 경제는 완전 공황 상태가 될 것입니다. 경제가 마비되면 사회가 멈추고, 사회가 멈추면 전쟁도 멈추는 겁니다."

"좋았어! 한번 해 봐! 내가 팍팍 밀어줄 테니까. 필요한 게 뭔가? 뭐든지 말해."

"포로수용소 하나만 주십시오!"

히틀러로부터 '베른하르트 작전'의 진행을 위임받은 베른하르트 크뤼거 소령. 그는 작센에 있는 작센하우젠 포로수용소의 18~19구역을 위조지폐 생산 공장으로 확보하게 된다. 그리고 친위대를 동원해 제지 공장 하나를 접수, 위조지폐 제작의 생산기지를 모두 확보하게 된다. 이제 남은 건 그 공장을 돌릴 기술자들을 찾는 일이었다.

베른하르트는 유럽 최고의 위조범이라 불리던 살로몬 스몰리아노프 Salomon Smolianoff를 찾아 나섰다.

"스몰리아노프… 본적은 불가리아로 돼 있지만, 유태인이군. 유태인인 것도 모자라 위조범 전과까지 있군. 이대로 가면 꼼짝없이 가스실 행이야. 뒤랑… 넌 전쟁 전까지 화가 생활을 했다고 나와 있군. 알프레드… 전쟁 나기 전에 런던에서 은행원으로 근무? 밴 스미스… 전쟁 전에 활판인쇄 기사…."

베른하르트가 노린 것이 바로 이 점이었다. 각 나라의 포로들 중에서 은행권, 혹은 인쇄 관련 분야에서 일을 했던 전문가들을 모은 다음 최고의 위조범과 결합, 환상의 위조지폐 드림팀을 구성한다는 것이었다. 베른하르트는 작센하우젠 수용소에 있는 포로 중 30명의 전문가들을 선발했다.

"너희들을 뽑은 것은 살아남을 기회를 주기 위해서이다. 앞으로 너희들은 다른 포로들과 달리 많은 혜택을 받을 것이다. 식사도 일반 포로들보다 훨씬 영양가 있는 음식이 제공될 것이다. 담배도 준다. 가끔 술도 배급할 예정이다. 그 밖에 너희들이 필요로 하는 편의를 제공하는 데 대해서는 긍정적으로 검토할 것이다. 대신 그에 상응하는 너희들의 노력이 필요하다. 너희들은 이제부터 영국 파운드화를 제작한다."

1943년 5월, 베른하르트 작전은 본격적으로 시작된다. 베른하르트는 일단 자신의 이름을 딴 베른하르트사社라는 간판을 걸고는 자신의 드림팀에게 완벽한 파운드화를 만들 것을 주문한다. 베른하르트의 드림팀은 그 이름에 걸맞게 최고의 위조 파운드화를 만들어 낸다.

"영국의 돈 좀 만지는 사업가들은 파운드화가 진짜인지 가짜인지를 확인하는 버릇이 있습니다. 이건 아는 사람들만 아는 건데, 지폐 한쪽 끝을 바늘로 찔러 봅니다. 그래서 좀 오래된 돈은 지폐 끝부분에 작은 바늘구멍이 수십 개나 뚫린 경우도 있습니다."

"역시 전직 은행원답군."

"여기에다 재 묻은 손으로 돈을 비비면 완벽합니다. 지저분하고, 낡은 티가 나는데다 바늘구멍까지 있으면 진짜 파운드화로 보일 겁니다."

차곡차곡 쌓여 가는 파운드화를 바라보면서 흐뭇한 미소를 짓는 베른하르트. 완벽한 위조지폐를 만들었으니, 이제 이 지폐를 어떻게 뿌릴 것인지에 대해 고민할 시간이었다.

살고 싶다면 나치에게 봉사하라
베른하르트 작전을 소재로 한
슈테판 루조비츠키 감독의 2007년작
〈위조〉.
국내 개봉 제목은 '카운터페이터'였다.

✳ ✳ 적군에게 위조지폐를 뿌려라

"부관, 지금까지 찍은 돈이 모두 얼마지?"

"5파운드짜리가 314만 5,867장이고, 10파운드짜리가 234만 8,981장, 20파운드짜리가 133만 7,355장, 20파운드짜리가 128만 2,902장 해서 총 811만 5,105장입니다."

"지금부터 이 돈들을 A · B · C · D 네 개 등급으로 나눈다. 인쇄 실패한 돈은 D등급, 인쇄가 번지진 않았지만 좀 미심쩍으면 C등급, 잘 만들어졌으면 B등급, 진짜와 똑같다면 A등급으로 나눠라."

이리하여 총 811만 5,105장의 파운드화는 상태에 따라 네 등급으로 분류되어 베른하르트 앞에 놓이게 된다.

"소령님, D등급 받은 돈은 전량 폐기 처분하는 겁니까?"

"한 푼이 아쉬운 상황이다. 이건 하늘에서 뿌려."

베른하르트는 참으로 알뜰하게 위조지폐들을 활용했는데, 인쇄가 실패해 위조지폐로 가치가 없는 D급 위조지폐들은 수송기에 실어서 전방에 뿌렸던 것이다. 위조지폐로서의 가치는 없지만 전방의 적군 병사들을 혼란스럽게 해 전투에 지장을 주려고 했던 것이다 상당 부분 먹혀들어 갔다. 가끔 길거리를 굴러 다니는 수표를 복사해 만든 전단지를 생각하시면 빠를 것이다. D급보다 인쇄 상태가 좋은 C급 화폐들은 상인이나 외교관 등을 통해서 중립국에서 유통시켰고, 이보다 정밀한 B급은 첩자들을 통해 유통시켰다. 그리고 진짜 파운드화로 봐도 손색이 없는 A급 위조지폐들은 이중 첩자의 활동

자금이나 국제 교역의 결제 대금으로 쓰이게 됐다. 이렇게 수천만 파운드의 돈이 풀리자 영국 은행은 비상이 걸리게 된다.

"이게 무슨 일이야? 무슨 돈이 이렇게 많이 풀린 거야?"

"모…모르겠습니다. 지금 난리가 났습니다. 인플레이션이 장난이 아닙니다!"

"돈이 어디서 들어오는 거야? 큰손이 돈을 푸는 거야?"

"그건 아닌 거 같습니다. 벨기에, 덴마크, 프랑스, 그리스, 아일랜드, 이탈리아, 스위스, 스페인, 터키, 헝가리, 유고슬라비아…. 온 유럽에 돈이 넘쳐나기 시작했습니다. 모든 결제가 파운드화로 진행되고 있습니다!"

"현물 시장도 난리가 났습니다. 금이나 달러, 광물을 사겠다는 주문이 밀려오고 있습니다."

"암시장에서도 파운드화가 넘쳐납니다."

"도대체 어떻게 돌아가는 상황인 거야?"

"지금 국방부에서 정보 보고가 왔는데, 전방에도 파운드화가 넘쳐나고 있답니다."

"그게 무슨 소리야?"

"독일군이 비행기에서 돈을 뿌리고 있답니다."

1943년 말, 영국은 공황 상태에 빠지게 됐다. 돈은 넘쳐났고 물가는 천정부지로 뛰어올랐다. 안 그래도 인플레이션 때문에 골머리를 썩던 와중인데, 위조지폐 때문에 인플레이션은 이제 정부의 통제 범위를 넘어서려 하고 있었다. 그러나 이런 인플레이션 문제는 시작일 뿐이었다. 본론은 인플레이션의 손을 잡고 등장하게 된다. 그렇다. '혼란'이란 녀석이 영국 경제를 뒤흔들기 시작한 것이다.

"독일이 파운드화를 찍어 내고 있다."

"이제 파운드화는 휴지 조각이 됐다. 앞으로 손해를 보지 않으려면 무조건 현물거래를 해야 한다."

화폐경제의 기준이 되는 돈을 믿을 수 없게 된 상황. 영국 국민들은 패닉 상태에 빠져 돈을 확인하기 시작했다. 그런다고 일반 국민들이 위조지폐를 감별해 낼 수 있는 것도 아니었기에 화폐에 대한 신뢰는 갈수록 떨어졌다. 해결책은 단 하나, 위조지폐를 감별해 내 이를 없애는 방법뿐이었으나 정부 당국이나 은행권은 이 위조지폐를 해결할 만한 뾰족한 대응 방안이 없었다.

"1파운드, 2파운드도 아니고, 천만 파운드 단위로 돈이 풀리니 도저히 손을 쓸 수가 없어!"

위조 파운드화는 1945년, 전쟁이 끝날 때까지 시중 통화의 50퍼센트에 육박하는 점유율을 자랑했다. 영국 은행은 전쟁이 끝나자 모든 지폐를 회수한 다음 10파운드 지폐를 없애 버리고 5파운드 지폐도 무효 선언을 하게 된다. 그러나 베른하르트의 위조지폐 제작은 여기서 끝난 것이 아니었다. 아직 독일의 적이 남아 있었다.

✳ ✳ 이 제 는   달 러 다

위조 파운드화로 짭짤한 재미를 본 히틀러는 또 다른 골칫거리에 대해 이야기하기 시작했다.

"영국에서의 작전 성공은 괄목할 만한 성과를 거뒀다. 이번엔 미국이다. 연합국의 보급창고 노릇을 하는 미국 경제를 흔들어 놓는다면 승리는 우리 것이다."

"최선을 다해 달러를 위조해 내겠습니다!"

파운드화에 이어 달러까지 찍어 내게 된 베른하르트. 그는 즉시 작센하우젠으로 달려가 위조지폐 드림팀을 소집한다.

"이번엔 달러다! 파운드화로 영국을 흔든 것처럼 달러로 미국을 흔들어야 한다. 지금 당장 달러화의 제작에 들어가도록!"

베른하르트는 파운드화가 성공했던 것처럼 달러도 쉽게 찍어 낼 수 있을 줄 알았다. 그러나 이런 예상은 보기 좋게 빗나갔다.

"달러화 제작은 언제 완성되나?"

"그게 아직까지 주형도 완성되지 않은 상태라…."

"파운드화는 쉽게 만들어 냈으면서, 달러화는 왜 그렇게 시간이 걸리는 거야? 가스실 맛을 봐야 정신을 차릴 건가?"

위조지폐 드림팀들을 어르고 달래도 달러 위조지폐를 만드는 작업은 진척을 보이지 못했다. 1945년 1월까지 2백 번의 시도를 했지만, 모두 실패를 하게 된다. 드림팀 내부적으로 암묵적인 태업의 합의가 있었던 것으로 짐작되기도 한다. 결국 히틀러가 나설 지경에 이른다.

"4주 안에 달러를 못 찍어 내면, 가스실이 기다리고 있을 것이다."

히틀러의 협박이 있고 난 얼마 뒤 위조지폐 드림팀은 255번째 시도 끝에 위조 달러 주형을 완성했다. 문제는 이때 소련군이 베를린을 점령했다는 것이다. 종전이 임박했던 것이다.

베른하르트는 종전 직전 친위대를 동원해 그동안 만들었던 파운드화 총 1억 3400만 파운드를 찍어 냈었다. 이 중 배포된 건 약 1200만 파운드였다. 만약 1억 3400만 파운드를 다 뿌렸다면 영국 경제는 그 자리에서 멈춰 섰을 것이다 와 파운드화 인쇄주형, 달러 제조주형을 트럭에 싣고는 오스트리아의 토플리체 독일 해군의 비밀연구소 로 달렸다. 물론 그 전에 위조지폐 공장은 다 불태워 버렸다.

"이 돈들을 다 호수에 버려! 이게 연합군들에게 걸리면 바로 전범으로 낙인이 찍힐 것이다. 어서 증거를 없애 버려!"

베른하르트는 수천만 파운드나 되는 파운드화와 주형들, 위조달러의 주형을 수심 78미터의 호수 바닥으로 가라앉혔다. 그렇게 베른하르트는 종전을 맞이하게 된다. 그 뒤 베른하르트는 자신의 전력을 감추고 다셀러 제지 공장의 회계사로 위장 취업하게 된다. 그러고는 공소시효가 만료되는 1955년까지 회사 간부들의 비호를 받으며 생활한다. 그를 알고 있던 나치 친위대 간부들의 도움이었다.

문제는 토플리체 인근의 호수 바닥에 수천만 파운드의 위조지폐가 있다는 사실이 베른하르트 혼자만의 비밀이 아니었다는 것이다. 호사가들의 입에서 입으로 전해진 이 '호수의 비밀'은 영국과 미국, 독일의 수

많은 탐험가와 다이버 들을 호수로 끌어들였고, 이들은 종전 이후 14년 간이나 계속 호수 밑바닥을 더듬게 된다.

이런 그들의 노력이 결실을 맺은 건 1959년에 이르러서였다. 그동안 사람의 힘으로만 찾아 나서던 방식을 벗어나 강력한 탐조등과 집게로 무장한 다이버들이 호수 바닥을 향해 내려갔던 것이다. 독일 〈슈테른〉 지가 주도한 이 수색 작업은 결국 특종을 건지게 된다. 1959년 7월, 〈슈테른〉은 호수 밑바닥에서 수많은 상자들과 5파운드 지폐 다발을 건 져 올린다. 14년 만에 물 위로 올라온 돈이었다.

이것이야말로 '사랑과 전쟁에는 반칙이 없다All's fair in love and war'는 말이 무슨 의미인지를 확인케 하는 이야기가 아닌가 싶다. 이기기 위해 위조지 폐까지 찍어 낸 히틀러. 위조지 폐까지 찍어 냈는데도 진 것인 지, 아니면 위조지폐라도 찍었기 에 그만큼 버틴 것인지 문득 궁 금해진다.

사랑과
전쟁에는
반칙이
없다

비열한
'남극 정복' 전초전

아 주 특 별 한 사 기 꾼 , 아 문 센

지나가는 사람 열 중 일고여덟은 로버트 스콧Robert F. Scott이란 이름과 로알 아문
센Roald Amundsen이란 이름을 들어 봤을 것이다. 1911년에 벌어졌던 이 두 사람의
남극 정복 경쟁은 교과서에 실릴 정도로 유명한 이야기이다. 이 둘은 선의의 경
쟁을 하였고 비록 아문센이 이겼지만, 진정한 승자는 죽음 앞에서도 끝까지 굴
복하지 않고 최선을 다한 스콧이라는 이야기. 이 대목에서 궁금한 것이 아문센
은 정말 정정당당히 대결했으며, 스콧이 이룬 것은 정말 '진정한 승리'인가 하
는 것이다. 실은 이들이 국제정치 상황 속에 인간의 욕망이 한데 뒤얽혀 서로
속고 속이는 추잡한 레이스를 벌인 것이라면 믿어지겠는가? 위인전 속에 얼음
덩어리로 굳어 버린 위대한 탐험 이야기가 아니라, 날것 그대로인 '남극 레이
스'의 진실은 과연 무엇일까?

✳ ✳ 만 들 어 진 영 웅 , 스 콧

1909년 4월 6일. 미국의 피어리가 세계 최초의 북극점 정복자로 이름을 올리자 전 세계 탐험가들은 절망의 구렁텅이에 빠졌다. 그와 동시에 그들의 머릿속에 공통적으로 떠오른 단어가 있었으니,

"이제 남은 데가 거기밖에 없잖아."

"거기 북극보다 더 위험하지 않냐?"

"넌 마, 그러니까 안 되는 거야. 탐험가가 괜히 탐험가냐? 위험하고 남들 안 가는 곳 찾아가는 게 탐험가 아냐? 이놈은 꼭 날로 먹는 데만 골라 가려고 그래요."

"야! 북극이야 대충 악으로 깡으로 밀어붙이면 갈 수 있지만, 거긴 이야기가 다르지! 거기는 거의 안드로메다야!"

바로 '남극'이었다. 이제까지 인간의 발길을 거부한 유일한 극점. 북극보다 훨씬 더 험준하고 위험한 곳으로 알려진 남극. 여기 눈독을 들이는 중에는 영국의 영웅인 로버트 스콧도 끼어 있었다.

영국의 영웅, 로버트 스콧. 이 대목에서 우리가 염두에 두어야 할 한 가지가 있는데, 스콧은 '만들어진 영웅'이라는 것이

> 날것 그대로인
> '남극 레이스'의
> 진실은
> 무엇일까?

다. 1899년, 해가 지지 않는 양아치(!) 나라 영국은 남아프리카의 금과 다이아몬드를 강탈하기 위해 벌인 보어 전쟁에서 간신히 이긴다. 그들에게는 보어 전쟁의 아픈 상처를 씻어 줄 영웅이 필요했다. 이때 등장한 것이 로버트 스콧이었다. 당대 최고의 여행가로 그가 1901~1904년까지 영국 북극 탐험대의 일원으로 북극에서 생활한 이야기를 담담하게(?) 풀어 쓴 기행기 《발견의 여행》은 최고의 베스트셀러였는데 그 주 내용은….

"너 북극이야? 나 스콧이야! 이렇게 말하는 거야. 그리고? 그리고 이렇게 뚜벅뚜벅 걸어가. 그럼 북극이 쫄아. 쫄면서, 내가 팍 이렇게 폼 잡으면 주춤하면서 유빙을 떨어뜨리거든. 거 봐, 이렇다니까! 북극곰? 네가 북극곰이야? 나 스콧이야! 이렇게 가. 가서 째려보면, 팍 쫀다니까! 봐, 이렇게 앞다리 들거든! 그럼 열나게, 열나게 당수로 내려치는 거야. 언제까지? 앞다리 부러질 때까지!"

그랬다. 이 책의 내용은 처음부터 끝까지 스콧이 잘났다고 떠드는 내용이었다. 혹한의 극한지에서 자기 혼자 북 치고, 장구 치고, 랩에 비트박스까지 다했다는 내용이었다. 보어 전쟁의 상처를 하루빨리 덮어 버리고 싶어 했던, 영국 사회는 이 잘생긴…은 아니고, 젊은 대머리 해군 장교에게 열광하게 된다. 문제는 영웅을 만들기 위해서는 그와 함께했던 동료들 전부가 바보가 되어야 했다는 것이다.

"스콧, 이놈아! 너 혼자 용 되니까 좋냐? 뭐? 네가 북극곰을 때려잡아? 네가 사람이야? 거짓부렁이를 쳐도 좀 개념 있게 쳐야지…. 아주 발광을 해라, 발광을!"

"어휴, 그렇게 잘나셨어? 그럼 북극에다가 아주 살림을 차리시지 그러셨어요? 혼자서 다 할 수 있는데 영국에는 왜 오셨을까?"

"억울하면 네놈들도 책 쓰지 그래? 이것들이 말이야, 남 글 쓸 때는 아무 말도 안 하더니, 왜? 책이 잘나가니까 부럽냐? 그러게 미리미리 논술 공부를 하지 그랬어!"

스콧과 같이 북극을 탐험했던 동료들이 들고 일어났지만 스콧을 건들 수는 없었다. 스콧은 이미 영국의 영웅이 되었고, 어느 순간 영국 탐험대 중에서 가장 노련하고 용감한 인물이 되어 있었던 것이다. 이런 스콧의 목표는 아주 당연하게도 북극점 정복이었지만… 이를 어쩌나? 미국의 피어리가 이미 북극점을 정복한 상황.

"피어리 이놈이 감히 내 밥그릇에 숟가락을 꽂아? 이놈을 그냥…. 어휴, 이걸 그냥 확! 어쨌든 마음을 좀 진정하고…. 그래, 나한테는 아직

투철한 기록 정신
책으로 가득 찬 스콧의 공간. 로버트 스콧(1868~1912)은 죽음이 닥치기 직전까지 일기를 썼다고 한다.

남극이 남아 있잖아? 그래, 피어리 그놈이 집적거리기 전에 먼저 침 발라 두자!"

스콧의 자존심은 하늘을 찔렀다. 문제는 그의 자존심에는 거품이 끼어 있었다는 것이다. 생각해 보라. 어쩌다 운이 좋아서 영웅이 된 스콧. 그와 같이 북극에서 탐험을 했던 동료들은 그를 인간 취급하지 않았다. 정통성에 '기스'가 나 있던 스콧은 자신의 정당성을 끊임없이 확인하려고 압박을 가했다.

"야, 남극은 내가 먼저 찍을 거거든? 내가 옛날부터 침 발라 놓은 거야! 손대는 놈 있으면 내가 허리를 접었다 폈다 해서 오징어 덕장에 걸어 둘 테니까 각오들 해!"

그러나 사건은 터져 버렸다. 남극을 공략하기 위해 맥머도사운드에 기지를 만들었던 스콧…. 그는 남극으로 향하는 영국 탐험대에 신신당부… 아니 협박을 했었다.

"이거는 내가 남극 가려고 만든 거거든? 절대 건드리지 마. 알았어? 이건 나만 쓸 수 있는 겨!"

스콧의 협박에 선선히 그러겠다고 말하는 영국 탐험대….

"우린 그냥 남극으로 산책 가는 거라니까 그러네…."

예전에 스콧과 함께 북극 탐험대에서 활동했던 어니스트 섀클턴Ernest H. Shackleton. 그는 천천히 남극으로 '산책'을 떠나게 된다. 그러고는 남극점 1백 마일 전방까지 파고들었다가 퇴각한 것이다. 물론 스콧의 기지를 사용해서 말이다.

"섀클턴! 이 덜 자란 육식동물 같은 놈아! 네가 사람이야? 내가 분명 사용하지 말랬지? 이 자식… 너 죄 졌어? 몰래 남극점으로 달려가게? 하… 이 덜 자란 육식동물같이 생긴 놈이 스팀 돌게 만드네?"

섀클턴의 남극 공략을 보면서, 스콧은 충격을 받는다.

"더 늦기 전에 내가 남극점을 찍어야겠다. 애들 당장 모아! 이참에 남극으로 피크닉이나 갔다 오자!"

남아 있는 나머지 극점 남극점을 정복하기 위해 스콧은 황급히 탐험 준비에 들어가게 된다. 그러나 이런 일을 할 때마다 어김없이 등장하는 원초적 문제! 바로 돈이었다. 영국 정부가 예산 지원에 난색을 표하자 그는 거리로 뛰쳐나가 일반인들을 대상으로 모금행사와 강연회를 열어 밑바닥 민심을 후비기 시작했다.

"영국의 자존심을 걸고 제가 남극점을 찍겠습니다! 제발 한 푼만 줍쇼…는 아니고, 여하튼 돈이 필요합니다! 여러분이 쫌만 도와주시면 세계 최초로 남극점을 찍는 사람은 영국인이 됩니다. 도와줍쇼!"

"아니, 우리의 위대한 탐험가이자 모험가인 스콧이 길거리에 앉아서 구걸을 해야겠냐? 이게 스콧 혼자 잘 먹고 잘살자고 하는 짓도 아니잖아? 대영제국의 영광을 오늘에 되살려 민족중흥의 역사를 이끌어 나가겠다고 하는 거 아냐? 국회의원들 세비 받아 처먹고 맨날 하는 짓이 골프장에 가서 오징어로 관리인 패고, 심심하면 세금으로 해외여행 나가는 거 아냐? 그런데 쓸 돈 있으면 스콧이나 도와줘라!"

민심이 움직이자 언론이 따라 움직였고 정부도 더 이상 강 건너 불구경을 할 수가 없었다. 이리하여 스콧은 일반 국민들, 정부, 기업들의 후원으로 탐험에 필요한 경비를 조달할 수 있게 되었다. 슬슬 일이 풀려 나가려고 하는 그때 스콧의 뒤통수를 강타한 사건이 터진다.

1910년 2월 3일, 미국국립지리학회가 피어리를 지원한다며 '남극점 정복계획'을 발표한 것이다. 미국과 영국 국민들은 서로 자국의 탐험가들이 남극점을 정복할 거라고 믿어 의심치 않았고, 세계 탐험계는 이 흥미진진한 양국의 레이스를 기대하게 된다.

한편 피어리가 나서서 남극 정복을 선언하자 영국 국민들의 감정은 더욱 격해졌다. 양키한테는 질 수 없다는 묘한 호승지심이 발동하면서 사람들은 너도나도 주머니를 털어 스콧의 남극 탐험 자금을 지원했다. 이런 걸 두고 전화위복이라고 하는 것일까? 스콧의 가장 큰 경쟁자가 스콧의 가장 큰 후원자가 되어 버린 이 아이로니컬한 상황. 이 당시 스콧은 표정 관리하기 바빴을 것 같다.

그러나 이 레이스는 시작도 하지 못했다. 왜? 피어리는 결국 남극점 정복에 뛰어들지 않았기 때문이다. 스콧의 상대는 따로 있었다. 바로 노르웨이의 로알 아문센!

✳ ✳ 냉철한 프로 정신, 아문센

"아문센이요? 프로죠…. 피어리랑 스콧에 가려져 있지만 솔직히 말해서 걔들이랑 같은 급이에요. 대서양에서 태평양까지 북서항로를 개척한 것만 봐도 대단하잖아요? 북서항로를 횡단한 최초의 인물이 아문센이잖아요…. 나라가 좀 작아서 부각이 안 된 거지. 알고 보면 아문센도 스페셜 급이죠."

북극점 정복 뉴스가 세상을 뒤흔들던 당시 노르웨이의 아문센 역시 엄청난 충격을 받았었다.

"바로 코앞이 북극인데…! 배 타고 쫌만 가면 북극인데…! 이걸 양키 놈들한테 뺏기다니…!"

노르웨이가 스웨덴으로부터 독립한 지 얼마 되지 않았던 그때, 북유럽의 소국은 분위기 쇄신이 필요했다. 노르웨이 국민들에게도 영웅이 필요했던 시기였다. 이런 상황 속에서 어릴 적부터 북극을 보고 자란 아문센에게 북극점 정복은 '숙명'이었다. 그 기회를 놓친 아문센은 다른 탐험가들이 그랬듯이 아주 자연스럽게 나머지 극점에 눈독을 들이게 된다.

미국이 쇼맨쉽에 취해서 대중을 상대로 분위기를 띄우고, 영국이 패배의 기억을 지우기 위해 의도적인 영웅 만들기에 나서는 와중에 아문센은 철저히 남극 정복을 위한 준비에 들어갔다. 아문센은 아주 조용히 그리고 은밀하게 남극 탐험 준비에 들어간다. 왜 그는 탐험대 광고를 하지 않은 것일까?

"아이, 대장! 우리도 스콧이랑 피어리처럼 선전도 때리고, 기자회견도 하고… 그 뭣이냐? 보도자료도 뿌리면서 탐험대 광고 하죠? 이게 뭡니까? 우리가 간첩질 하는 겁니까? 숨어서 몰래 탐험 준비하고…."

"이놈이…. 야 인마, 식당 개 3년이면 라면을 끓인다는데, 넌 마, 내 밑에서 몇 년인데 아직까지 얼빵한 소리를 무한 반복 재생하고 있냐? 우리가 탐험한다고 나서자. 누가 좋아하겠냐? 응? 그리고 우리가 탐험한다고 발표하면, 그건 스콧이나 피어리 도와주는 짓이야. 우리가 왜 우리 경쟁자를 도와줘야 하는데?"

"그게 뭔 소리예요? 우리가 남극을 정복하면, 그거 국위선양하고 좋은 거 아닌가요?"

"휴, 이 자식 이거 개념을 완전히 가출시켜 버렸구만? 야 인마, 머리가 있으면, 생각을 좀 해 봐! 너 인마, 내가 늘 말했지? 머리는 액세서리가 아니라고! 지금 당장 우리가 남극 탐험에 들어간다고 치자. 그리고 운이 좋아서 우리가 남극점을 정복했다고 치자. 우리 정부가 좋아하겠냐?"

"에? 좋아하지 않나요? 좋아해야 하는 거 아닌가?"

"정상적인 상태면 좋아하겠지…. 그런데 우리나라가 독립한 지 얼마 되지도 않은 데다 주변국 눈치 보고 있는 게 지금 우리 노르웨이의 현실이잖아. 노르웨이 외교 방침이 뭐냐? '조용히 숨 쉬자'잖아. 근데 우리가 영국이랑 미국이랑 남극점 정복하겠다고 나서는 데 꼽사리 껴서 덜컥 남극 정복했다고 치자…. 걔들이 우리를 어떻게 쳐다보겠냐?"

"아…."

"우리가 나서서 좋은 게 뭐냐? 스콧 봤지? 그 생양아치 같은 놈…. 돈 없어서 빌빌거리던 게 엊그제구만, 피어리가 튀어나와서 남극 정복하겠다고 설레발치니까 영국 놈들이 개떼처럼 돈 들고 모여들었잖아. 그런데 우리까지 나서? 그럼 돈 더 모일걸? 왜 우리가 남 좋은 일 해야 하는데? 너도 인마, 신문도 좀 보고, 책도 좀 봐라. 애가 어떻게 갈수록 아이큐가 떨어지냐? 너 후천성 아이큐 결핍증 같은 거 걸린 거냐? 이리 오지 마! 멍청한 거 전염돼!"

그랬다. 당시 전 세계에서 제일 잘나가는 나라 영국과 맞짱 뜨고 싶어 하는 나라는 없었다. 더구나 신생국가 노르웨이라면 영국이 죽으라면 죽는 시늉이라도 해야 할 것이었다. 아문센은 모든 준비가 될 때까지 남극점 정복이라는 목적을 감추고 최대한 신속하게, 그리고 정확하게 일을 추진하겠다고 결심한다. 그에게 두 번째 탐험은 없었던 것이다.

그러나 원래 바닥이 좁은 게 또 탐험계. 한 다리 건너면 다 형 동생 하고, 두 다리 건너면 전부 동기동창 먹는 이 동네. 아무리 은밀히 준비한다 해도 아문센이 탐험팀을 꾸린다는 소문은 퍼져 나갈 수밖에 없었다. 결국 아문센은 '북극의 과학적 연구조사'를 위한 탐험이라고 거짓 발표를 한다.

"에… 그러니까, 우리가 지금 꾸리는 탐험팀은 북극의 과학적 연구조사를 위한 것입니다. 아무리 피어리가 북극점을 정복했다고 하지만 그건 그냥 점 찍은 거에 불과합니다. 저 엄청난 크기의 북극을 생각하면, 그야말로 새 발의 피… 아니 타조 발의 피입니다! 그리고… 우리나라의 지정학적 위치상 북극에 대한 연구는 필수적입니다. 노르웨이의 국익을 위해서라도 저는 북극으로 갈 겁니다."

이제 남극점 정복은 오직 스콧의 결단에 달려 있는 것처럼 보였다.

상황이 이렇게 돌아가자 스콧은 한껏 분위기가 '업'되어 버렸다. 스콧은 아문센에게 과도한 '친절'을 보이며, 북극에 대한 자료를 공유하자고 연락하기 시작한다.

"서로 돕고 살자는 거잖아? 안 그래? 네가 그렇게 북극을 사랑하는 줄 몰라서⋯. 그래도 또 북극 하면 내가 전문가 소리 듣잖아. 아 혹시 내 책 봤냐? 《발견의 여행》이라고⋯. 이런 말 하긴 그렇지만, 꽤 괜찮은 책 이거든? 뭐 책 선전하자는 건 아니고, 어때? 너 과학 연구 하러 간다고 했지? 나도 그쪽 자료는 꽤 가지고 있거든? 필요하면 내 자료 줄게. 그리고 너도 거기서 연구하다가 좋은 거 있으면 좀 줘라. 탐험가끼리 서로 돕고 살아야지."

스콧의 이런 반응에 당황한 건 아문센이었다.

"저놈 저거 왜 저렇게 오버 하는 거야? 남이사 과학 탐험을 하든 말든 뭘 저렇게 과도하게 관심을 보이는 거야?"

"우리가 남극 안 간다니까 신 난 거 같은데요?"

"단순한 놈 같으니⋯."

"어쩌죠? 벌써 몇 번째인지 모르겠습니다. 편지도 계속 보내고 있고⋯."

"어쩌긴 뭘 어째? 생까 버려. 말 섞었다가는 나중에 귀찮아질 거야."

그랬다. 만약 여기서 스콧의 자료를 받거나 했다가는 나중에 수습하기가 어려워지는 것이었다. 문제는 스콧이 좀처럼 자신의 친절을 거두려 하지 않았다는 것이다.

"아문센 이 자식…. 사내 새끼가 부끄러워하기는…. 에이 부끄럼쟁이 같으니라구…. 하긴, 북쪽 애들이 좀 과묵하긴 하지. 좋아, 이럴 때는 마음 넓은 내가 먼저 움직여야지. 어이 교환! 노르웨이로 연결해 줘…. 음, 수신자 부담으로! 엄마가 국제전화 쓰지 말래서…."

그러나 아문센은 스콧의 전화까지 거절했다. 보통 이 정도면 뭔가 좀 이상하다고 느낄 법도 한데, 스콧은 끝까지 아문센을 믿었다. 뭐 믿고 마시고 할 것도 없었다. 아문센은 이미 북극으로 간다고 발표하지 않았는가? 스콧은 아문센이 과도하게 부끄럼을 탄다고 믿었고, 그래도 북극에 대해서는 더 많이 알고 있는 자기가 아문센을 도와야겠다며 쓸데없는 친절을 계속해 발휘했다.

비열한
'남극 정복' 본게임
'인간 승리'의 허상, 스콧

20세기 초입, 전 세계의 이목을 사로잡은 아문센과 스콧의 남극점 정복 경쟁. 이들의 남극 레이스는 극과 극으로 대비되는 전략으로 더 유명했다. 비열함을 무릅쓰고 촘촘하기 그지없는 교과서적 전략으로 무장한 아문센, 탐험 정신의 정수를 빚어 실험적 전략을 세운 스콧, 과연 최후의 승자는 누가 될 것인가? 반전에 또 반전! 게임은 계속된다!

전 세계를 상대로 사기를 치면서까지 남극 탐험을 준비하고 있던 아문센 탐험대. 이들이 가장 신경을 썼던 것은 '개 썰매'였다.

"북극에서 에스키모들이 개 썰매 몰고 다니잖아? 이거, 남극에서 통한다. 똑같은 얼음덩어리인데, 환경도 비슷하고…. 이게 제일 나아. 괜히 엄한 동물 데려갔다가는 개죽음당하기 십상이야. 이번 탐험의 성패는 좋은 개를 얼마나 많이 확보하냐에 달려 있다."

아문센은 스콧이 좋은 개를 먼저 차지할까 봐 미리부터 개를 확보하는 데 온 신경을 집중했다. 그러나 이런 걱정은 기우에 그쳤다.

스콧이 주목했던 동물은 만주 벌판에서 뛰어놀던 조랑말이었다. 한때 칭기즈칸과 그의 부하들을 태우고 전 세계를 주름잡던 만주산 조랑말. 스콧은 이 조랑말이 자신과 탐험대를 남극점에 데려다 줄 거라 믿어 의심치 않았다. 머리가 달린 탐험가들은 그를 설득하려고 나섰지만, 그의 설명을 듣고 나서는 더 이상의 설득을 포기하게 된다.

오스카 비스팅,
남극점에서 개들과 함께, 1911년 12월
극지 탐험의 교본을 따라 개를 선택한
아문센 팀의 사진. 가장 평범하고도
가장 철저한 준비가 얼마나 강력한지
몸소 보여주었다.

"말은 탐험의 전반부까지만 쓸 거야. 그러니까 그레이트아이스 보빙을 건너서 비어드모어 빙하까지만 말을 타고 가는 거야. 이때쯤 가면 말도 거의 탈진 상태거든? 그럼 이때 말을 잡아먹는 거야. 말고기로 체력을 비축한 다음 말고기 파워로 힘을 내서 썰매를 끌고 가는 거야."

"야, 그게 무슨 지렁이가 탭댄스 추는 토킹 어바웃이야? 사람이 썰매를 끈다고?"

"후후…. 네가 몰라서 그러나 본데, 요즘 탐험이 어디 탐험이냐? 죄 개가 끌어 줘, 세르파Sherpa 히말라야 고산지대에 거주하는 티베트 민족의 이름. 이들이 산악 원정대의 안내자이자 짐꾼으로 활약하면서 '세르파'는 '원정을 돕는 사람들'이라는 보통명사로도 사용되었다가 날라 줘, 이게 무슨 탐험이야? 탐험 하면 자력으로 짐이랑 장비 들고 가서 끝장을 보는 거! 이게 사나이의 로망 아니겠냐? 철저하게 준비해 이리저리 꼼수만 찾아 도망 다니는 프로보다는 당당히 시련에 맞서 싸우고, 열정으로 이를 극복하는 어설픈 아마추어가 훨씬 더 멋지다!"

"역시… 스콧! 넌 남자야!"

그랬다. 스포츠 정신 좋아하고 기사도와 신사도를 따지는 영국인들은 철저한 프로 정신보다는 어설픈 아마추어리즘을 사랑하고 있었다. 스콧은 남극을 정말 '산책' 가려고 했던 것일까? 어쨌든 이런 어설픈 준비로 남극을 정복하겠다는 그의 생각은 변하지 않았고, 하루하루 남극 출정의 시간은 다가왔다. 아문센 역시 북극 과학 탐사로 위장한 남극 출정을 위한 준비를 완료해 가고 있었다. 그리고 운명의 1910년 6월 15일, 영국 탐험대는 출발하게 된다 이때 스콧은 출발하지 않았다. 스콧은 케이프타운에서 합류하기로 했다.

"6월? 뭐 그렇게 빨리 가는데?"

"아, 그게 남극으로 바로 가는 게 아니라. 영연방 국가를 계속 순방한데요. 가서 쇼 좀 하고 강연도 해서 돈 좀 모은 다음에 남극으로 간다는데요?"

"생 쇼를 해라…. 그만큼 돈 긁었으면 됐지. 또 무슨 돈을 긁는데? 어쨌든 그놈들 움직이는 거 잘 주시해. 그놈들 돈 버는 데 정신 팔려 있을 때 우리는 하나라도 더 준비해야 해."

아문센은 모든 탐험 준비를 두 번, 세 번 확인한 다음에서야 엉덩이를 들었다. 영국 탐험대가 떠난 지 두 달이 지난 1910년 8월 9일, 아문센의 탐험대는 북극(?)으로 출발하게 된다. 이때까지 아문센은 자신의 계획을 대원들에게 공개하지 않았던 것이다. 북극으로 가는 줄 알고 있던 대원들은 지구 반 바퀴를 돌고 나서야 진짜 행선지는 남극이라는 사실을 알게 된다. 배가 중간 보급을 위해 마데이라에 도착한 9월 6일, 아문센이 대원들을 불러 모았다.

"어이, 다들 모여 봐. 우리는 이제 남극으로 간다! 잘 들어. 너희들 노르웨이가 어떤 나라인 줄 알어? 우리는 바이킹의 후예야. 알아? 바이킹이 뭐냐? 콜롬보인지 콜럼버스인지 뭔지 하는 놈이 아메리카 대륙을 발견하기 전에 아메리카 대륙을 발견한 사람들이야. 이런 훌륭한 조상을 가진 우리가 영국이 남극점 정복하는 걸 눈뜨고 봐야 하냐는 거야! 억울하지도 않아? 우리 바로 옆에 있는 북극점은 양키 놈이 찍어 버리고, 마지막 남아 있는 남극까지도 영국 놈이 가져가 버리면 우리는 뭐냐? 가자, 남극으로! 저 콧대 높은 영국 놈들 콧대를 뭉개 버리자고!"

아문센이 드디어 본색을 드러낸 것이다. 이제 '북극 과학 탐험대'란 가면을 벗어던진 아문센은 또 한 번 비열한 수를 쓰게 된다. 9월 9일 아문센 탐험대가 탄 배 프램호 Fram 의 모든 보급이 끝나고 마데이라를 출발하기 직전에 아문센은 동생에게 스콧에게 보내는 전보를 건네며 이렇게 당부한다.

"'프램호로 남극을 향해 가고 있음을 알립니다.' 이 전보를 그놈들이 대서양 한복판에 있어서 무선 연락을 취할 수 없을 때쯤, 내 계산으로는 한 10월쯤 되야 할 거 같은데, 그때 스콧에게 보내라. 알았지? 형은 너만 믿고 남극으로 간다."

"형, 꼭 그래야겠어?"

"어!"

"…"

형이지만 참 재수 없다는 생각을 했을 법도 한데 어쨌든 아문센의 동생은 형의 말을 그대로 실행하게 된다. 한편 이런 일이 지구 반대편에서 벌어지고 있다는 사실을 꿈에도 모르는 스콧은 닐리리 맘보를 부르며, 설렁설렁 영연방 국가를 돌아다니며 삥을 뜯고 있었다.

"대영제국의 영광을 위해 ─ 우리 탐험대에 한 푼만 줍쇼…가 아니고, 아… 이거 입에 붙어 버렸네. 여하튼 좀 도와주십쇼. 우리가 멋 ─ 지게 남극점을 찍을 테니까!"

이런 스콧의 꽃놀이는 오래가지 못했으니…. 1911년 10월 12일, 영연방 순방국 중 하나인 오스트레일리아에 입항하면서 그의 계획은 깨지게 된다.

"선장님! 아문센이 선장님한테 전보를 보냈는데요?"

"아문센? 후후, 그 부끄럼쟁이도 이제는 사람 좀 됐나 보지? 잘 갔다 오라고 안부 편지 부쳤나 보네? 어디 보자… 프램호로 남극을 향해 가고 있음을 알립니다…. 그래, 이놈도 남극을 가기로… 뭔 소리야! 이놈은 북극을 가기로 했는데? 이거 오자 아냐?"

그제야 뒤통수를 맞은 걸 깨달은 스콧! 스콧은 부지런히 남극을 향해 달리기 시작했다. 아문센이 몇 번의 사기를 통해 스콧을 방심하게 만들 었지만, 스콧은 아문센보다 남극에 더 가까웠다.

"일단 우리가 아문센보다 빨라! 예상대로라면… 우리가 아문센보다 9일은 빨리 남극에 도착할 거야. 문제는 아문센이 어떤 루트로 남극점 을 향해 갈 거냐는 거야. 영국 탐험대가 개척한 영국 루트 그레이트아이스 보빙 지역에서 출발하는 루트로는 오지 않을 거야. 벼룩도 낯짝이 있다고… 그놈도 사람인데 설마 일루 오겠어?"

스콧은 아문센보다 먼저 남극에 도착한다. 스콧 팀은 일단 맥머도사 운드의 베이스캠프에서 머물면서 보급소 설치 작업을 준비하게 된다.

※ ※ 두 명 의 리 더 , 두 개 의 보 급 소 설 치 매 뉴 얼

"일단 그레이트아이스에 보급소를 설치할 준비를 하자! 보급소만 설

치하면, 언제든지 남극점 공략에 들어갈 수 있어! 시간이 별로 없어! 여름이 다 지나가기 전에 보급소를 준비하는 거다!"

초조해진 스콧은 서둘러 중간 보급소를 만들고 그 안에 식량을 채워 넣었다. 스콧 탐험대는 남위 79도 30분 지점에 엄청난 양의 식량을 집적시켰는데 그들 스스로 '1톤 보급소'라고 불렀다. 그 정도로 식량을 많이 쌓아 놨던 것이다. 스콧도 어느 정도 자신감을 되찾을 무렵에 그는 다시 한 번 뒤통수를 맞게 된다.

"대장! 아문센이…아문센이….”

"아문센이 뭘 어쨌다고?"

"아문센이… 우리 옆에다가 베이스캠프를 쳤습니다!"

스콧보다 9일 늦은 1911년 1월 14일 남극에 도착한 아문센. 그는 대담하게도 스콧 탐험대가 개척한 영국 루트인 그레이트아이스 보빙 근처에 베이스캠프를 쳤다. 훼일스 만에 베이스캠프인 프램하임을 설치한 아문센은 즉시 남극점 공략 계획에 들어가게 된다.

"대장, 꼭 영국 놈들 옆에다 베이스캠프 차려야 해요? 좀 걸쩍지근하지 않아요?"

"여기가 남극점 공략하기에는 딱이야."

"아니 뭐, 어차피 걸어가는 건 똑같은데, 그레이트아이스 루트나 웨델 루트나 똑같을 거 같은데…."

"멍청한 놈! 네 눈은 살가죽이 모자라서 쭉 찢어 놓은 거냐? 지도를 봐! 여기서 남극점까지는 영국 놈들 베이스캠프인 맥머도사운드보다 남극점에서 60마일이나 가까워. 편도 60마일이면, 왕복 120마일이잖아. 선빵은 우리가 날리고 들어가는 거야."

"오!"

"거기다가 여기 봐라. 지천으로 깔린 게 펭귄하고 물개다. 좀 있으면 남극도 겨울에 들어가잖아. 펭귄이나 물개 사냥하면 식량 해결에도 도움이 될 거야. 기왕 욕먹을 만큼 먹었고 앞으로도 먹을 거라면, 욕 좀 더 먹고 영국 놈 옆에 있는 게 낫지. 안 그래?"

"대장은 참 오래 살 거 같아."

"중요한 건 식량 보급소를 설치하는 거다! 좀 있으면 여름도 끝나! 여름 끝나기 전에 모두 달려 나가서 식량 보급소를 설치한다! 빨랑!"

여기서 아문센과 스콧의 결정적 차이가 드러나게 된다. 스콧은 1톤 보급소라고 커다란 보급소 하나를 덜렁 만들어 놓았을 뿐인데, 그사이 아문센은 1.5톤의 보급품을 남위 80도, 81도, 82도 등에 나눠 설치했던 것이다. 중간중간 들러 보급을 받기 위한 전략이었다.

두 팀 다 보급소 설치를 마치자 이제 기다리는 일밖에 남지 않았다. 남극의 밤이 지나가기를 말이다.

1911년 4월 21일 시작된 남극의 밤. 아문센은 남극의 기나긴 밤 동안 장비를 점검하고 또 점검했다. 그럼에도 아문센은 불안감을 지울 수 없었다. 모터 썰매 때문이었다. 스콧은 개 대신 말을 선택했다. 그러나 일말의 불안감 때문인지, 당시 새로 개발된 모터 썰매를 준비했던 것이다.

"그놈의 모터 썰매…. 그게 참 걸리네…."

노르웨이의 프램하임 베이스캠프를 발견한 영국 탐험대가 방문했을 때 아문센이 처음 물어본 것이 바로 이 모터 썰매였다.

"…모터 썰매는 좀 쓸 만해요?"

"후후, 이미 한 대가 남극에 도착했죠. 이것만 있으면 남극점까지 그냥 내달릴 수 있다니까요."

사실 이때 남극에는 모터 썰매가 없었다. 하역 과정에서 실수로 바다에 떨어뜨렸다고 한다. 이런 사정을 모르는 아문센은 침착한 성격에도 조급해지기 시작했다.

✳ ✳ 극 과 극

인고의 시간으로 보낸 4개월… 1911년 8월 24일, 드디어 남극에 햇살이 비치기 시작했다. 스콧의 모터 썰매로 마음이 조급했던 탓일까? 아문센은 9월 8일, 영하 2도의 날씨에 조금 이른 출발을 결심한다. 그러나 이 결정은 아문센 탐험대를 죽음 직전까지 몰아가게 된다. 기온은 계속 떨어져 영하 21도까지 내려갔다. 결국 아문센은 1차 시도를 포기하고 베이스캠프로 돌아오게 된다. 아문센은 다시 팀을 정비하고, 날짜를 저울질하기 시작했다.

그리고 운명의 10월 20일. 아문센 탐험대는 다시 출발한다. 아문센 탐험대가 출발한 지 일주일 뒤 스콧 탐험대도 출발한다. 이들의 출발은 비슷했으나, 처한 상황은 극과 극이었다.

"야, 이거 너무 쉬운데? 그냥 가만히 있으면 되잖아? 이렇게 쉬운 거면 진즉에 남극에 올걸⋯. 괜히 쫄았잖아?"

아문센 팀은 개 썰매 위에서 개가 끄는 대로 몸을 맡기면 됐다. 그들은 출발한 지 4일 만에 남위 80도의 보급소에 도착하게 된다.

반면에 스콧은 출발부터 삐걱거리기 시작했다. 스콧의 히든카드, 모터 썰매는 출발부터 말썽을 부렸고, 결국 5일 만에 모터 썰매를 버려야 했다. 그리고 조랑말⋯! 스콧 팀은 조랑말에 짐을 싣고 가는 게 아니라 조랑말을 모셔 가고 있었다. 조랑말의 발굽은 눈 속에 푹푹 파묻혀 균형 잡기가 힘들었다. 몇 발자국 못 가 자빠지곤 하는 조랑말을 눈 속에서 꺼내는 것도 힘들었지만, 조랑말 옆구리에 붙는 눈을 대원들이 일일이 털어 내야 했다. 안 그러면 눈이 딱딱하게 굳어 버렸기 때문이다.

"스콧 대장! 언제까지 조랑말을 모셔 가야 합니까? 우리도 거칠게 몰고 갑시다. 못 가겠다고 버티면 두들겨 패고⋯."

"아니, 신사가 어떻게 동물을 학대할 수가 있어? 동물 학대는 신사가 할 일이 아니야!"

"지금 신사 따질 때입니까?"

"이럴 때일수록 신사의 품위를 지켜야 하는 거야!"

"그럼 이렇게 합시다. 가다가 쓰러지는 조랑말은 그 자리에서 죽여서 식량으로 씁시다. 끝까지 이 말들을 모셔 가는 건 미친 짓입니다!"

"이 자식 이거이거 너 그렇게 안 봤는데, 인간이 덜 됐구먼? 말 못하는 조랑말이 무슨 잘못이냐? 걔들도 힘들어서 그런 거 아냐! 그걸 잡아 먹겠다고?"

"원래 잡아먹기로 했잖습니까?"

"그거야⋯ 계획에 따라서⋯."

"지금 계획대로 진행되는 게 아무것도 없잖습니까!"

"그래도 안 돼!"

스콧 팀의 대원들은 하루 일정을 끝내더라도 할 일이 많았다. 눈으로 방벽을 만들어 조랑말의 숙소를 짓고 말들에게 담요를 씌워 주고 나서야 쉴 수 있었다. 대원들은 뭔가 잘못되어 간다고 생각했다.

반면 아문센은 몇 년간 치밀하게 짠 남극점 공략 계획에 따라 차근차근 단계를 밟아 가고 있었다. 아문센 팀은 하루 32킬로미터라는 일정을 무리 없이 소화해 내고 있었다. 그는 몇 월 며칠이면 어디에 위치해 있을 것인지를, 심지어 일정에 따라 개를 한 마리 잡아 신선한 식량으로 사용한다는 구체적인 '개 도살' 계획까지 철두철미하게 지키며 움직였던 것이다. 아문센은 진정한 프로였다.

스콧이 계측 실패로 헤매고 있을 무렵, 아문센은 마침내 남위 82도의 최후 보급소를 향해 달려가고 있었다. 이때 아문센 팀의 휴대식량은 1백 일치였다.

"저기, 스콧 팀은⋯ 보통 10일치를 들고 움직인다는데⋯."

"그럼 스콧 팀 가!"

"아니, 그게 아니라⋯."

"이 허허벌판에서 만약에 뭔 일이라도 터져 봐. 그길로 우리는 죽는 거다. 식량과 연료만이 우리 생명을 지켜줄 거야. 군소리 말고 살고 싶으면 최대한 많이 들고 따라와!"

아문센이 남극점을 향해 가까워져 가던 그때 스콧은 마지막 조랑말을 잡아먹고, 앞으로 그들이 끌게 될 썰매를 바라보고 있었다. 일인당 7백 파운드… 그러니까 킬로그램으로 치면, 일인당 315킬로그램…. 여기서 스콧의 결정적 실수 한 가지가 드러난다. 그는 7백 파운드짜리 썰매를 끌고 갈 때 소요되는 칼로리 계산을 잘못했던 것이다. 이 엄청난 노동량을 생각한다면, 좀 더 식량을 가져와야 했는데 그는 훨씬 적은 양을 가져온 것이다. 이제 영국 탐험대원들은 추위와 엄청난 노동량과 함께 영양 부족과도 싸워야 했다. 반면 아문센에게는 1백 일치의 식량과 연료 그리고 개들이 있었다. 그리고 이 계획은 몇 년에 걸쳐 짠 계획이 아니던가?

✳ ✳ 아문센, "남극점에 도달하는 것보다도, 도달 이후가 중요하다!"

1911년 12월 15일 오후 3시… 마침내 아문센은 남극점에 도착하게 된다. 주변을 샅샅이 확인하는 노르웨이 탐험대….

"야야! 주변 샅샅이 훑어봐! 유니온 잭영국 국기 있는지, 사람이 머물다간 흔적이 있는지 다 확인해 봐! 우리가 제일 먼저 도착했는지 확인해야 해!"

"없는데요?"

"아무것도 없슴다."

"그래, 우리가 결국 여기까지 왔구나. 우리가 지금… 남극점에 왔다!"

노르웨이 탐험대의 승리였다. 그들은 환호했다. 그러나 환호도 잠시 아문센은 즉시 베이스캠프로 돌아가야 한다고 탐험대를 독촉하기 시작했다. 하루라도 빨리 남극 정복 사실을 전 세계에 공표해야 한다는 것이었다.

"에, 왜요? 우리가 이긴 거잖아요."

"그래요. 여기까지 왔는데 이제는 좀 천천히 가도…."

"너희들 영국이 어떤 나라인지 알아?"

"해가 지지 않는 나라요."

"그놈들, 해 지지 않으려고 어떤 짓을 하고 다녔는지 알아? 상대방 뒤통수치고, 남의 거 뺏고, 보어 전쟁만 해도 그래…! 그거 멀쩡히 잘 있는 애들 두들겨 팬 거 아냐?"

"그…럼?"

"그놈들 분명 꼼수를 쓸 거야. 우리가 여기 도착했다는 거 누가 증명했냐고 우기면, 너 어쩔래? 영국 애들이 뒤늦게 도착해 우리 깃발 빼고, 지들 깃발 세운 다음에 돌아오면? 그러니까 당장 여기를 떠야 한다는 거야. 가서 전보를 날려야 해! 온 세계에다가 우리 노르웨이 탐험대가, 이 아문센이 세계 최초로 남극점을 찍었다고 말이야. 그만 투덜거리고 짐 싸!"

1911년 12월 18일, 아문센은 텐트에 스콧에게 편지 한 장을 남기고는 서둘러 남극점을 떠났다. 레이스는 끝난 상태… 이제 남은 일은 무사히 살아서 이 소식을 전하는 것뿐이다!

아문센이 남극점을 찍자마자 황급히 베이스캠프로 달려가던 그 순간에도 스콧은 아직도 남극점을 향해 걸어가고 있었다. 어느새 해는 바뀌어 1912년이었다. 대원들의 건강 상태는 최악이었다. 괴혈병에 걸려 잇몸이 물렁거렸고, 동상에 걸려 제대로 몸을 움직이는 것조차 힘들었다. 그리고 마침내 남극점에서 240킬로미터 떨어진 지점에서 스콧은 일생일대 최대의 실수를 저지르게 된다. 최종 남극점 공략 조의 인원 수를 네 명에서 다섯 명으로 바꾼 것이었다. 갑자기 한 명을 늘려서 간다는 건 가뜩이나 부족한 식량 사정을 감안한다면 자살 행위였다.

"음…. 이번에 남극점 공격조는 네 명이다."

"그게 뭔 소립니까? 원래 세 명만 가는 거 아닙니까? 대장 포함해서 네 명이요."

"아니, 나 빼고 네 명이다. 그러니까 나 포함해서는 다섯 명이지."

"그…그게 말이 됩니까? 지금 우리 식량 사정으로는 택도 없는 소립니다!"

"이놈이! 대장이 까라면 깔 것이지 뭔 잔소리야!"

스콧의 고집 덕분에 이들은 어쩔 수 없이 다섯 명으로 공격조를 짜 남극점을 향해 걸어가게 된다. 이들은 하루하루 죽어 가면서도 남극점에 대한 집착으로 무겁게 발걸음을 옮긴다. 이때쯤 이들은 이미 자신들이 졌다는 걸 알고 있었다.

그리고 1912년 1월 17일, 이들은 노르웨이 국기가 펄럭이는 남극점에 도착해 아문센이 스콧에게 남긴 편지를 보게 된다.

'당신이 우리 다음으로 이 지역에 도착할 첫 번째 사람이 될 거 같으므로 이 편지를 하콘 7세 노르웨이 국왕께 발송해 주시길 부탁드립니다. 텐트 속에 남아 있는 물건들 중에서 소용되는 것이 있으면 부담 가지지 말고 사용하도록 하십시오. 당신의 무사귀환을 빌며…. 로알 아문센.'

스콧이 남극점에서 절망하고 있던 그때 아문센은 개 썰매를 몰아 베이스캠프를 향해 한참 달려가고 있었다. 그리고 1월 26일, 마침내 그들의 베이스캠프인 프램하임에 도착하게 된다.

"야! 우리가 이겼다! 우리가 남극점을 찍고 왔어!"

"아문센 만세! 노르웨이 만세!"

"야야, 지금 이렇게 한가하게 만세 부를 새가 어디 있어? 지금 당장 짐 꾸려! 영국 놈들이 먼저 전보 치면 우리가 지는 거야! 영국 놈들이 손 못쓰게 빨리 가서 터트려야 해!"

아문센의 닦달에 노르웨이 탐험대는 짐을 정리해 프램호에 실었다. 아문센과 함께했던 130마리의 개들은 이때 서른아홉 마리로 줄어 있었다. 동료들이 탐험대의 배 속으로 들어가는 걸 보면서도 끈덕지게 그 생명을 유지한 이 개들은 결국 아문센과 함께 프램호에 올라 남극을 떠났다. 프램호는 그야말로 나는 듯이 바다를 갈랐고, 한 달여의 항해 끝에 1912년 3월 7일, 태즈메이니아섬에 도착하게 됐다.

"야! 혹시 영국배… 그래, 스콧이 탄 테라노바 못 봤냐?"

"아뇨? 그런 배 없는데요?"

"아싸! 우리가 이겼다! 우리가 남극점을 찍었다!"

아문센은 그길로 전 세계에 자신이 남극점을 찍었다는 사실을 타전하게 된다. 아문센은 일약 세계 최고의 탐험가 자리에 올라서게 된다.

✳ ✳ 한 명의 영웅이 탄생하기 위해서 필요한 희생

상황이 이렇게 돌아가자 영국 측은 슬슬 아문센에게 딴지를 걸기 시작했다.

"아니 탐험을 하더라도 정정당당하게 해야 하는 거 아냐? 치사하게 뒤통수를 쳐? 네놈들이 말하는 전문가 정신… 그게 뭐냐? 사내가 쪼잔하게 그걸 일일이 계산해서 덤비냐? 스콧 봐라 통 크게 나가잖아? 안 되면 불굴의 집념으로, 너 남극이야? 나 스콧이야! 이러면서 가는 거… 얼마나 보기 좋냐?"

그런데 이때 스콧은 무얼 하고 있었던 것일까? 그는 죽어 가고 있었다. 노르웨이 국기가 펄럭이는 남극점을 바라보던 이들은 살기 위해 지금까지 걸어왔던 길을 다시 되돌아가야 했다. 1912년 2월 16일, 첫 번째 희생자 에반스. 1912년 3월 17일, 두 번째 희생자 오츠. 그리고 나서도 2주를 더 걸어갔고…. 3월 29일, 그들은 1톤 보급소를 불과 17킬로미터 남겨 둔 상황에서 죽었던 것이다. 스콧 일행이 귀환하지 않자 영국은 수색대를 파견했다. 문제는 남극이 겨울로 들어가는 시점이었다는 것이다. 결국 남극의 겨울이 끝나는 10월 말이 되어서야 수색대는 수색에 나섰고 2주 후 11월 12일, 스콧과 윌슨, 보워스가 같이 죽어 누워 있는 텐트를 발견하게 된다.

"쫌만 더 왔으면 됐는데…."

이 죽음은 3개월 뒤 공식적으로 영국에 전해지게 된다. 이렇게 시간이 걸린 것은 아문센이 남극점 정복 사실을 알리러 간 여정을 생각하면 이해가 빠를 것이다.

영국 언론은 이를 어떻게 받아들였을까?

"타이타닉은 침몰하고 1912년 4월 15일, 유럽에서는 전쟁 터질 거 같고, 스콧은 죽고…. 되는 일이 없네?"

"…아예 거꾸로 가는 건 어떻습까? 원래 스콧이란 놈이 보어 전쟁 때문에 용 된 케이스 아닙니까? 가는 길에 마지막으로 한 번 더 용 되게 해 주죠."

"어떻게?"

"죽음 앞에서도 꺾이지 않는 불굴의 의지! 온전히 사람의 힘으로 죽음의 땅을 거슬러 온 용기! 그리고 동료를 위해 자신의 생명을 포기한 오츠…. 캬 이거 죽이지 않습니까? 스콧을 용 되게 만들죠? 어차피 스콧이 남긴 일기는 출판될 겁니다 _{그는 탐험 내내 일기를 썼고, 3월 29일을 마지막으로 일기가 끝났다}. 이걸 가지고 분위기 한번 띄우죠. 지금 영국에는 영웅이 필요합니다."

"오케이 거기까지! 스콧을 띄우자고!"

이리하여 스콧은 다시 한 번 영웅의 길을 걷게 된다. 스콧의 죽음은 영국 사회에 단비와도 같은 사건이었다. 드라마틱한 죽음! 동료를 위한 희생! 불굴의 의지! 스콧 탐험대는 영웅이 되었고, 그들을 통해 영국 사회는 단결했다.

문제는 말이다, 한 사람의 영웅이 탄생하기 위해서는 한 사람의 희생양이 필요하다는 것이다. 스콧이 처음 영웅이 됐을 땐 그의 동료들이 바보가 되었고, 그다음 영웅이 되었을 땐 아문센이라는 '확신범'이 존재했다. 결국 남극점 정복이라는 찬란한 영광을 안고 돌아온 아문센이었지만, 제대로 된 평가를 받을 수는 없었던 것이다. 산 아문센이 죽은 스콧을 이기지 못했다고 해야 할까? 지독히 운때가 좋아 영웅이 된 스콧…. 그는 죽음조차도 미화되었던 것이다.

산 아문센이
죽은
스콧을
이기지 못했다고
해야 할까?

황산벌 전투

삼 국 통 일 에 관 한 몇 가 지 진 실

계백 장군 하면 왠지 모를 비장미가 물씬 풍겨져 나온다. 5천 결사대를 이끌고 신라 김유신의 5만 대군을 상대로 결사항전, 결국 전멸한 모습이 백제의 마지막으로 기록되기에 부족함이 없다. 역사를 보면 계백 장군에 대한 기록을 찾기는 쉽지 않지만, 이 단 한 번의 전투로 계백과 5천 결사대는 역사에 영원히 기록된다.

이 대목에서 궁금한 것이 계백은 애초에 죽을 작정을 하고 황산벌에 갔냐는 것이다. 온 가족을 다 죽이고 출전한 것으로 보아 애초에 죽을 작정을 하고 간 전투라고 말한다면 할 말이 없겠지만, 당시의 상황을 살펴보면 영 승산이 없는 전투는 아니었다. 불리하긴 했으나, 그렇다고 영 가망이 없는 전투는 아니었던 것이다. 또한 역사서에 나와 있듯이 당시 백제 지도부들이 저 혼자 살겠다며, 충신들의 의견 성충과 흥수가 내세웠던 전략, 즉, '백강과 탄현'을 지키고 막아야 한다는 주장을 무시

한 것도 아니었다. 그렇다면 어째서 백제가 졌던 것일까? 백제 멸망의 순간, 그들이 쥐어짜 낸 5천 결사대와 이들의 지휘관이었던 계백. 이들의 최후를 뒤쫓아 보자.

✻　✻　승　산　없　는　전　쟁？

"전하! 다···당나라 놈들이 덕물도로 밀려들어 오고 있습니다!"

"그 자식들 고구려랑 싸우던 거 마저 싸우지, 뭐 주워 먹을 게 있다고 여기까지 쳐내려온대? 얼마나 왔냐?"

"바다가 안 보일 정도입니다! 얼추 배만 1천9백 척에, 들리는 소문에 의하면 병력 수가 한 13만 정도 된답니다."

"!"

당나라가 13만 대군을 이끌고 기벌포에 상륙하려고 폼 잡았을 때, 이 전쟁은 이미 끝이 난 상태다. 아무리 날고 긴다 해도 쪽수 앞에 장사 없는 법이다. 더군다나 당시 백제의 내부 상황은 외적을, 그것도 십만 단위의 적을 상대로 싸울 정신이 없었다. 영화 〈황산벌〉에서처럼 당시 백제 의자왕은 왕권 확립을 위해 호족들과 대립각을 세우고 있던 때였다.

"승산 없는 거냐?"

"승산이 없는 건 아니지만 그래도 당나라군 13만 명은 좀···."

"거기다가 신라 놈들까지 옆구리 찌르기 시작하니까···."

"신라 놈들도 있는 거 없는 거 다 끌고 온답니다. 개들 병력만 5만이라는데, 아마 예비군에 민방위까지 싸그리 다 끌고 오는 모양입니다."

"근데 좀 이상하지 않습니까?"

"뭐가?"

"당나라 애들이 13만이란 병력을 데리고 오는데, 배가 고작 1천9백 척이라니…."

"배 한 척에 백 명씩만 타도 다 실어 나르겠다."

"배에 사람만 탑니까?"

"뭐?"

"하다못해 기병대를 쓰려면 말도 데려왔을 테고, 성을 깨려면 공성장비, 궁수병이면 화살을 들고 왔을 테고…."

"도대체 하고 싶은 말이 뭔데?"

"한마디로, 밥은 먹고 다니냐-죠."

"뭔 소리야?"

"식량이 없다는 소립니다. 1천9백 척이면, 13만 명 태우고 오기도 빠듯할 터인데, 군량미는 다 어디서 충당하냐는 거죠."

"그 소리는…"

"신라 놈들이 쌀 배달한다는 소리가 되죠."

"!"

이 대목에서 성충과 흥수의 그 유명한 '방어 계책'이 튀어나온다. 당시의 기록을 살펴보면,

"(…) '백강'과 '탄현'은 우리나라의 요충지여서 한 명의 군사와 한 자루의 창으로 막아도 1만 명이 당할 수 없을 겁니다 _{백강은 기벌포라고 하는데,} _{오늘날의 금강 하구 유역이다. 탄현은 오늘날의 대전광역시 동구와 옥천 사이이다}. (…)"
이때 대신들은 믿지 않고 말하였다.
"흥수는 오랫동안 갇힌 몸으로 있어 임금을 원망하고 나라를 사랑하지 않을 것이니 그 말을 가히 쓸 수가 없습니다. 차라리 당나라 군사로 하여금 백강에 들어오게 하여 물의 흐름을 따라 배를 나란히 가지 못하게 하고, 신라 군사로 하여금 탄현에 올라오게 하여 좁은 길을 따라 말을 가지런히 몰 수 없게 해야 합니다. (…)"
-《삼국사기》, 〈백제본기〉, 의자왕 20년

딱 보면 흥수는 만고에 다시없을 충신이고, 나머지 신하들은 나라가 망해 가는 와중에도 권력 투쟁에 미쳐 있는 간신들처럼 보인다. 의자왕이 성충과 흥수 같은 충신들을 버린 이런 상황에서 백제는 망하는 것이 당연해 보인다. 물론 성충과 흥수가 충신이고 백제 내에서 최고로 불리는 전략통인 건 사실이다. 문제는 당시 '간신'이라 불리던 신하들이 한 말과 성충과 흥수가 한 말이 별반 다를 게 없어 보인다는 점이다. 차이가 있다면, 입구에서 막는 것과 끌어들인 다음에 조지자는 것의 차이 정도? 그러나 이 작은 차이가 얼마 뒤 백제의 패망을 불러오고야 만다.

이 대목에서 또 중요한 것이 백강과 탄현이 요충지란 사실은 웬만큼 머리 돌아가는 사람이라면 다 아는 사실이란 점이다. 임진왜란으로 치자면, '조령^{鳥嶺 문경새재}을 지켜라!' 정도? 알 만한 사람은 다 아는 사실을 다시 말한다는 건 입만 아픈 것 아닌가? 싸울 위치는 결정 난 상황. 이제 남은 건 어떻게 싸우냐 하는 방법론뿐이었다. 과연 백제는 어떤 방식으로 싸울 것인가?

✳ ✴ 5 만 병 력 에 맞 서 싸 우 는 5 천 의 마 음 자 세

18만 나당 연합군의 진격 앞에서 백제의 운명은 그야말로 바람 앞의 촛불처럼 보이는 이때! 백제는 신라와의 일전을 결심하게 된다.

"아무래도 싸워 본 놈들이랑 싸우는 게 낫지 않겠어?"

"글치? 그래도 생판 모르는 놈들이랑 치고받는 거보다는 좀 편할 거야."

그래도 싸워 본 놈이랑 붙는 게 만만할 거란 판단, 거기다 13만보다는 5만이 편할 거란 실질적인 계산 등이 복합적으로 어우러졌을 것이다. 이 대목에서 등장하는 것이 계백이었다.

"만약에 백제가 지면, 너희들 다 노비 되거든? 노비로 평생 썩어 지내느니 내 손에 아쌀하게 죽고 시마이 하자. 나는 가서 신라 놈들 조지고, 뒤따라갈 테니까."

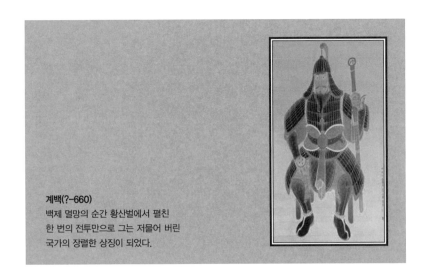

계백(?-660)
백제 멸망의 순간 황산벌에서 펼친 한 번의 전투만으로 그는 저물어 버린 국가의 장렬한 상징이 되었다.

가족들을 모두 도륙 낸 계백! 결전의 의지는 그의 칼에 묻어 있는 가족들의 피가 증명해 주고 있었다.

"계백아, 네가 시간 좀 끌어 주라. 대충 신라 애들 조져 버리면 내가 그사이에 지방에 있는 향토예비군이랑 민방위 애들 싸그리 모아 올게. 일본에도 사람 보냈으니까, 걔들도 좀 있으면 달려올 거거든? 넌 가서 무조건 시간 끌어. 알았지?"

"…전 시간만 끌면 됩니까?"

"네가 1차로 신라 애들 조지는 거야. 그런 다음에 너랑 내가 모은 병력이랑 다 모아서 백강에서 〈라이언 일병 구하기〉를 다시 한 번 찍는 거지. 그러면 당나라 놈들도 쫄아서 돌아갈 거야. 그러니까 넌 죽을힘을 다해서 신라 놈들 조져 놔. 알았지? 안 되면 시간이라도 끌어!"

당시 백제의 기본 전략은 1차로 김유신의 신라군을 저지하고, 그사이 지방 병력들을 추스르고 계백의 병력까지 합세해 백강 방어진을 구축, 당군을 저지한다는 것이었다. 딱 보면 답 나오는데, 이 전략의 핵심은 계백이 신라군을 잡느냐 못 잡느냐에 달려 있었다.

"장군님, 우리 승산은 있는 겁니까?"

"옛날 월나라의 왕 구천은 5천 명으로 오나라 70만 대군을 격파했어! 까짓거 죽기 살기로 덤비면 못 이기겠냐?"

"근데, 가족들은 왜 죽였어요?"

"…"

객관적으로 봤을 때 5천 대 5만이라는 병력 수의 차이. 천혜의 요새라 할 수 있는 탄현 확보 실패. 당나라 13만 대군이 기다리고 있다는 점을 보면, 계백이 압도적으로 불리해 보인다. 그런데도 황산벌 전투에서 계백은 김유신을 상대로 네 번 싸워 네 번을 다 이기게 된다. 이유가 뭘까? 죽기 살기로 덤벼든 결사대의 '깡' 때문일까?

물론 결사대의 깡이 승리의 발판이 된 건 사실이겠지만, 우리가 이제껏 간과했던 사소한(?) 차이가 있었으니…. 계백이 압도적으로 불리했던 건 아니라는 점이다.

"야! 잘 들어. 신라군이 5만이라고 하는데, 좀 이상하다고 생각하지 않냐?"

"뭐가요?"

"우리가 쌈할 때 보통 몇 명씩 끌고 가냐? 보통 3천~4천 명씩 끌고 가지 않냐? 근데 난데없이 5만이라니, 이게 말이 되냐? 저것들 중에서 실제 칼 들고 창 든 애들은 얼마 안 돼! 저것들 대부분은 쌀 배달하는 애들이야. 그러니까 우리 앞에 있는 저것들은 공격부대가 아니라 수송부대에 호위부대가 붙어 있는 거야. 무슨 소린지 알지?"

그랬다. 당시 김유신의 5만 병력은 온전한 전투부대가 아니었다. 13만 당나라군들을 먹일 식량을 배달하는 '쌀 배달꾼'들이었던 것이다. 여기에 호위부대가 딸려 있었던 것이다. 그 숫자가 5천 결사대를 능가하긴 했지만, 10대 1로 암울할 정도의 병력 차는 아니었다.

이런 병력상의 허수 말고도, 신라군은 두 가지의 커다란 약점을 가지고 있었으니,

"저것들은 지금 전투하러 온 놈들이 아냐. 저것들의 주목적은 쌀 배달이거든? 누가 배달민족 아니랄까 봐…. 하여튼 저것들은 신속·정확·안전하게 당나라 놈들한테 쌀 배달하는 거에 목숨 건 놈들이야. 그러니까 되도록 안전하게 쌀을 배달할 수 있는 길을 택할 거야."

"그럼 어쩌죠?"

"저것들 앞길을 막아야지."

"탄현을 틀어막는 겁니까?"

"…김유신이 바보냐? 뻔히 길 막을 거 아는데, 거길 들어오게? 그리고 막는다 치자. 쟤들이 어느 쪽으로 넘어올지 확실히 알 수 있냐? 쟤들은 지금 우리랑 싸우러 온 게 아니라니까. 쌀 배달하러 온 거라니까. 우리는 그걸 막아야 하고…. 너 지금까지 내가 한 말 어디로 들었어. 엉? 휴, 어쨌든 내가 하고 싶은 말은…. 이놈! 너 때문에 분위기 안 잡히잖아!"

"죄…죄송합니다."

"그래설라무네, 내가 하고 싶은 말은 첫째, 저것들은 싸움하러 온 놈들이 아니라는 점. 저것들 병력의 태반은 배달원이라는 점. 그리고 결정적으로, 쟤들은 발이 느리다는 거야. 알겠지? 쟤들 발 느려. 무슨 소린지 알겠어?"

"에… 치고 빠지자는 소리십니까?"

"…퍽도 치고 빠지겠다. 이런 것들 데리고 전쟁을 하겠다고…. 저것들은 발이 느리니까, 먼저 발견해서 앞에서 기다리고 버티자는 거야."

"아…."

"아는 무슨 아! 알아들었으면, 후딱 준비해!"

따지고 들어가 보니, 영 승산이 없어 보이지는 않는다. 계백, 이럴 줄 알았으면 식구들 안 죽여도 되지 않았을까? 그렇게 황산벌에서의 아침은 밝아 오고 있었다.

✳ ✳ 병 력 중 상 당 수 는 배 달 원

5만 병력 중 상당수는 배달원이다. 13만 명, 아니 신라군까지 18만 명을 먹이기 위한 식량을 수송해야 했던 김유신이었기에 그 행군 속도는 필연적으로 느릴 수밖에 없었다. 자, 여기서 생각해야 할 문제가 하나 있다. 그 문제가 뭐냐고? 바로 '탄현'이다.

"성충과 흥수가 말한 대로 계백이 탄현을 움켜쥐고 버텼다면, 백제는 망하지 않았을 것이다. 백제 조정이 나라의 위기 앞에 제대로 의견 통일을 못 해서 백제가 망한 것이다."

과연 그랬을까? 만약 계백이 탄현을 움켜쥐고 있었다면 김유신은 어떤 반응을 보였을까? 십중팔구 김유신은 우회했을 것이다.

"저놈들 진 치고 앉아 있네. 야! 후딱들 군장 싸! 이 산이 아닌갑다. 다른 길로 돌아가자!"

"장군님! 싸워 보지도 않고, 도망가는 게 어딨슴까? 이건 화랑도의 임전무퇴臨戰無退 정신을 훼손하는 행위입니다! 이건 배신, 배반입니다."

"이 자식이 어디다 개념을 가출시키고 왔나. 야 이 자식아, 내가 언제 임전무퇴 정신을 어겼어?"

"예?"

"우리가 언제 싸웠어? 난 지금 싸우기 전에 길을 살짝 돌려 우회하겠다는 거 아냐."

"적 앞에서 등을 보이다뇨! 화랑들이 비웃습니다!"

"휴…. 너라면, 저렇게 진 치고 앉아 있는 것들 상대로 싸울 수 있겠냐? 우리가 지금 5만 병력이라지만, 반 이상은 수송부 애들이잖아. 달구지 끄는 거밖에 모르는 애들을 화살받이로 만들래? 오히려 고마워해야지. 저것들 저기서 짱 박혀 있는 동안 우리는 다른 길로 돌아가면, 저것들 순식간에 바보 되는 거야. 우리는 지금 싸우러 가는 게 아니라 쌀 배달하러 간다는 거, 그걸 잊지 마. 언더스탠드?"

국사 교과서에서 하도 설레발을 쳐서 삼국통일은 신라와 당나라가 연합군을 구성해 백제와 고구려를 정벌한 것처럼 알려져 있는데, 이건 완벽한 거짓부렁이다. 신라는 이때 싸운 적이 없었다. 백제 무너뜨릴 때 쌀 배달한 거, 고구려 무너뜨릴 때 쌀 배달한 게 다였다. 툭 까놓고 말해 당나라가 참전하기 전까지 신라는 백제 눈치나 슬슬 보며 하루하루를 버텨 가던 하루살이 인생이었다. 결정적 증거는 바로 웅진도독부와 안동도독부에서 찾을 수 있는데 백제를 멸망시키고 16년 동안, 고구려를 멸망시키고 8년 동안, 이 두 나라를 지배했던 건 당나라였다. 이때까지 신라는 아무 말 하지 않고 있었다. 왜? 뭐 한 게 있어야지. 누군 피 흘리며 싸우고, 누군 뒤에서 쌀 배달이나 했다면, 그 승리의 전리품은 누가 가져가야 정상일까? 신라는 삼국통일에 병아리 눈곱만큼의 기여도 하지 않았다 나중에 당나라가 신라에 계림도독부를 설치하려고 하자 그제야 들고 일어나게 된다.

자자, 각설하자. 여하튼 탄현을 틀어쥐고 있었어도 상황은 별반 달라지지 않았을 것이란 사실! 김유신은 전투를 하러 백제에 간 게 아니고, 당나라 군대에 '쌀 배달'을 하러 간 것이기에, 되도록이면 전투를 회피하고 싶었을 것이다. 이런 상황에서 계백의 5천 결사대가 김유신의 진격로 앞에 떡하니 버티고 있었으니, 바로 황산벌이었다.

"일단, 땅 파!"

"예?"

"이것들이… 군 생활 한두 번 해? 군바리가 발 떼면 일단 삽질부터 한다는 거 몰라? 후딱 안 파?"

계백은 황산벌에 진을 치고는 군바리의 기본인 삽질에 들어갔다. 신라군이 내려오기 전에 참호와 벙커, 아니 진지를 구축하고는 방어 라인을 치기 위해서였다.

"장군님, 김유신 저 호래자식이 돌아가면 어쩝니까?"

"야, 넌 마, 싸움 한두 번 하냐? 저것들이 쌀 배달하러 가는 데가 어디냐?"

"사비성이요."

"여기서 우회하면, 어떻게 되냐?"

"한참 돌아가겠죠?"

"그럼, 당나라 짱깨들은?"

"손가락 빨겠죠?"

"알면 어여 땅 파."

"예?"

"땅 파라고! 땅! 삽질 하며 흘린 땀만큼 싸울 때 피를 덜 흘린다! 복명 복창 안 해?"

미리 황산벌에서 병력을 전개한 계백은 5천 결사대를 족쳐 가며 부지 런히 땅을 파게 했다. 이렇게 진지를 구축한 계백은 김유신을 기다린다.

어느새 코앞에 진을 친 백제군을 본 김유신은,

"저놈 저거, 언제 여기까지 온 거야?"

"원래 저놈들 땅 아닙니까?"

"어쩌나…. 짱깨 놈들 배달 늦는다고, 지랄거릴 텐데…"

"돌아서 갈까요?"

"면 불어 터지는… 아니, 쌀에 쌀벌레 생기는 거 보자고?"

"어차피 정부미라, 그리고 짱깨 놈들 찐쌀보다는 맛있을…"

"확 쌀독에 파묻어 줄까, 엉? 이런 걸 부관이라고, 휴…. 더 이상 돌아 갈 수도 없고… 그래 못 먹어도 고다! 야! 다들 짐 풀고, 공격 준비해!"

드디어 신라의 5만 부대와 백제의 5천 결사대가 황산벌에서 나라의 운명을 걸고 맞짱을 뜨게 됐다.

✳ ✳ 김 유 신 의 필 살 기 , ' 만 세 돌 격 '

오늘날의 연산, 즉 황산벌에서 조우하게 된 계백과 김유신! 객관적으로 봤을 때, 백제군의 수적 열세는 누가 봐도 자명한 사실이었다. 아무리 수송부대가 많다고 하더라도 신라가 거국적으로 일으킨 5만 병력이 아닌가?

"올인이야 올인! 이번에 다 털어 넣는 거야!"

그렇다면, 계백은 압도적으로 불리한 싸움을 했던 것일까? 그건 아니었다.

"똥개도 자기 동네에서는 절반 먹고 들어간다고!"

황산벌은 계백, 아니 백제군의 홈그라운드였다. 더군다나 먼저 와 기다리고 있었던 곳이 아닌가? 특히 이 '기다리고' 있었다는 대목이 중요한데, 고대의 전투는 자리 싸움과 진형 싸움이었다.

"먼저 자리 잡고! 시즈 모드로 버티는 거야!"

"지금 스타 하는 거 아니거든요? 여기가 무슨 피시방인지 아십니까?"

사람의 힘으로 싸우는 전쟁터에서 지리적 요인은 '승리의 요건' 중 하나였다. 생각해 보라. 밑에서 뻘뻘거리며 기어 올라오는 적을 향해 위에서 화살을 날린다면 어쩌겠는가? 진형은 또 어떤가? 미리 자리를 잡고 단단한 진을 짠 적군에게 돌격하는 거, 쉽지 않다. 황산벌이 비록 널따란 벌판이라 하더라도 벌판에도 구릉지나 언덕은 있는 법이다. 게다가 급조하긴 했지만 진지를 구축한 상황. 계백으로서는 한번 해볼 만한 전투였다.

"저 자식 저거, 영… 사람 성가시게 만드네. 진지 구축한 것도 맘에 안 들고…."

"일단 한번 찔러보시죠? 정찰 보낸다 생각하시고, 일꾼 한 명 보내볼 까요?"

"지금 〈스타〉 해? 일꾼 보내게? 그럼 쟤들이 프로브야? SCV야?"

"그렇다고 그냥 맥 놓고 앉아 있습까? 일단 싸우기로 한 거 찔러보 시죠?"

그렇게 김유신은 거짓말 같은 4전 4패를 기록하게 된다.

"계백이 저 자식 저거, 먼저 와 기다릴 때부터 알아봤어. 저 자식 저 거 맵핵 쓰고 있는 거야!"

"…장군님, 〈스타〉 아니거든요?"

"…."

"이제 어쩌실 겁니까?"

"어쩌긴, 내 비장의 필살기를 쓰는 수밖에…. 너 알지? 내가 필살기 잘 안 쓰는 거? 이게 또 내 자랑 같아 안 쓰는 거지만, 쓰면 꼭 피를 보게 돼요. 아주 그냥…."

"피를 보긴 보죠. 우리 쪽 애들이 피를 봐서 문제지만."

김유신의 필살기… 그건 바로 '개죽음'이었다. 물론 김유신이 개죽 음을 당하는 건 아니다. 많이들 아는 내용이겠지만, 김유신은 반굴과 관창을 백제군 진영으로 보낸다. 첫 번째 타자인 반굴은 그 자리에서 삼진 아웃, 두 번째 타자인 관창은 어리다는 이유로 살아 나왔다가 아버지인 품일에 의해 다시 백제군 진영으로 달려가 죽게 된다.

"저 핏덩어리도 배달 시간 지키겠다고…. 아니지, 나라 지키겠다고 저러는데, 우린 뭐여?"

"근데, 저것들이 다 장군님 아들이라믄서?"

"진짜?"

신라 사회의 노블리스 오블리제 정신을 확인할 수 있는 대목이라며 역사 교과서에 당당히 실려 있는 이 이야기. 근데, 이 이야기의 진실은 신라 사회의 노블리스 오블리제가 아니라 김유신의 비정함과 능력 없음 을 의미하는 것이었다.

"5만이나 끌고 가서 겨우 한다는 짓이 핏덩어리들 보고 나가 죽으라 고 등 떠미는 거야?"

"원래 김유신이 그런 짓 잘하잖아."

그렇다. 김유신은 '그런 짓'을 잘했다.

> "오늘의 일이 위급하게 되었다. 자네가 아니면 누가 군사들의 마음을 자극할 수 있겠느냐."
> 그러자 비령자가 절을 하며 말했다.
> "어찌 감히 명령에 복종하지 않을 수 있겠습니까?"
> 그러고는 적진으로 달려갔다. 그의 아들 거진과 종 합절이 그 뒤를 따라 가서 셋이서 힘껏 싸우다가 죽었다.

-《삼국사기》, 〈김유신전〉 중에서

김유신은 싸움이 불리하다 싶으면 언제나 그랬다는 듯 '만세 돌격'을 시켰고, 이를 통해 군사들의 숨어 있는 '악'을 끌어냈던 것이다. 보면 알겠지만, 상당히 비인간적이다. 물론 전쟁 자체가 비인간적인 것인 건 인정하지만, 이런 '충격 요법'을 계속해서 쓴다는 거…. 이거 문제 있다. 어쩔 수 없는 선택이란 변명도 통하지 않는 것이 역사적으로 김유신은 '삼국통일의 명장'으로 기록되어져 있지 않은가? 명장이면 명장다운 전략 전술을 보여 줘야 하는데, 김유신은 늘 이런 식이었다. 전장에서의 정면승부 대신 모략과 음모로 적을 상대했다. 이게 김유신의 스타일이었다. 그리고 계백은 황산벌에서 김유신의 모략에 걸려든 것이었다. 관창의 돌격 앞에 패배를 예감한 계백은 그렇게 황산벌에서 쓸쓸한 최후를 맞이하게 된 것이다.

여기서 한 가지 짚고 넘어가야 할 점이 있는데, 당시 계백과 5천 결사대는 몰살하지 않았다는 것이다. 계백은 비록 전사했지만 같이 참전했던 좌평 백제 16관등 가운데 첫째 등급, 충상과 상영을 포함해 20여 명은 포로가 된다. 살아남은 결사대 병력들은 이후 재편성되어 백강 방어전에 투입된다.

보면 알겠지만, 계백 장군이 불리하긴 했어도 압도적으로 밀리지는 않았다. 초반 4전 4승의 승률만 봐도 알 수 있을 것이다.

> 명장이면 명장다운 전략전술을 보여 줘야 하는데, 김유신은 늘 이런 식이었다. 전장에서의 정면승부 대신 모략과 음모로 적을 상대했다.

오죽했으면 김유신이 핏덩어리들을 등 떠밀어 죽였겠는가? 백제의 멸망이란 드라마틱한 이야기의 최후를 장식하기에는 더없이 안성맞춤인 황산벌 전투. 그러나 알고 보면, 백제군에게도 나름의 '희망'과 '승산'이 있던 전투였다.

신라의 마지막 왕, 그의 남다른 선택

경순왕은 정말 비운의 왕인가?

왕조의 마지막을 장식한 왕들에게는 종종 '비운'이나 '마지막'이라는 수식어가 붙는다.

백제 마지막 왕 의자왕은 당나라로 끌려가 온갖 모욕을 당한 것도 모자라, 3천 궁녀를 거느리며 황음에 젖어 지내다 나라를 말아먹었다는 오명까지 뒤집어써야 했다. 이런 충격 때문인지 만리타향에서 시름시름 앓다 쓸쓸한 최후를 맞이했다.

7백 년 고구려 사직을 접어야 했던 보장왕. 그 역시 당나라로 끌려갔으나, 나름 생각이 있는 왕이었는지 고구려 부흥운동을 일으키다 쓰촨성으로 유배되는 등 굴곡진 인생을 살아야 했다.

신라의 천년 사직을 왕건에게 바친 경순왕 역시 그 이름 경순敬順처럼 '예의바르게 도리를 따르려' 하였으나, 태자가 나서 천년 사직을 지키겠다며 뻗대는 통에 가정 파탄의 슬픔을 겪어야 했다.

5백 년 고려 사직을 이성계에게 넘겨야 했던 공양왕은 또 어떠한가? 그 이름 공양恭讓처럼 '공손하게 양위'하였으나, 이성계는 이런 공양왕을 원주로 내쫓고, 이도 모자라 2년 뒤에 공양왕을 죽인다.

이 임금들은 '비운'이라는 수식어에 어울리는 최후를 보여줌으로써 역사의 비장미를 더욱더 돋우었다. 수백 년간 이어져 내려온 사직을 말아먹었다는 역사적 오명에 개인적 비극까지 겹쳐지면서 이들의 인생은 말 그대로 한 많은 인생이 되어 버렸다.

그래서 그런지, 우리나라의 전통 무속신앙에는 이들을 '왕신王神'으로 모시는 경우를 드물지 않게 볼 수 있다. 특히 경순왕의 경우는 경상북도를 중심으로 충청북도와 경기도 일부, 서울까지 진출하며 막강한 교세를 자랑하고 있다. 특히 경상북도 경주와 포항의 경우는 민간설화까지 전해지면서 경순왕신의 영험함을 말하고 있다_{인근의 '형산兄山'과 '제산弟山'이 원래는 붙어 있었는데, 비만 오면 여기에 물이 가로막혀 안강벌까지 수해에 잠기게 된다. 이를 안타깝게 여긴 경순왕신이 용으로 변해 꼬리를 내리쳐 형산과 제산을 갈라 놓았다는 설화}.

이 대목에서 한 가지 의문을 제기해 보자. 경순왕이 비운의 왕이라 불려도 되는 걸까? 앞에서 언급한 의자왕, 보장왕, 공양왕의 경우 그 말년은 비참 그 자체였다. 자연 수명마저 다하지 못한 경우도 있고, 만리타향으로 끌려가 싸늘한 감시의 눈초리 속에서 여생을 보낸 경우도 있다.

그렇다면 경순왕은? 객관적으로 봤을 때 경순왕은 망국의 한을 곱씹어야 했던 다른 왕들과 달리 상당히 행복한 여생을 보낼 수 있었다. 아니 어쩌면, 신라의 왕 노릇을 할 때보다 훨씬 더 행복했다 할 수 있겠다. 망국의 왕에서 나름 성공한 유력 귀족으로의 변신! 경순왕의 '왕 이후의 인생'은 어떠했는지 찾아가 보자.

✳ ✳ 견 훤 , 김 부 에 게 " 너 왕 해 라 "

때는 927년, 고려와 후백제가 신라를 두고 패권 다툼이 치열했던 시절. 후백제의 견훤이 경주를 기습해 들어간다. 본래 견훤의 마스터플랜은 적당히 고려를 견제하면서 신라를 압박해 들어가는 것이었다. 그러다가 "저기, 더 이상은 저희들끼리 나라 다스리기가 어려울 거 같으니, 후백제가, 아니 견훤 사장님께서 법정 관리를 맡아 주셨으면 좋겠는데요" 하는 식으로 보기 좋게, 선양하는 모양새로 신라를 접수, 그런 다음 고려와 한반도 전체를 걸고 일전을 벌여 통일을 한다는 전략! 그런데 신라에서 '못된' 생각을 가진 몇몇 불순분자들이 나타나 후백제 대신 고려 쪽으로 계속 추파를 던지자 보다 못한 견훤이 경주로 짓쳐들어온 것이었다. 말하자면 김웅렴을 비롯한 '친고려파'를 제거하는 것, 이것이 '경주 기습 공격'의 본모습이었다. 그런데 원정의 최대 목표였던 친고려파의 수장 김웅렴이 잠적해 버렸으니…. 신라 55대 임금 경애왕의 자살로 이긴 싸움이 되었지만, 애초에 점령을 위해 쳐들어온 것이 아니기에 주둔 준비를 전혀 해 오지 않은 견훤. 이제 남은 건 깨끗하게 철수하는 것과 다시는 경애왕과 같은 '못된' 왕이 신라에 나오지 않도록 확실히 조치를 취하는 일이었다.

"우리 말 잘 들을 만한 만만한 놈으로다 왕 한 명 세워야지. 뭐 어차피 우리 땅 될 거니까, 잠깐 사외이사 박아 넣는다고 생각하자고. 후보

추천해 봐라."

"일단 박씨는 제외하시죠? 일당 독재는 안 좋으니까 박씨 성 제외한 놈들 중에서 고르면 될 거 같습니다53대 신덕왕, 54대 경명왕, 55대 경애왕까지 박씨가 15년간 집권했던 시기였다. 역시 신라 하면 김씨 아니겠습니까? 전통과 뼈다귀를 봐도 김씨가 좋죠."

"흠, 김씨라….."

"박씨 애들이 15년간 장기 집권했다고, 김씨 애들이 열 좀 받은 상태니까 말발이 먹힐 겁니다."

"야야, 입은 삐뚤어졌어도 말은 바로 해야지. 그동안 김씨 애들이 해처먹은 게 몇 년인데 박씨 애들이 몇 년 했다고 그렇게 말하면 안 되지."

"뭐 여하튼, 박씨 애들 쫓아내 주고 다시 김씨 애들 불러다 왕 시켜주면 개들도 사람인 이상 노골적으로 왕건 좋다고 덤비진 못할 겁니다."

"오케이 거기까지! 당장 김씨 애들 중에서 만만해 보이는 놈 하나 잡아 와!"

이리하여 견훤 앞에 끌려온 이가 경애왕의 이종사촌동생인 김부金傅였다. 견훤은 만만하게 생긴 청년 귀족 김부를 왕위에 밀어올리고, 만약을 대비해 그의 동생 '효렴'을 볼모로 끌고 간다. 노회한 견훤은 그마저도 불안했는지, 신라 창고를 급습해 무기와 보물들을 싸그리 긁어 가는 건 물론 각종 기술자들까지 덤으로 챙겨 갔다. 신라는 이미 나라로서의 생명을 잃은 것이나 다름없었다. 다 쓰러져 가는 왕국의 핫바지 왕으로 등극한 경순왕. 과연 그는 신라를 어떻게 운영했을까?

✳ ✳ 스토브리그를 기다리는 FA 취득 선수의 마음으로 …

　당시 신라의 사정은 어딘가로 인수합병을 해야 할 상황이었다.

　"그러니까, 붙으려면 고려한테 붙는 게 남는 장사입니다. FA도 한철이라고, 몸값 많이 부르는 데 가야죠."

　"그러다 먹튀라고 욕먹으면?"

　"먹튀라뇨! 신라가 어디가 어때서요?"

　"아니… 지금 뭐 우리가 영토라고 주장할 수 있는 게 서라벌 정도가 다인데…."

　"어허, 간판은 어디에 팔았습니까? 천년 사직! 이게 중요한 겁니다. 쟤네들 기껏해야 몇 십 년도 안 된 놈들입니다. 한반도 정통 왕조의 뼈다귀, 이것만 한 게 또 있습니까? 간판 값만 해도 먹튀 논란은 잠잠해질 겁니다."

　그랬다. 영토라고 해 봤자 경주 근처를 다스리는 정도가 다였고, 군 사력이라고 불릴 만한 무력도 거의 존재치 않았다. 이미 927년의 경주 기습 공격으로 상당수의 무기와 기술자들이 후백제로 넘어간 상태에서 군비를 재건한다는 것은 망국에 가까워지는 신라로선 버거운 일이었다. 신라에게 남은 길은 누구한테 붙느냐라는 선택의 문제밖에 없었다.

　"고려밖에 없습니다. 왕건 보십시오. 애가 좀 어벙해 보여도, 순박한 맛이 있잖습니까? 후백제 보셨죠? 쳐들어와서 한 짓 보셨잖습니까. 〈살인의 추억〉 찍을 일 있답니까? 게다가 백제 쪽으로 붙는 거보다 고려 쪽으로 붙는 게 몸값도 확 올릴 수 있습니다. 계속 후백제한테 발리고 있다 보니까 고려 애들도 몸이 달았거든요. 이럴 때 우리가 고려 쪽에 붙으면, 얘네들 정신 못 차릴 겁니다. 전하, 결단을 내리시죠!"

후백제의 견훤에게 판판이 깨지던 왕건. 후백제의 기세는 무서웠다. 궁예를 몰아내고 왕위에 앉았던 왕건은 조직력에서부터 밀렸다. 그나마 이런 조직력은 시간이 지나면 나아질 여지가 있었지만, 전투력에 있어서는 견훤의 상대가 되지 않았다. 환갑이 지난 나이에도 말을 타고 전장을 누비는 견훤 앞에서 왕건은 밀리고 있었다. 백제야 승리 이후의 전리품 정도로 신라를 생각하고 있었지만, 고려로서는 당장 신라가 급했다. 실질적인 신라의 군사 보장 시스템이었음에도 고려는 은근하게, 그리고 끈덕지게 신라의 마음을 돌리기 위해 애썼다.

"뭐 필요한데, 응? 원하는 거 다 준다니까. 얼마야, 얼마면 되겠어? 아, 진짜 내 지갑 다 가져가라!"

이야기가 이렇게 돌아가다 보니 신라도 자연스럽게 고려 쪽으로 눈을 돌리게 된 것이다. 이제 남은 건 시기와 가격 문제뿐! 스토브리그를 기다리는 FA 취득 선수의 마음이랄까?

"최대한 버티다 보면, 고려 쪽에서 좀 더 쳐줄 겁니다."

"타격 밀리죠, 투수력에서 발리죠…. 믿는 건 오직 하나 수비뿐인데, FA 최대어인 신라를 놓치겠습니까? 조금만 더 기다리면, 대박 터트릴 수 있을 겁니다.”

조금만 더 버티면 합당한 가격에 신란 천년의 역사를 넘길 수 있을 거란 생각을 하던 그때, 덜컥 일이 터져 버렸다. 935년 6월, 견훤이 나주를 통해 고려로 넘어갔던 것이다.

“저…전하! 견훤이 왕건한테 투항했답니다.”

“견훤이 왜?!”

“걔 아들이 또 한 성질 하잖습니까. 피가 어디 가겠습니까? 나이 들어 힘 빠지니까 애들이 들고 일어난 거죠.”

“그래서 왕건이는?”

“입 째졌죠. 후백제를 날로 먹을 기회인데…. 당장 남궁^{南宮}을 집으로 주고, 양주 땅을 식읍으로 내려 줬답니다. 이것도 모자라 종 40명에 자가용으로 쓸 말도 열 필이나 건넸답니다.”

“연봉 센데? 대우는 어떤데?”

“에, 법적으로는 태자보다 높고, 왕건보다 아래라는 형식으로 했는데 꽤 깍듯합니다. 왕건도 상보 어른이라면서 극존칭을 쓰는데, 장난 아니랍니다.”

“아 진짜, 우리가 먼저 GG 쳐야 했는데, GG 타이밍 놓쳤네. 견훤 그 자식은 쫌만 더 개기지. 하필 우리가 GG 타이밍 잡고 있을 때 치고 들어오냐? 하여튼 일생에 도움이 안 돼요.”

견훤의 급작스런 투항은 이제나저제나 GG 타이밍을 봐 오던 신라에게는 충격 그 자체였다. 부자 망해도 3년이라고, ‘천년 사직 신라’라는 타이틀만 붙잡고 타이밍을 엿보던 신라로서는 순식간에 똥값이 된 타이틀을 하루라도 빨리 팔아야 했다.

935년 10월, 견훤이 고려에 투항한 지 4개월 만에 신라는 전격적인 항복을 결정하게 된다. 경순왕으로서는 언제고 할 항복이었지만, 이렇게 급작스럽게 이뤄질지는 미처 예상치 못했을 것이다. 시원섭섭한 감정. 미루고 미뤘던 숙제를 끝마치는 기분이었을까? 아니면 천년 사직을 자신의 대에서 끝내야 한다는 착잡함이었을까? 그나마 다행이라면, 천년 사직의 마지막을 만장일치로 끝내지는 않았다는 점이다.

"신라가 어떤 나라입니까? 화랑정신으로 삼국을 통일했던 나라가 아닙니까? 다시 한 번 힘을 모아서⋯."

"야야, 입은 삐뚤어져도 말은 바로 하랬잖아. 우리가 언제 화랑정신 가지고 통일했냐? 당나라 애들한테 빌붙어 통일했지. 이대로 가다간 우리 피똥 싼다."

끝까지 버티자는 신하들도 이미 알고 있었다. 이 상태를 지속하는 건 무의미하다는 걸. 후백제와 고려를 상대하기에 신라는 너무 쇠약했던 것이다. 이제 그들에게 남은 건 최대한 모양새 좋게 고려에 항복하는 것뿐이었다. 이 대목에서 살짝 등장하는 것이 그 유명한 마의태자麻衣太子다.

"어떻게 천년 사직을 이렇게 쉽게 내줄 수 있습니까? 끝까지 버텨 보다 정 힘에 붙이면 그때 줘도 되잖습가? 아부지,

> 입은
> 삐뚤어졌어도
> 말은
> 바로 해야지.

다시 한 번 생각해 보십시오!"

"김일 金鎰 광산김씨 족보를 보면, 마의태자의 이름이 김일로 나온다 아, 나라 꾸리는 일이 레슬링인 줄 아냐? 박치기 하면 다 될 거 같아?"

"저기 그 김일하고는 별 상관이…."

"너야 계속 버티면 좋지. 나중에 왕도 할 수 있으니까, 근데 그사이에 백성들은 어떻게 되는 건데? 너 왕 한번 해 보겠다고, 애들 개고생시키라고?"

"그럼 아부지는요? 이제까지 백성들 고생시킨 건 뭡니까? 가망 없었으면, 진즉에 항복했으면 됐잖아요!"

"얘가 말하는 것 좀 봐…. 그래 머리 컸다 이거지? 그 큰 머리로 잘하면 들이받겠다? 얌마, 난 마 GG 타이밍 보고 있었어. 이거 왜 이래? 나라고 나라 넘기고 싶겠냐? 돌아가는 판세가 이런데 나보고 어쩌라고? 방법 있어? 너희들 맨날 말하는 게 힘이 다한 다음에 물러나자고 하는데, 그 힘 언제 떨어지는데? 드라마 찍냐, 질질 끌게? 그리고 요즘은 시청률 안 나오면 재깍재깍 내려! 가망 없으면 일찌감치 손 터는 게 나아."

이미 항복을 결심한 경순왕의 강경한 모습에 김일은 그길로 개골산 설악산이라는 설도 있다 으로 들어가 마로 옷을 해 입고 은둔하게 된다. 이런 큰형의 영향 때문이었을까? 경순왕의 막내아들 김굉은 머리를 깎고 절로 들어가니 그가 바로 범공 梵空 이다. 나라를 넘기기도 전에 경순왕의 가정은 풍비박산이 났던 것이다. 그러나 공은 공이고, 사는 사지 않겠는가? 경순왕은 고려로의 항복 절차를 밟기 시작했다. 경순왕은 고려에 대한 항복문서를 극 저자세로 일관해 작성케 한다.

　"상황이 변했어. 예전 같았으면, 고개 빳빳이 들고 가도 됐겠지만, 견 훤 그놈의 자식 때문에 일이 꼬였어. 일단 극존칭이야. 시답잖은 전하나 폐하, 그딴 거 다 집어치우고… 그래, 천자天子, 천자로 가자. 왕건이를 천자로 높여 주자고. 기왕 할 거 빤스까지 벗고 화끈하게 가야지. 어차 피 나라 파는 거 간판 값이라도 건져야지, 안 그래?"

　이미 기울어진 상황에서 괜히 자존심 내세우다 초치지 않겠다는 의 지였던 것이다. 이렇게 작성된 항복 문서는 김봉휴에 의해 왕건에게 건 네지게 된다. 드디어 신라 천년 사직이 그 종막을 향해 가는 순간에 이 른 것이다.

＊ ＊ 녹 봉 　1 천 　석 에 　낙 랑 공 주 까 지 … 　경 순 왕 의 '남 는 　장 사'

　경순왕은 935년 11월에 백관들을 거느리고 개경으로 출발한다. 불과 한 달 전에 항복을 결의했고, 그사이에 항복 문서를 만들고, 그걸 왕건 한테 건넨 다음 OK사인을 받았으니 일이 얼마나 빨리 진행되었는지 확 인할 수 있을 것이다 역사에 기록되지 않은 막후 협상 기간 등을 생각한다면 초스피드라 할 수 있겠다. 이 대목에서 우리가 주목해야 할 것이 당시 왕건이 경순왕에게 보 여준 '성의 표시' 이다.

"진즉 왔으면, 좋았잖아. 고생은 고생대로 하고….”

"원래 GG 타이밍 잡는 게 좀 어렵잖아요.”

"뭐 어쨌든 왔다는 거 자체가 중요하니까.”

"그렇죠?”

"그래, 개경에 잘 곳은 있고?”

"에이, 건이 형 나 초행길인 거 다 알면서…. 섭하네 형. 저번에 견훤이 왔을 때는 궁궐도 척척 내주더니….”

"에이, 농담한 걸 가지고 삐지기는…. 내 그럴 줄 알고, 궁궐 하나 준비해 놨다. 네가 또 동쪽에서 왔잖아. 그래서 동쪽에서 제일 좋은 궁인 류화궁柳花宮을 준비했다.”

"고마워, 형.”

"그리고 네 직위 말인데…. 그게 또 나랑 맞먹으면 안 되잖아? 그래서 견훤이랑 똑같이 대우하기로 했다. 나보단 밑이지만, 태자보다는 높은 자리니까 너도 불만 없지? 앞으로 넌 정승공政承公이야.”

"흠흠, 뭐 부동산이나 연봉 같은 건….”

"자식 급하기는…. 다 준비했어, 인마. 일단 네 식읍은 지금 네 나와바리를 그대로 줄게. 그렇다고 신라라고 부르긴 그러니까, 경주慶州로 고쳐서 도로 너한테 줄게. 에 또, 네 연봉 말인데, 1천 석 어때?”

"에이, 건이 형 쓰려면 좀 더 쓰시지….”

"야야, 원래 식읍 주면 현금 안 줘도 되는 건데, 내가 특별히 생각해서 현금 주는 거야. 그리고 덤으로 하나 더 줄 게 있는데….”

"예? 저야 뭐, 주신다면 뭐든지 좋죠."

"그래, 그런 긍정적인 자세 아주 좋아. 흠흠, 거두절미하고 내 딸 데려가라."

툭 까놓고 말해 경순왕으로서는 남는 장사였다. 고려에 항복하기 직전 신라의 영토라는 것이 서라벌 인근이 다였다. 이 한 뼘도 안 되는 땅덩이를 부여잡고, 전전긍긍하던 게 경순왕이었다. 그런데 그 영토를 고스란히 다 넘겨주고 거기에 덤으로 연간 1천 석의 녹봉도 받게 된다. 물론 왕 하다가 물러나야 한다는 게 좀 안타깝지만, 덕분에 생명은 건지지 않았던가? 경애왕이 황천길로 떠나는 걸 두 눈으로 똑똑히 지켜본 경순왕으로서는 분명 남는 장사였다. 어쩌면, 왕 자리에 미련이 없었을지도 모른다. 따지고 들어가면, 견훤에 의해 지목된 낙하산 왕이지 않은가? 언제 어디서 칼이 날아올지 모른다는 불안 속에 살다가 이제 편안하게 경주 지방의 유력 호족이 되어 큰소리치며 살 수 있게 된 것이다. 아니 실질적인 신라의 왕이 되었다고 할 수 있겠다. 항복 전에는 언제 빼앗겨도 이상하지 않을 신라였지만, 이제는 걱정 없이 경주를 통치할 수 있지

경순왕(?-978)
망국의 한을 곱씹어야 했던 의자왕, 보장왕,
공양왕과는 달리 차별화된 노후를 보장받은
신라의 마지막 왕.

않은가? 부가옹富家翁 부잣집 늙은이이란 말이 딱 들어맞는 케이스였다. 그러나 경순왕의 인생 2막이 '꽃길 인생'으로 탈바꿈하게 된 것은 왕위를 넘긴 다음이 아니었다. 진짜는 943년 바로 왕건이 죽은 뒤였다.

태조의 뒤를 이은 혜종이 즉위하긴 했지만, 스물여덟 명의 부인들과 그 사이에서 낳은 스물네 명의 왕자들은 호시탐탐 황제 자리를 노리고 있었던 것이다. 이렇게 되자, 힘 좀 쓴다 하는 왕자들은 너 나 할 거 없이 유력 호족들에게 들러붙게 되는데…. 그 한가운데 경순왕이 있었다.

"역시, 처남밖에 없습니다. 덕망으로 보시나, 능력으로 보시나…. 처남, 절 좀 도와주세요. 예?"

"어허, 내가 무슨 힘이 있다고…."

태조의 맏딸인 낙랑공주의 남편이자, 경주 지역의 절대군주! 태조가 정승공으로 대우했던 정치적 배경까지 경순왕은 태조 사후 그 주가가 수직 상승하게 된다. 그는 그렇게 고려 황실에 제법 큰소리를 치며, 978년까지 살게 된다 일설에는 그가 97세까지 살았다는 말이 있다. 천수를 다 누린 것이다. 하긴 못 누릴 이유가 있었을까?

의자왕, 보장왕, 공양왕과 같이 망국의 한을 곱씹어야 했던 '마지막 왕'들과는 차별화된 노후를 보냈으니, 당연히 오래 살 수밖에 없었을 것이다. 물론 천년 사직 신라를 넘겨야 했다는 역사적 오명을 뒤집어쓰긴 했지만, 왕에서 은퇴한 뒤의 인생은 여타의 다른 '마지막 왕'들과 달리 윤택했고, 행복했으니 말이다. 왕으로서야 한이 남았을지 모르겠지만, 자연인 김부로서는 여한 없는 인생이었던 것이다.

아 이 러 니 세 계 사 6

"운은 우연과 타이밍이 만든다"

우선 동서고금을 막론하고 전해 내려온 성실성과 노력이라는 생활윤리는 접어 두자. 다소 배가 아플 수 있기 때문이다. 이번 장에는 고진감래, 우공이산, 대기만성의 귀한 땀방울, 그 가치를 배반하는 사건들이 숨죽이고 있다. 의도한 것은 아닌데 적절한 시간대를 만나, 혹은 눈썰미가 좋아, 번뜩 찾아온 기회를 '운명'으로 승화시킨 역사적 우연을 모았다.

제임스 가필드의 죽음이 남긴 것

대통령 의료사고가 이끈 의료 혁명

미국의 제20대 대통령인 제임스 가필드James Abram Garfield. 16세에 학교를 중퇴하고 운하에서 일하던 도중 물에 빠져 죽을 뻔한 고비를 넘긴 뒤, "하나님께서 좀 더 훌륭한 일을 하라고 살려 주신 거"라고 굳게 믿고, 대통령까지 오른 인물. 그러나 대통령이 된 뒤의 그는 큰일을 하지 못했다. 취임 선서를 하고 백악관에 입성한 것이 1881년 3월, 그로부터 4개월이 지난 1881년 7월 2일, 공무원 찰스 기토가 쏜 총에 맞았기 때문이다. 이후, 제임스 가필드는 79일간 생사를 넘나드는 사투를 벌이다 운명을 달리한다.

그런데, 정작 그를 죽음으로 이끈 것은 찰스 기토가 입힌 총상이 아니었다. 그렇다면, 제임스 가필드를 사망에 이르게 한 결정적 요인은 무엇일까?

✳ ✳ 신 의   손 가 락 ,   대 통 령 의   옆 구 리 를   쑤 시 다

1881년 7월 2일 워싱턴 역.

"대통령은 죽어 버려라!"

갑자기 뛰어든 찰스 기토! 품 안에서 44구경 브리티시 리볼버가 튀어 나오는데,

"봉급생활자가 무슨 봉이냐? 자영업자들 세금 걷을 생각부터 해라!"

이런 훌륭한 대사를 쳤다면 분명 역사에 길이 남았겠지만, 찰스 기토는 그냥 총을 꺼내 가필드 대통령을 쏴 버렸다. 불행 중 다행이라고, 찰스 기토는 대통령을 즉사시키지는 못했는데, 총알이 대통령의 갈비뼈로 쏙 들어간 것이었다.

"아이구 나 죽네…. 아이고 나 죽어!"

대통령의 비명 소리가 워싱턴 역 안을 가득 메운 그때, 잽싸게 달려온 한 사람! 바로 현장에 있던 대통령의 주치의 블리스 박사Willard Bliss 였다.

총격 직후
총상을 입은 제임스 가필드(1831–1881)와 그를 부축한 국무장관 블레인, 그리고 사람들에게 붙잡혀 저항하는 찰스 기토. 프랭크 리슬리의 신문 삽화.

"각하! 괜찮으십니까?"

"…야, 네 눈에는 총 맞은 놈이 괜찮아 보이냐? 빨랑 치료 안 해?"

"아…! 예!"

1881년 워싱턴의 여름은 더웠다. 그 뜨거운 여름 더위 아래서 블리스 박사는 열심히 대통령의 상처를 살펴보는데,

"각하…! 제가 깜박 잊고 빨간약을 안 가져와서 말이죠."

"…너 지금 빨간약 바르려고 했냐?"

"예!"

"…여기가 군대냐?"

"…아니 뭐 사람들이 우습게 알고 있지만, 빨간약이 그래 보여도 꽤 다종다양하게…"

"대가리 박고 시작할까?"

"치료하겠습니다."

블리스 박사는 일단 총알을 꺼내는 게 급선무라 생각하고 탐침봉을 꺼내드는데,

"각하 좀 아프시겠지만, 참으십시오. 일단 총알을 꺼내는 게 급선무라…."

"야야, 그 기다란 걸로 쑤시려고?"

"일단 총알을 뽑는 게 중요합니다. 참으십시오!"

"야, 아무리 그래도… 야! 야! 사…살살… 살살 해!"

블리스 박사, 탐침봉이라 불리는 철제봉을 가필드 대통령의 갈비뼈

사이로 쑤셔 넣는데,

"아…악!"

"각하, 참으십시오!"

열심히 갈비뼈 사이를 뒤적거려 보지만 총알은 보이지 않았다. 블리스 박사의 탐침봉은 3인치 깊이로 파고들어간 상황.

"야야! 지…지금 네 살 아니라고 막 쑤시는 거 같은…데, 너…너 총…총알 못 찾으면… 주…죽을 줄 알아!"

"아니 거시기… 이게… 잘 안 보이네요…. 이거 참… 어쩌나?"

마취도 없이 현장에서 즉석으로 이루어진 총알 찾기는 오히려 상처 부위를 넓게 벌려 놓고, 총상 부위는 블리스 박사의 탐침봉에 의해 엉망이 된 상황. 이 대목에서 블리스 박사의 결정적 실수를 말해야겠는데, 바로 '소독'이었다. 이때 당시 수많은 외상 환자들이 생명의 위협이 없는 상처에도 상처의 2차 감염에 의해 죽는 경우가 많았다. 블리스 박사는 이를 전혀 고려하지 않고, 소독하지 않은 탐침봉으로 대통령의 옆구리를 쑤셨던 것이었다. 그러나 우리의 가필드 대통령이 누구시던가? 하나님이 좀 더 큰일을 시키기 위해 한 번 목숨을 구해 준 인물이 아니었던가?

"너 이 자식…! 백악관 가서 보자…. 확…! 아이고 옆구리야…."

그랬다. 가필드는 이때까지도 살아 있었다.

"저기 각하…. 아무래도 탐침봉 가지고는 안 되겠습니다."

"그걸 지금 알았냐? 이걸 그냥…."

"각하 제 손을 믿으십니까?"

"뭐? 왜…왜 그래? 지금 이 상황에서 네 손밖에…."

"알겠습니다. 제가 이래 보여도 우리 동네에서는 신의 손이라 불리는 놈입니다. 조금만 참으십시오."

"야야…! 너 지금 뭐…! 아악!"

블리스 박사, 탐침봉으로는 안 되겠다 싶었는지 새끼손가락을 대통령의 옆구리로 쑤셔 넣기 시작한다.

"아악!"

"가…각하! 조금만 참으십시오!"

'신의 손' 이라 불리던 블리스 박사는 새끼손가락으로 열심히 대통령의 옆구리를 탐사했지만 결국 상처만 확대되었을 뿐, 44구경 총알에 맞은 상처는 벌써 소총탄에 맞은 상처보다 더 커졌고, 환부는 검푸른 색으로 변해 있었다.

"…야, 총알… 찾았나?"

"…일단 백악관으로 가시죠?"

"뭐?!"

과연 가필드 대통령은 살아날 수 있을까? 아니 가필드 대통령은 무사히(?) 고생 없이 죽을 수 있을까?

✱ ✱ 소독에 무지했던 그 시절, 총알과 벌인 79일간의 숨바꼭질

백악관으로 옮겨진 대통령은 고열과 발작으로 위기에 몰렸다가 다시 정상으로 돌아오기를 반복했다.

"야… 내가 보기엔 그냥 가만히 있는 게 나을 거 같은데….."

"아닙니다! 총알이 박힌 상태로 계속 있다간 나중에 죽을 수도 있습니다!"

"아니, 그게 아니라… 네가 하는 게 영… 걸쩍지근해서….."

"저를 믿으십시오!"

백악관에서 대통령의 치료에 대해 옥신각신하던 그때 백악관 밖은 아주 난리가 났다.

"블리스 같은 돌팔이보다는 제가 훨씬 낫습니다! 제가 공짜로 고쳐 드리겠습다!"

"어허! 총알 찾는 건 내가 도사라니까! 내가 로키 산맥에서 15년간 도를 닦고 돌아온….."

"각하! 총상은 제가 전문입니다!"

미국의 한다하는 의사들이 저마다 대통령의 상처를 치료하겠다고 들고 일어난 것이었다. 이때의 분위기는 한마디로, "총알만 찾으면 상처는 낫는다! 총알만 찾자!"였다. 문제는 이들 모두가 '소독'에 대한 개념이 없었다는 것이다. 저마다 대통령의 상처를 고치겠다며 저마다의 기

구와 손가락으로 대통령의 환부를 쑤셔 댔고, 그때마다 대통령의 상태
는 더 안 좋아졌다. 상처는 점점 커졌고 색깔은 검푸른 색에서 검은색으
로 바뀌었다.

"저…저기 꼭 상처를 치료해야 할까? 차라리 그냥 있으면 안 될까?
너희들이 치료한다고 할 때마다 내 몸 상태가 더 안 좋아지거든?"

"그게 무슨 소리심까? 약해지시면 안 됩니다!"

"아니… 그게….”

"총알만 찾으면 됩니다. 총알만 찾으면 나머지는 다 해결됩니다."

"…그걸 어떻게 찾냐고? 맨날 찾는다면서 손가락으로 쑤시고, 침으
로 쑤시고, 아주 그냥 옆구리 쑤시느라 내가 죽겠다."

"걱정 마십시오. 이번에는 확실합니다."

"…뭐?"

"마음 탁 놓으시고, 우리 벨 선생님이 만드신 기계에 의지하시면 됩
니다."

"…야야, 벨은 전화 만든 놈 아니냐?"

그레이엄 벨Alexander Graham Bell. 전화기의 아버지인 이 희대의 발명가는
대통령이 총에 맞아 사경을 헤맨다는 소식을 듣자, 금속탐지기를 들고
백악관으로 달려온 것이다.

"각하, 염려 붙들어 놓으십시오. 제가 이 금속탐지기로 총알을 찾아
내겠습니다."

"벨아, 오해하지 말고 들어…. 안 하면 안 될까?"

"걱정 놓으시라니까요."

벨은 전화기를 만들 때의 기술을 응용해 전자석으로 만든 이 금속탐지기로 다시 한 번 대통령의 총알을 찾아 나서는데….

"삐-익!"

"앗, 신호가 왔습니다!"

"그래? 총알은 어디에 있어?"

"음, 아무래도 환부보다 훨씬 안쪽에 들어가 있는 거 같은데요?"

"무슨 소리야?"

"째라는 소리죠 뭐…. 아무래도 엉뚱한 데서 찾아 헤맨 거 같습니다."

벨이 들고 나온 이 금속탐지기가 상처 부위 훨씬 깊숙한 곳에 총알이 있다고 말하는 상황. 의료진들은 고민을 하게 되는데….

"야야, 그냥 기다려 보자. 혹시 알아? 대통령 말처럼 가만히 내버려두면 나을 줄?"

그러나 이런 바람도 얼마 가지 못했으니, 대통령은 며칠 뒤 다시 고열에 휩싸이게 된다. 의료진들은 '못 먹어도 고'라는 생각으로 상처를 째는데… 역시 총알을 발견하지 못했다.

사태가 이렇게 되자 의료진들은,

"에또… 기상관측 사상 기록적인 폭염을 기록하고 있는 지금 워싱턴의 기온이 대통령의 건강을 위협합니다. 그러니까 일단 대통령을 시원한 바닷가… 그러니까 뉴저지 같은 데로 옮길까 합니다."

엉뚱한 데서 핑계를 찾은 것이었다. 결국 대통령의 마지막 여름휴가를 위해 백악관에 특수 철도 레일을 깔아 뉴저지까지 호송을 하였지만, 대통령은 그해 9월 9일, 79일간의 사투 끝에 사망하게 된다.

가필드의 죽음 이후 대통령 시신을 해부한 결과 총알은 환부의 10인치 아래에 깊숙이 박혀 있던 게 확인되었다. 사망의 원인은 총상이 아니라, 의사들의 부주의에 의한 '감염'이었다. 이미 1860년대 영국의 조지프 리스터에 의해 소독약을 활용한 수술 기법이 나온 상황이었지만, 미국의 의료진들은 이를 무시했던 것이다. 그 결과 가필드 대통령은 죽음에 이른 것이다.

그나마 다행이라면, 대통령의 죽음으로 인해 소독 기술이 미국 의료계에 보급되었다는 점…. 그리고 가필드 대통령의 총알을 찾기 위해 벨이 들고 나온 '금속탐지기'가 '지뢰탐지기'로 발전해 인류 사회에 이바지했다는 정도일 것이다. 하나님이 크게 쓰기 위해 목숨을 살려 주었다 믿었던 가필드 대통령. 그의 죽음으로 인해 인류는 몇 가지 혜택을 얻었으니 결론적으로 그는 큰일을 했다고 봐야 할까?

그의 죽음으로 인해 인류는 몇 가지 혜택을 얻었으니 결론적으로 그는 큰일을 했다고 봐야 할까?

외과의사 분투기

왕 의 치 질 이 다 시 쓴 유 럽 의 학 사

지금 외과의들도 간혹 재봉틀, 미싱사라고 자조 섞인 소리로 푸념하는 경우는 있어도 외과의가 없으면 수술을 못 한다는 것, 응급환자나 외상 환자에게 있어서는 외과의가 꼭 필요하다는 것, 다들 잘 알 것이다. 특히 신경외과 같은 경우는 고도의 정밀함을 요한다는 정도는 일반인들도 다 아는 상식이다. 그런데 말이다. 불과 몇 백 년 전까지만 하더라도 외과의사는 의사 축에도 끼지 못했다는 걸 알고들 계신가? 대학에서 외과학과 자체가 퇴출당하고, 그도 모자라 이발사와 경쟁을 해야 했다는 기막힌 이야기! 대접 못 받던 외과가 '치질' 덕분에 인정을 받게 되었고, 오늘날의 GS Great surgeon 가 된 사연! 과연 어떤 사정이 있던 걸까?

✳ ✳ 만국의 외과의여, 단결하라

때는 13세기 중엽. 유럽 최고의 의과대학인 파리 대학에서 외과 과정 수업을 완전히 폐지했다. 이유인즉슨, 의사들이 하기엔 너무 천박한 일이라는 것이었다. 상처를 꿰매고 고름을 짜는 일은 이발사들_{이 당시엔 이발}
_{사들이 일정 부분 의료 행위를 했었다}로도 충분하다는 논리였다. 대신 의사들은 '고귀한' 의료 행위로써, 즉 피 뽑기인 사혈과 장 청소인 관장을 통해 환자들을 치료하면 된다는 것이었다. 이 당시의 의료 상식이란 것이 몸속에 있는 나쁜 피를 뽑거나 관장을 통해 나쁜 기운을 없애면 병도 낫는다는 것이었다. 덕분에 의료 현장에서 활약하는 의사의 수는 외과의보다 내과의의 비중이 압도적으로 높았다. 이런 상황에서 슬슬 수를 늘려 가고 있는 외과의에 대한 내과의의 태클이 바로 대학의 외과 과목 폐쇄였던 것이다.

"이것들이 우리 외과의사들을 엿 먹이겠다 이거지?"

"그래 봤자 환자들 내장 청소나 하는 것들이 말이야…."

"의사의 꽃은 외과의란 말이야! 저것들 〈블랙잭〉도 안 봤나 보지?"

"야! 이렇게 앉아서 당할래? 우리도 우리 힘을 보여 주자고!"

"그래! 만국의 외과의여, 단결하라!"

파리 대학에서 외과 과목을 정규 과정에서 제외시키자, 유럽의 다른 의과대학에서도 덩달아 외과 과목을 폐지하기 시작한다. 그러자 유럽 각지의 외과의들이 들고 일어나게 된다.

"더러워서 못 해 먹겠네…. 야! 우리가 대학 만들자! 우리가 만든 대학에서 우리 학생들 가르치면 될 거 아냐?"

"그래! 내과 놈들은 내과 놈들끼리 놀라고 그러고, 우리는 우리끼리 놀자!"

이리하여 파리, 에딘버러, 앤트워프, 런던 등지에서 개업했던 외과의들이 저마다 대학을 만들어 독자적으로 학생들을 받았다. 그러나 시대의 대세는 내과였다.

이 당시 의대에서는 교육을 마치면 당연히 내과로 가는 것이 정상적인 코스라고 생각했다. 점점 외과의가 설 곳이 줄어드는 상황. 그러나 단결한 외과의들의 힘은 대단했다.

"뭉치면 살고, 흩어지면 죽는 거야! 내과 놈들에게 지지 않기 위해서는… 그래, 내과에서 가르치는 거 우리도 다 가르치자! 수업도 원서로만 하고, 그래… 라틴어로 애들 가르치자. 해부학도 가르치고…"

"뭔가 좀 다른 권위가 필요하지 않을까?"

"어떤 거?"

"이발사들이랑 동급으로 불리는 게 짜증 나지 않냐?"

"그건 좀 그렇지? 하긴 그놈들 때문에 외과의들 수준이 떨어졌지."

"뭔가… 이발사랑은 다르다는 걸 보여 줘야 하는데…. 맞아, 그놈들 입는 가운이 짧은 거잖아? 우리도 가운을 안 입을 순 없지만 우리의 권위를 높이려면 일단 가운의 길이를 길게 해야 해! 이발사 놈들은 짧은 거 입고 머리나 깎으라 그러고, 우리는 긴 가운을 입자!"

"오케이 좋아!"

이리하여 외과의들은 무릎까지 내려오는 긴 가운을 입고 진료에 나서게 된 것이다. 과연 긴 가운을 입으면 없는 권위가 생기는 것일까?

✳ ✳ 이 발 사 들 의   반 격

13세기 유럽 최고의 의과대학이라 불리었던 파리 의과대학. 이 대학에서 외과 과목 수업을 폐지하면서 시작된 외과의와 내과의 사이의 갈등! 그러나 칼자루는 내과의사들이 쥐고 있었다.

"닥터 봉! 들었어? 외과 놈들이 모여서 학교를 만들었대."

"이발사 흉내나 내는 것들이, 이제 의사 흉내를 내려고 하는데 이걸 그대로 놔둬야겠어?"

"당연히 안 되지! 이것들 말이야. 더 이상 기어오를 생각 못하게 확 밟아 버리자고!"

"무슨 방법 없겠어?"

"흠… 이건 어떨까? 대학에 외과 속성반을 만들어서, 이발사들을 가르치는 거야. 그런 다음에 얘네한테 이발외과의사 자격증을 주는 거지. 이렇게 하면, 지들이 의사라고 설치는 외과 놈들은 순식간에 낙동강 오리알 되는 거 아니겠어?"

"오호! 이발외과의 과정은 속성반 코스니까, 우리 내과의사들 권위랑은 별 상관없다는 거지?"

"덤으로 감히 자기들이 의사라고 설쳐 대는 외과 놈들한테도 한 방 먹일 수 있고 말이야."

"야! 그거 굿 아이디어인데? 그거 당장 만들자!"

이리하여, 유럽 각국의 의대는 의대 부설로 '이발외과의사 교육센터'를 만들게 된다.

"자자, 잘 들어요. 그러니까 머리가 깨진 환자는 어떻게 해야 한다?"

"빨간약을 발라 줍니다!"

"고름이 잡힌 환자는?"

"빨간약을 발라 줍니다!"

"배가 아픈 환자는 어떻게 해야 한다?"

"빨간약을 발라 줍니다!"

"좋습니다. 이제 당신들은 외과의사가 됐습니다."

이렇게 속성으로 외과의가 된 이발외과의들은 사회에 퍼져 나가게 된다. 문제는 정규 의대 과정을 거친 외과의들과 속성반 출신의 이발외과의들의 구별법에 있었다. 정규 과정을 마친 외과의들의 반발은 당연한 것이지만, 내과의들의 비호를 받던 이발외과의들은 자신감이 대단했다. 더구나 그들도 그들 나름의 조직을 구축하게 되면서 이야기는 묘하게 꼬이게 된다.

"야야, 정규 과정 거친 놈들만 청백적 간판 청색은 정맥, 백색은 신경, 적색은 동맥을 표현한 것으로 외과의를 의미하는 간판이다. 정규 외과 과정을 거친 의사들이 개원했을 때 이를 간판

_{으로 내걸었다} 다는데, 이거 좀 불공평하지 않냐? 우리도 외과 과정 마쳤잖아! 우리도 간판 달 자격 있지 않냐?"

"당근이지! 누구는 의사고, 누구는 이발사냐? 우리는 새로운 세기에 걸맞은 퓨전 하이브리드 직업인 아니냐? 우리도 이거 달자!"

이리하여 외과 속성 과정을 거친 이발사들은 너 나 할 거 없이 외과의의 상징인 청백적 간판을 내걸게 된다. 다만 차이가 있다면 이게 나선 표시로 변형되었다는 것뿐⋯. 오늘날 이발소 앞에 걸려 있는 청백적 간판은 이렇게 만들어진 것이다. 상황이 이렇게 되자, 환자들은 어디가 정규 과정을 거친 의사의 병원인지, 어디가 속성반을 거친 이발외과의 병원인지를 구별하지 못하게 된다.

"순 돌팔이들 아냐?"

"그러게⋯ 외과에 가면 허구한 날 빨간약만 발라 줘. 완전 빨갱이들이라니까."

〈수술〉
벨기에 화가 아드리안 브라우베르의 작품, 1630년작. 농민과 하층민의 삶을 주로 그린
이 화가의 작품에 자주 등장하는 것이 동네 외과의의 수술 장면이다. 그림 오른쪽에 자리한
이발 장면이 이곳이 이발외과임을 암시한다. 외과 시술을 묘사한 옛 회화들은
한 가지 공통적인 요소가 있다. 바로 환자들의 생생한 표정이다.

내과의들이 원했던 여론이 형성된 것이다. 이제 환자들은 외과의사들을 믿지 못하게 되었고, 진짜 의사는 내과의사라는 여론이 나오게 된다. 그리고 그 상황에서 내과의들은 떼돈을 벌어들였다.

"어떻게 배를 째고, 창자를 꺼낼 수 있겠소? 그리고 교회에서 이런 수술 행위는 명백히 불법이라고 선포했소이다. 만약 수술을 한다면 그건 불법 의료 행위요!"

"그럼그럼, 의학의 신이라 할 수 있는 히포크라테스도 의사란 환자를 치료하는 게 아니라, 환자의 회복력을 도와주는 존재라 하지 않았소? 우리는 환자들의 회복력을 증가시켜서 병을 치료하면 되는 것이오."

내과의들은 외과수술이 전면적으로 금지된 상황 속에서 그들의 장기인 관장이나 연고 처방, 사혈 등으로 환자들을 고쳤다, 아니 환자들을 때려잡았다. 외과의들은 분노했지만, 현실을 부정할 수는 없었다. 이발 외과의와 별 차이 없는 치료법 속에서 그들은 어떤 권리 주장도 못했던 것이다. 그러나 이렇게 외과의가 받던 푸대접을 일거에 뒤엎어 버리는 인물이 등장했으니, 바로 루이 14세였다.

✳ ✳ 루 이 1 4 세 의 치 질 투 병 기

"짐은 곧 국가다!"

강력한 프랑스를 만들었던 태양왕 루이 14세. 그에게는 한 가지 문제가 있었으니 바로 치질에 걸렸던 것이다.

"어이구, 아야야, 이거 미치겠네. 의자에 앉을 수가 없어."

"전하, 괜찮으십니까?"

"야야, 너라면 괜찮겠냐? 똥꼬가 찢어지게 생겼는데…"

"얼음찜질이라도 하심이…."

"죽을래? 당장 어의 데려와!"

루이 14세의 어의들은 당연히 내과의들이었다.

"전하, 이번에 새로 나온 끝내주는 연고입니다. 이거만 바르면 싹…"

"말만 하지 말고 후딱 발라 봐!"

"그럼… 잠시 똥꼬를 활짝 벌려 주시면…"

"아…아야! 이…이것들이!"

"전하! 참으셔야 하옵니다!"

"저리 꺼져, 이 잡것들아!"

루이 14세의 치질은 심각한 수준이었다. 배변을 할 때마다 극심한 고통 때문에 정상적인 생활 자체가 어려운 지경이었다. 어의들은 머리를 싸매고 치료법을 찾는데,

"연고를 다시 써 보는 건 어떻습니까?"

"저번에 했다가 전하한테 맞아 죽을 뻔하지 않았습니까?"

"고약은 어떨까요?"

"그것도 해 봤지만, 종기랑은 달라서…"

"정공법으로 갑시다."

"정공법?"

"방법 있습니까? 그냥 관장을 해 버리는 겁니다! 몸 안에 있는 더러운 기운을 뽑아내 치질을 치료하는 겁니다."

"아니, 지금도 관장은 많이 하는데…"

"좀 더 빡세게 해 보는 겁니다!"

이리하여 루이 14세는 관장 치료에 들어가게 된다. 근 2천 회 이상의 관장을 했다고 전해진다.

그러나 관장을 해도 치질은 차도를 보이지 않았다. 상황이 이렇게 되자 루이 14세는 항문 치료를 원점부터 다시 시작하겠다는 생각을 하게 된다.

"일단… 병의 원인부터 알아보자. 너희들 내 똥꼬 안에 뭐가 있는지 알아?"

"…"

"그래 놓고, 관장하면 다 낫는다고 그래? 이것들을 그냥 확! 당장 내 똥꼬 안에 뭐가 있는지부터 확인해!"

이리하여 루이 14세의 어의들은 본격적인 항문 검사에 들어갔고, 곧 루이 14세의 항문에서 자그마한 혹을 발견하게 된다. 기껏해야 치핵… 잘해 봐야 치항 정도로 알았던 루이 14세의 치질은 혹의 등장으로 묘하게 꼬이게 된다.

✳ ✳ 천재 외과의, 루이 14세의 항문을 가르다

루이 14세의 치질 앞에서 속수무책인 내과의들…. 그때 '치질의 신'
이라 불리던 천재 외과의 한 명이 등장했으니, 그의 이름이 바로 샤를
프랑수아 펠릭스Charles François Félix 였다.

"거시기 펠릭스 의사한테 가면 치질이 싹 낫는 거여?"

"용하다니께…. 거기 가서 수술 한 번 받으면 치질이 싹 사라진다니께!"

그랬다. 이 당시 펠릭스는 치질 전문의로 서서히 이름을 알리고 있었
는데, 이에 비례해서 그에 대한 루머도 많이 퍼져 있었다.

"저번 보름날에 펠릭스가 공동묘지에 몰래 사람을 묻었대."

"참말이여?"

"맞다니께, 접때 르네 아부지가 치질로 고생하지 않았어?"

"그랬지."

"그 인간이 펠릭스 찾아갔다가 똥꼬가 확 찢어져서 죽었대."

"아따, 그게 참말이여?"

"장난 아니랑께, 펠릭스 손에 죽은 환자가 한 다스는 넘는다니께…"

"근데 왜 아무 말도 없는 겨?"

"펠릭스가 가난한 사람만 골라서 수술을 한다고 하드만…. 그러다 사
고 터지면 입 싹 닦고 그렇대…. 없는 놈만 억울한 겨."

그랬다. 당시 펠릭스는 가난한 사람들을 대상으로 임상실험을 했던
것이다. 몇 번의 시행착오를 통해 얻게 된 치질에 대한 자신감. 펠릭스

는 이걸 가지고 자신의 인생을 뒤바꿀 생각을 하게 된다.

"전하! 저에게 딱 6개월만 주십시오! 전하의 치질을 고쳐 드리겠습니다."

펠릭스의 말에 루이 14세는 귀가 솔깃해지는데,

"진짜야?"

"넵."

"그럼 빨랑 고쳐 봐!"

"그게… 수술을 해야 합니다."

"!"

수술이란 말에 주저하게 되는 루이 14세, 자기 몸에 칼을 댄다니… 더구나 그에 대한 좋지 않은 소문까지 들려온다.

"펠릭스 그놈이 사람 여럿 잡았답니다."

"몰래 공동묘지에 사람을 묻는 답니다."

"어떻게 천한 외과의에게 전하의 옥체를 맡길 수 있겠습니까?"

루이 14세는 갈등하게 된다. 수술받다가 죽을 수도 있다는데, 3년 전 왕비가 죽고 나서 비공식적으로 몰래 결혼한 마담 드 맹트농이 눈앞에 어른거렸다. 그러나 이런 위험부담을 떠안을 정도로 치질의 고통은 극심했다.

"오케이! 한번 가 보자! 대신 수술에 실패하면… 네 목숨은 없는 거다."

1686년 11월 18일, 베르사유 궁전에서는 역사적인 루이 14세의 치질 수술이 시작된다. 루이 14세는 자신의 새 부인인 마담 드 맹트농이 보는 앞에서 바지를 까 내렸다.

"어이구… 이 정도가 될 때까지 잘도 참으셨습니다, 전하."

"잔말 말고 후딱 수술해!"

펠릭스는 그동안 마루타(?)를 통해 얻은 지식을 총동원해 루이 14세의 똥꼬를 쭉 쨌다. 수술은 성공이었다. 루이 14세는 감동했다.

"1686년을 '치질의 해'로 선포한다. 그리고 허접스러운 저 어의들은 당장 쫓아내! 꼴도 보기 싫다. 아 그리고 명의 중의 명의 펠릭스에게는 포상금과 함께… 그래, 펠릭스야, 네가 앉고 싶은 자리 있냐? 장관 시켜줄까? 말만 해! 뭐든지 다 줄게!"

펠릭스의 인생역전이었다. 인생역전은 여기서 끝난 것이 아니었는데,

"저기… 닥터 펠릭스. 거시기 나도 전하랑 비슷한 증상이 있어서…."

"나이 먹다 보니 엉덩이가…."

베르사유 궁전에서 왕과 비슷한 생활을 했던 귀족들도 한 명 건너 한 명의 비율로 치질에 걸려 있었던 것이다. 펠릭스는 이들 모두를 수술해주게 된다. 그 결과 펠릭스뿐만 아니라 외과의에 대한 인식 자체가 뒤바뀌게 된다.

절대왕정국가에서 왕의 신임은 곧 출세였다. 이제 시대의 대세는 외과의가 되었다. 비천하다고 대접받지 못했던 외과의들의 신분이 수직상승하게 되었다.

"권불십년이라더니… 우리한테도 이런 날이 올 줄 누가 알았겠어?"

"펠릭스 만세! 치질 만세!"

외과의사들의 시대가 도래했다. 외과의사들은 기회를 놓치지 않았다. 이때부터 외과의사들은 다양한 수술법을 개발하게 되었고, 이는 곧 전 유럽으로 퍼져 나가게 된다. 내과의사들로부터 갖은 멸시를 다 받던 외과의사들은 이제 내과의사들과 같은 선상에 올라서게 된 것이다. 만약 루이 14세의 치질이 아니었다면, 외과의사들의 대우는 어땠을까? 펠릭스가 루이 14세의 치질을 고치지 못했다면 어땠을까? 역사는 우연과 필연의 교차로라는 말이 생각나는 순간이다.

역사는
우연과 필연의
교차로라는 말이
생각나는
순간이다.

루이지애나 가로채기

미 국 영 토 를 두 배 늘 린 대 통 령 의 사 기 행 각

오늘날 미국이란 나라가 북아메리카 대륙의 한가운데 노른자 땅에 둔치고 앉아 있는 것을 보면서 많은 사람들이 하는 말.

"역시 미국은 축복받은 나라야. 저 땅덩어리 봐라. 저거 배 타고 와서 그냥 날로 먹은 거 아냐? 순진한 인디언 애들한테 위스키 몇 병 주고 빼앗고, 말 안 들으면 총질해서 쫓아내고, 저것들 난놈들이라니까…."

미국이 오늘날의 형태를 갖추기 위해서 했던 행태들…. 인디언들에게 땅을 빼앗은 다음 쫓아내고, 영국과 벌인 숱한 전쟁…. 그런데 이런 고생들은 초창기의 일이었다. 오늘날 미국이 있게 된 결정적 이유는 미국의 3대 대통령인 토머스 제퍼슨Thomas Jefferson의 '사기' 때문이었다. 단숨에 미국의 영토를 두 배 이상 확장시켜 버린 희대의 사기 행각! 단돈 1천5백만 달러로 214만 4,520평방킬로미터의 땅덩어리를 사 버린 토머스 제퍼슨의 꼼수를 파헤쳐 보자.

✳ ✳ 루이지애나의 탄생

"어이구야… 이놈의 미시시피 강은 어디까지 이어지는 거여? 징하게 도 길구만…."

"여기가 원래 좀 깁니다. 강이 기니까 허클베리 핀이 뗏목도 타고, 톰 소여랑 보물도 찾고 그러는 거 아닙니까?"

"알았으니까 1절만 해라, 응? 어… 근데 저기 저 땅은 다 뭐냐?"

"저기는… 그냥 땅이잖아요?"

"누가 땅인지 몰라서 물어? 저 땅 소유주가 누구냐고? 땅에는 다 임 자가 있잖아! 토지개발공사 땅인가?"

"휴…. 여기에 누가 들어와 살겠슴까? 그냥 깃발 꽂으면 자기 땅 되 는 곳입니다."

"진짜? 리얼리? 혼또니? 그럼 여기는 이제부터 내 땅… 아니 프랑스 땅이야!"

프랑스의 탐험가 라살은 1682년, 미시시피 강을 거슬러 올라가던 도 중 발견한 미시시피 강 유역의 땅을 프랑스 소유의 땅이라고 선포하게 된다.

"그래, 앞으로 이 땅을 '루이 왕의 땅, 루이지애나Louisiana'라고 명명한 다!"

라살의 발견 이후 프랑스는 이 땅을 관리하는 데 꽤 많은 노력과 시 간, 돈을 들이게 된다.

"야야! 땅만 덜렁 있으면 그게 땅이냐? '토개공'이 왜 토개공인데? 도로도 놔 주고, 수도도 깔아 주고, 가스랑 전기도 깔아 주잖아! 사람이 살 정도가 되려면 최소한 길은 뚫어 놔야 하지 않겠냐?"

이 당시 프랑스가 중점적으로 개발했던 곳이 바로 재즈의 고향 뉴올리언스였다.

"일단 미시시피 강줄기 타고 올라갈 수 있는 뉴올리언스만 개발해 두면, 그다음은 구렁이 담 넘어간다고 생각하면 돼! 강으로 사람이나 물건 보낼 거니까, 항구만 잘 닦아 놓으면 되는 거야."

프랑스가 뉴올리언스 개발에 목숨 걸고 있던 시기 북아메리카 대륙은 세 개의 세력권으로 나뉘어 있었는데, 서부를 중심으로 스페인이 나와바리를 형성하고 있었고, 동부 쪽은 영국이 차지하고 있는 상황. 가운데에 낀 프랑스는 루이지애나를 놓치는 순간 세계 패권이 영국으로 넘어갈 것이라는 불안감에 휩싸여 있었다. 그 덕분에 프랑스는 루이지애나 개발에 더욱더 목매달게 된 것이다.

하나의 땅덩어리에 세 개의 세력이 북적거리고 있는 상황. 더구나 프랑스와 영국은 서로 앙숙인 관계! 언제 어디서 어떻게 일이 터져도 터질 상황이었다. 결국 일은 벌어졌다.

1754년, 영국과 프랑스가 한판 제대로 붙은 것이다. 프렌치-인디언 전쟁, 1763년에야 종전을 맞는 이 전쟁은 영국과 프랑스가 북아메리카와 인도를 두고 벌인 패권 다툼이 표면으로 드러난 결과였다. 이 전쟁… 영국이 이겨 버렸다.

"제길… 영국 이 자식들…. 밥 먹고 쌈질만 했어? 왜 이렇게 잘 싸우는 거야?"

"저기… 전하 지금 그게 문제가 아니라…"

"야! 지금 싸움 졌는데, 더 이상 무슨 문제가 남았어, 엉?"

"진 건 진 거고 우리 나와바리는 어쩝니까?"

"나와바리? 그건 또 무슨 소리야?"

"루이지애나 있잖습니까? 그 땅이 영국 애들 손에 들어갔다간, 우리 끝장입니다. 가뜩이나 해가 지지 않는 나라니 뭐니 하면서 전 세계에다 기획부동산 깐 애들이 영국 아닙니까?"

"그렇지."

"근데, 거기다가 루이지애나까지 얹어 주면 우린 그냥 손가락 빨아야 할 겁니다."

"야, 그럼 어쩌냐? 우리가 전쟁에서 졌잖아. 영국 애들이 우리 땅 뺏으면 찍 소리도…"

"그러니까, 뺏기기 전에 남 주자는 거죠."

"남 줘?"

"그렇죠, 영국 애들한테 넘어가는 것보다는 딴 놈 손에 들어가는 게 낫지 않겠습니까?"

"아… 못 먹는 감 찔러나 보자고?"

"찌르다뇨. 아예 으깨 버리는 거죠."

1762년, 프렌치-인디언 전쟁 막바지에 프랑스는 스페인과 조약을 맺게 된다. 뉴올리언스와 루이지애나에 대한 통치권을 양도하는 비밀 조약이었다. 못 먹는 감 찔러나 본다는 심정으로 루이지애나를 스페인에게 넘긴 프랑스. 과연 루이지애나의 운명은 어떻게 될 것인가?

✳ ✳ 루이지애나를 둘러싼 패권 싸움

울며 겨자 먹기로 루이지애나를 스페인으로 넘긴 프랑스. 그들의 속은 못내 쓰라렸는데,

"전하… 잘 생각하셨습니다. 계속 가지고 있으면 양도세에 재산세에, 버블 지역이라고 전매도 금지당해서 고스란히 세금 폭탄 맞습니다. 잘 넘긴 겁니다."

"이런 제길! 너는 지금 스페인 애들 하는 꼬라지가 안 보이냐? 아이구… 저걸 그냥… 내가 저걸 왜 넘겼냐… 응?"

그랬다. 프랑스로부터 루이지애나를 건네받은 스페인은 말 그대로 횡재를 했던 것이다.

"야, 뭐 더 볼 거 있어? 땅덩이 넓은데 여기다가 플랜테이션 농장이나 만들자."

스페인은 비옥한 미시시피 강 유역에 플랜테이션 농장을 만들며 수익을 뽑아내고 있었다. 여기에 발맞춰 뉴올리언스는 하루가 다르게 발전해 가는데, 이 모습을 본 프랑스의 속은 바짝바짝 타들어 가고 있었다.

"영국 놈들만 아니었으면… 아이구… 아이구 내 피 같은 땅을…."

루이지애나에 대한 프랑스의 한숨이 깊어가던 18세기 말, 세상이 뒤집어졌다.

"야 이 영국 놈들아! 네놈들이 뭔데 우리보고 세금을 내라는 거야? 이제까지 낸 거도 억울하다! 앞으로 네놈들은 네놈들끼리 살아! 우리는 우리끼리 살 테니까! 세금 걷어 갈 때는 강아지 똥구멍에 붙어 있는 콩나물 대가리까지 훑어 가더니, 연말정산은 이 핑계 저 핑계 대면서 10원 한 장 더 줄까 벌벌 떠는 이 쓰레기 같은 놈들아! 더러워서 세금 안 낸다!"

영국 식민지가 들고 일어난 것이다. 영국의 식민지였던 곳에 미국이란 나라가 세워졌다. 미국이 생겨나니 덩달아 프랑스에서도 '혁명'이란게 터졌다.

"루이 16세 이 쓰레기 같은 놈아! 또 세금 내라는 거냐? 더 이상 세금 못 내겠다!"

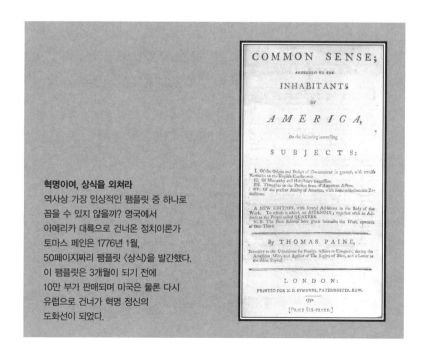

혁명이여, 상식을 외쳐라
역사상 가장 인상적인 팸플릿 중 하나로
꼽을 수 있지 않을까? 영국에서
아메리카 대륙으로 건너온 정치이론가
토마스 페인은 1776년 1월,
50페이지짜리 팸플릿 〈상식〉을 발간했다.
이 팸플릿은 3개월이 되기 전에
10만 부가 판매되며 미국은 물론 다시
유럽으로 건너가 혁명 정신의
도화선이 되었다.

예나 지금이나 세금이 문제다. 만만한 게 국민이라고 툭하면 세금 더 쥐어짜낼 생각만 하던 정부… 이렇게 엎어졌다. 문제는 이때부터였다. 아메리카 대륙에 대한 통치권이 날아가 버린 영국, 그리고 이미 예전에 통치권이 날아가 버린 프랑스.

"야, 이제 우리도 나라 만들었는데 한번 '잘살아 보세' 해야 하는 거 아냐? 마을길도 넓히고, 집도 고치고."

"새마을 운동 하자고?"

"새마을은 대통령이 할 일이고, 우리는 땅덩이나 넓히자. 지금 서쪽 땅은 무주공산이잖아."

"뭔 소리야? 스페인이 떡하니 버티고 서 있구만…"

"스페인? 다 쓰러져가는 그 아저씨들?"

그랬다. 나라를 세우고 얼마 지나 미국은 서쪽으로 눈길을 돌리고 있었다. 유럽은 대서양 저 건너편에 있는 상황. 더구나 세계 최강이라는 영국과 맞짱을 떠 이겼다는 자신감까지, 미국을 막아설 세력은 없어 보였다. 그러나 미국의 뒤통수를 치는 인간이 나타났으니,

"아무래도… 유럽은 너무 좁아. 저 세계를 다 내 손 안에 넣으려면 신대륙을 지배해야 해! 신대륙을 지배하려면, 루이지애나를 다시 우리 손에 쥐어야 한다."

유럽의 새로운 실력자로 떠오른 프랑스의 나폴레옹… 그는 루이지애나를 다시 집어삼켜야겠다는 생각을 하게 된다.

"허… 거참, 그놈의 루이지애나를 다시 찾아야 하는데… 어이 부관!

무슨 방법 없겠냐?"

"글쎄요…. 그거 뭐, 줬던 거 뺏는 거처럼 치사한 게 없는데….."

"야 임마! 지금 치사한 게 문제야? 당장 나라의 운명이 걸려 있는데? 당장 스페인 손에서 루이지애나를 빼앗아 올 방법을 찾아내!"

"거시기… 방법이 뭐 있겠슴까? 이 꼴 저 꼴 보기 싫을 때는 그냥 뻥 뜯는 게 최고입니다."

"뻥?"

떠오르는 해로 한참 주가 올리고 있는 프랑스, 지는 해로 주가 폭락 중인 스페인. 협상은 그렇게 시작됐다.

"어이 좋은 말 할 때 내놓지? 그거 원래 우리 땅이었던 거 알지?"

"아니… 거시기 우리가 지금 FTA 하는 거도 아니고… 협상이란 건 말임다."

"이놈이 어디서 꼬박꼬박 말대꾸야? 내가 미국이면 넌 한국이야! 넌 마, 그냥 달라면 그냥 네 알겠습니다, 형님 그리고 내놓으면 되는 거야. 알았어?"

"아니… 거시기, 저도 국민들한테 가오가 있지….."

"이놈이 지가 언제부터 가오 챙겼다고… 야 인마! 한국 봐라 얼마나 보기 좋냐? 알아서 갖다 바칠 거 계산 다해서 올려 주고, 알아서 머리 숙여 가면서 협상하고…. 원래 인마, 협상은 그렇게 하는 거야!"

"그게 협상입니까? 스페인은 다릅니다! 스페인은 한국이 아닙니다!"

"지랄을 랜덤으로 떨어라, 이 소나 때려잡는 놈들아!"

프랑스의 협박 앞에 스페인은 어떤 식으로 대처할 것인가?

✳ ✳ 편 지 한 통 에 뒤 바 뀐 세 계 의 운 명

프랑스의 협박 앞에 어쩔 줄 몰라 하는 스페인, 그러나 스페인은 한국이 아니었다.

"그 뭐냐… 오고가는 현금 속에 싹트는 우정이라고… 현금까지는 아니더라도 대충 성의는 보여야 하는 거 아닙까? 스페인이 한국도 아니고…."

"이놈… 요거요거… 오케이 알았어, 거기까지! 그럼 이렇게 하자. 네가 루이지애나 주면… 나는… 그래! 이탈리아 줄게."

"이탈리아? 이탈리아에 땅 있어요?"

"그러니까… 네 사위 있지? 그 뭐냐? 파르마 공작이라고 했던가? 내가 이번에 이탈리아를 몇 대 더 쥐어 팬 다음에 나라 하나 만들어 줄게. 그 나라 왕 해라. 파르마 공작? 앞으로는 파르마 전하가 된다니까!"

1800년, 스페인 국왕 카를로스 4세의 사위를 이탈리아 왕으로 만들어 주겠다는 제의. 스페인은 여기서 멈추지 않았다.

"뭐… 왕 만들어 준다면 좋죠. 근데 솔직히 우리가 손해 보는 거 알지요? 그리고… 루이지애나가 당신들 손에 들어가는 거도 껄쩍지근하지만, 다른 나라한테 들어가면… 아작이거든요, 협정문에 그거도 넣어 줘요. 딴 나라에 판매하거나 양도하지 않겠다는 조항 말이죠."

"이놈들… 너네 진짜 한국 아니구나?"

스페인 국왕 카를로스 4세와 나폴레옹이 체결한 조약… '파르마 공작 전하의 이탈리아 지배권 강화와 루이지애나 반환에 관한, 프랑스 공화국과 스페인 간의 예비 비밀 조약' … 일명 산일데폰소 조약은 그렇게 체결된다. 상황이 이렇게 돌아가자 미국은 바짝 긴장하게 된다.

"제길! 여우가 나가니까 호랑이가 들어오는 꼴이잖아?"

"그럼 우리 국경 너머에 프랑스군이 들어오는 거야?"

쓰러져 가는 스페인이라면 대충 뭉개고 들어갈 구석이 있겠지만, 프랑스라면 이야기가 달라진다. 영국과 호각으로 상대할 수 있는 나라가 프랑스이지 않은가?

미국 행정부가 바빠지기 시작했다. 대통령인 토머스 제퍼슨이 프랑스 공사 로버트 리빙스턴에게 기획부동산을 만들라고 명령하자 리빙스턴은 그길로 나폴레옹을 만나러 간다.

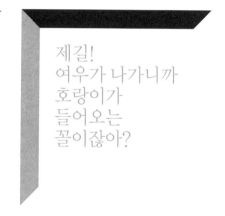

제길!
여우가 나가니까
호랑이가
들어오는
꼴이잖아?

"아유, 나폴레옹 형님! 이번에 좋은 매물이 나오셨다구요?"

"뭔 소리야?"

"아니 왜 루이지애나라고… 그게 지금 농지로 묶여 있어서… 그거 가지고 있어 봤자 형님한테는 별 쓸모없습니다. 집에서 멀고, 관리하기도 귀찮고, 이게 또 전매 금지로 묶여 있어서요. 농지는 또 형질 변경하려면 농사지어야 하는 거 아시죠? 그냥 저희한테 파시죠?"

"싫어. 나 이 땅 가지고 있을 거야."

"에이, 가지고 있으면 세금만 많이 나간다니까요. 제가 평당 10만 원씩 더 쳐줄 테니까…"

"안 판다니까!"

나폴레옹은 일언지하에 루이지애나 판매를 거부했다. 나폴레옹은 루이지애나를 발판으로 세계를 지배할 야심을 가지고 있었다.

"어이 지금 당장 산타도밍고에 있는 우리 애들 다 모아서 루이지애나로 보내! 일단 경비라도 세워 둬야지."

상황이 급박하게 돌아가게 되자. 제퍼슨은 짱구를 굴리게 된다.

"팔 생각이 없다고? 그럼 팔게 만들지, 뭐."

"거시기… 좀 더 부를까요?"

"돈이 썩어 나냐? 됐어, 돈 말고 다른 걸로 해결하면 돼."

"무슨 방법이라도?"

"후후… 프랑스의 라이벌이 누구냐? 영국 아니냐? 영국을 걸고 넘어가는 거야."

"예?"

"넌 이 편지를 프랑스에 있는 리빙스턴 공사한테 전달해라. 한 가지 유념할 건 프랑스 첩보원한테 걸려야 한다는 거야."

"에? 그게 뭔 소리심까? 국가 비밀문서를…"

"넌 그냥 시키면 시키는 갑다 하고, 떨어진 일만 해! 네 머리로는 이해 못 하는 거니까!"

제퍼슨이 프랑스에 있는 리빙스턴 공사에게 보낸 편지… 그 편지는 프랑스 첩보원 손에 들어가는데….

"가…각하 큰일 났습니다! 미국 놈들이… 미국 놈들이…"

"미국 놈들이 또 왜? FTA 하자고? 한국 가서 삥 뜯는 거도 부족한가 보지?"

"그…그게 아니라, 만약 루이지애나를 얻지 못하면, 영국과 손을 잡고 프랑스를 압박하겠답니다."

"뭐야?"

"각하! 산타도밍고에서 반란이 터졌습니다! 우리 군대가 지금 몰리고 있답니다."

"제길…."

산타도밍고의 반란으로 루이지애나에 파견할 병력을 본국으로 귀환시켜야 하는 상황. 루이지애나를 지킬 방법이 없었다. 더구나 미국이 영국에 붙겠다고 폼을 잡는 상황. 이때 리빙스턴이 나폴레옹에게 넌지시 한마디 던진다.

"유럽에서 쌈하려면, 돈도 많이 깨질 텐데… 땅 묵혀 둬 봤자. 세금만 많이 나올 텐데… 그냥 우리한테 팔면, 돈도 챙기고 좋을 텐데요."

"시꺼! 돈 벌려면 땅에 묻어 둬야 해!"

리빙스턴의 제의를 가차 없이 거절한 나폴레옹. 그러나 그로부터 한 달 뒤 특사로 파견된 제임스 먼로는 나폴레옹과 루이지애나 구입에 관한 협상에 들어갈 수 있었다. 처음에는 뉴올리언스와 멕시코만의 일부를 사려고 시작된 협상이었지만 통 큰 나폴레옹에 의해 루이지애나 전체의 판매 협상으로 바뀌게 됐다.

"쪼잔하게 쪼개서 파느니 걍 통째로 가져가라."

이리하여 미국은 루이지애나 전체를 8천만 프랑, 미국 돈으로 약 1천 5백만 달러에 사게 된다. 토머스 제퍼슨이 만약 '사기'를 치지 않았다면, 프랑스는 유럽과 북아메리카의 한가운데를 차지하고 있는 거대 제국이 됐을지도 모른다. 제퍼슨이 몰래 건넨 편지 한 장이 세계의 운명을 뒤바꾼 것이다.

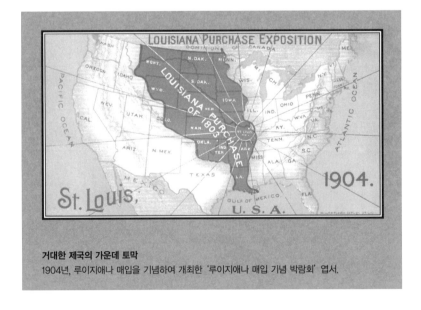

거대한 제국의 가운데 토막
1904년, 루이지애나 매입을 기념하여 개최한 '루이지애나 매입 기념 박람회' 엽서.

겨자 가스의 변신

죽 이 는 독 이 살 리 는 약 이 되 기 까 지

역사를 거슬러 올라가 보면, 애초 목적한 것과는 다른 방향으로 성공을 일군 사례들을 심심찮게 발견할 수 있다. 특히 약은 개발 목표와는 전혀 다른 생뚱맞은 형태로 성공한 경우를 종종 볼 수 있다. 대표적인 것이 발기부전 치료제인 비아그라이다. 원래 목적은 협심증 치료제인데, 이제는 전 세계 발기부전 치료제의 대명사가 되어 버렸다. 그나마 비아그라 같은 경우는 애초 '약'으로 시작해 '약'으로 끝났으니 궤도에서 크게 벗어난 거라 할 수는 없겠다. 그런데 원래는 사람을 죽이는 목적으로 개발했던 독이 어느 순간 사람을 살리는 약으로 둔갑했다면 믿으시겠는가? 잘 쓰면 약이요, 잘못 쓰면 독이라는 말이 생각나는 대목이다. 사람 죽이는 살상 가스에서 어느 순간 백혈병 환자의 희망으로 뒤바뀐 겨자 가스 mustard gas 가 이 이야기의 주인공이다.

✳ ✳ 잘 쓰 면 약 , 잘 못 쓰 면 독

때는 1943년, 이탈리아의 시칠리아 상륙을 앞둔 미국과 영국 연합군 은 궁지에 몰린 독일군이 가스탄을 터트리는 것은 아닌가 하는 불안감 에 휩싸여 있었다.

"독일 놈들 아무래도 불안한데? 아니, 뭐 아프리카 같은 곳이야. 워 낙 오지니까 쟤도 그런가 보다 하고 넘어가겠지만, 이탈리아는 유럽이 잖아? 그것도 독일 턱밑이잖아. 일루 밀고 올라갔다가는 독일 애들이 뭔 짓을 할지 모르잖아. 안 되겠어. 우리도 가스전 준비를 하자. 그놈들 이 터트리면, 우리도 가스탄 쏘아붙일 준비를 하자구."

"애들 짬밥을 당분간 꽁보리밥으로 통일시킬까요?"

"일단 네 머리랑 땅을 통일시키고 가자."

연합군 사령부는 가스탄을 준비하기로 결정한다.

"우리도 겨자 가스를 50톤, 아니 1백 톤으로 가자. 숫자가 딱딱 끊기 는 맛이 있어야지. 통 크게 가자고!"

가스전에 대한 만반의 준비를 마친 연합군은 이탈리아에 상륙하게 된다. 연합군 사령부의 걱정과 달리 독일군은 가스를 터트리지 않았다. 그러나 문제는 전혀 의외의 곳에서 터졌다.

"고…공습이다!"

"독일 폭격기들이다! 대공방어!"

"공군 놈들은 뭐하고 있었어?"

12월 3일 저녁 7시 30분. 독일군의 폭격기가 이탈리아 남동부의 바리 항으로 몰려온 것이다. 바리항에는 연합군의 보급물자를 실은 배들이 정박해 있는 상황. 어쩌면 당연한 공격이었다. 문제는 연합군이 운이 없었다는 것이다. 공습경보가 울리기도 전에 도착한 폭격기의 공격에 연합군은 피할 겨를이 없었고, 업친 데 덮친 격으로 독일군 폭격기가 떨어뜨린 폭탄이 얼떨결에 미군 함선인 USS리버티에 맞은 것이다. 이 배에 실린 화물이 그저 그런 군수품이었다면 그냥 운이 없었다고 넘어갔겠지만, 그 배에는 겨자 가스 1백 톤이 실려 있었다. 항구는 순식간에 겨자 가스로 뒤덮이게 되었고, 미처 피하지 못했던 연합군과 민간인들은 가스에 그대로 노출되었다. 대참사였다.

"이건 완전 학살이잖아?"

"군의관은 모두 바리항으로 집합해라!"

연합군의 군의관들이 바리항으로 향하게 된다. 이 군의관의 무리 속에 끼여 있던 사람이 바로 코넬리우스 로즈^{Cornelius Packard Rhoads} 박사였다. 그는 겨자 가스의 위력에 놀라는데…. 환자들을 치료하던 로즈는 그냥 치료만 한 게 아니라 환자들의 '묘한' 증상들을 연구하기 시작한다.

"선생님! 환자들의 백혈구 수치가 급격하게 떨어지고 있습니다!"

"뭐? 어디 봐!"

"가스에 노출됐는데 다른 감염으로는 이어지지 않는데요? 다행이죠 뭐. 다른 증상은 별로 없고, 그냥 백혈구 수치만 떨어지니까…."

"이게 참 묘하네…. 처음에는 백혈구 수치가 팍팍 올라가더니, 좀 지나니까 림프구가, 그다음에는 백혈구 수치가 뚝 떨어지잖아? 어? 백혈구 수치가 거의 0까지 줄어들잖아? 이거 묘한데?"

그랬다. 로즈는 의문을 가지고 계속해 환자들을 살펴보기 시작한다.

"이거 참 신기한데? 다른 세포는 멀쩡한데, 백혈구 세포만 공격한다?! 이거 잘하면!"

로즈는 겨자 가스가 백혈병을 치료하는 데 도움이 될 거라는 확신을 가지게 됐고, 이 확신은 암 치료에 '화학요법'이란 장르를 만들게 했다. 그리고 얼마 뒤 질소 머스터드로 백혈병과 호지킨 병을 치료하는 방법이 시카고의 한 암 연구자에 의해 개발된다.

원래 사람을 죽이기 위해 만들어진 겨자 가스. 이 겨자 가스가 백혈병 환자들에게는 희망이 될 줄 그 누가 짐작이나 했을까? 이런 우연이라면, 언제든 환영할 만하지 않을까?

> 사람을
> 죽이기 위해 만들어진
> 겨자 가스.
> 이 겨자 가스가
> 백혈병 환자들에게는
> 희망이 될 줄 그 누가
> 짐작이나 했을까?

한국판 트로이 전쟁

고구려 태자와 백제 미녀의 국경을 초월한 사랑

볼프강 페터젠 감독이 연출한 〈트로이〉란 작품을 보면, 헬레네란 여자 한 명을 위해 수많은 전쟁 영웅과 병사들이 죽어 나가는 모습을 볼 수 있다. 이야기의 원출처가 호메로스의 《일리아드》와 《오디세이》니까, 실제로 헬레네란 여자 한 명 때문에 수천 수만의 남자들이 목숨을 걸고 싸웠다는 이야기인데… 어찌 보면 낭만적이라는 생각도 들지만, 달리 보면 남자들이 불쌍하다는 생각이 든다. 자, 이 대목에서 슬슬 이번 주제에 대해 이야기해 봐야겠다. 여자를 위해 목숨을 걸고 전쟁을 한 트로이의 용사들을 보며, 이래서 서양 사람들이 로맨티스트다 뭐다 하고 말들이 많겠지만, 잘 찾아보면 우리 역사에도 이보다 더 로맨틱하고 드라마틱한 사랑이 있었다. 여자를 위해 전쟁을 하는 정도가 아니라, 적진에 잡혀 있는 여자를 탈출시키는 배짱을 보여 준 남자! 그리고 이 남자를 끝까지 기다린 지고지순한 여자의 사랑! 마지막 주제는 사랑하는 여자를 위해 전쟁 불사를 외친 고구려 제22대 안장왕^{安臧王}과 그의 사랑을 독차지한 백제의 딸 한주^{韓珠}의 국제적인 러브스토리다. 자 시작해 보자!

✳ ✳ 정찰 간 태자, 적국의 여인과 사랑에 빠지다

"아부지, 저 빌어먹을 나제 연합_{신라와 백제 연합}을 깨부수려면… 아무래도 교하_{파주 교하 지역, 이 지역은 예로부터 한반도의 패권을 다투던 전략요충이었다. 임진강과 한강이 만나는 이곳을 선점한 곳이 국가를 부흥시켜 왔다} 땅을 빼앗아 와야 할 거 같슴다."

"야… 난 네가 머리를 장식품으로 달고 다니는 줄 알았는데… 제법이다, 너?"

"에이… 제가 태자 생활 하루 이틀 합니까? 척 하면 착이죠."

고구려 21대 문자왕은 장수왕의 손자였다. 장수왕의 유지를 받들어 강토를 확장해 나가는 가운데, 나제 연합군 앞에서 고전을 면치 못하는 상황. 이때 톡 튀어나온 것이 그의 아들인 흥안^{興安} 태자였다.

"제가 백제 땅으로 건너가 적정을 살펴보고 오겠슴다."

"네가? 네가 가서 뭐하게? 가다 재수 없게 포로로 잡히면 그게 무슨 개망신인지 알아?"

"에이, 왜 그러심까. 제가 또 한 펀치 하잖슴까. 그리고… 노블레스 오블리제라고, 위에 있는 애들이 모범을 보여야 밑에 있는 애들이 따라

올 거 아닙니까? 게다가 언제 터질지 모르는 전쟁인데 미리미리 지형도 숙지하고, 저쪽 분위기도 살펴 놓으면, 나중에 전쟁할 때 도움이 될 겁니다.”

“흠… 나름 일리 있는데? 오케이 거기까지! 좋아 갔다 와.”

이리하여 흥안태자는 상인으로 위장하여, 백제 국경 지대인 개백현 ^皆 _{伯縣 오늘날의 고양. 한마디로 일산으로 잠입한 것이다} 으로 잠입해 들어가게 된다. 뭐 잠입한 것까지는 훌륭하다 말할 수 있겠지만, 문제는 별 성과도 없는 상태에서 금세 ‘뽀록’이 나 버린 것이다.

“야! 너!”

“그래, 벙거지 쓴 너 말이야! 왜 옆 놈을 쳐다봐?”

“저 말임까?”

“너 뭐 하는 놈이야?”

“저… 비즈니스 하는 놈인데요.”

“비즈니스? 무슨 비즈니스를 하는데?”

“그냥 뭐… 이것저것 물건도 팔고…”

“뭘 파는데?”

“그건… 영업 비밀이라…”

“이놈 이거 수상한데? 일단 따라와 봐.”

“….”

“어쭈 개겨?”

“이런 젠장!”

정찰의 정 자도 꺼내 보지 못하고, 그길로 도망을 친 흥안태자. 일국의 태자에서 스파이로… 그리고 이제 도망자 신세가 된 흥안태자! 그는 개백현에서 나름 규모가 커 보이는 저택으로 담치기를 해 넘어가는데… 이 집이 바로 구슬아씨 한주의 집이었다.

"어머! 누구세요? 누군데 담치기를 해서…!"

"아니 저기…!"

"나름 생기신 분이 이러시면 곤란하죠."

"제가 좀 생기긴 했죠. 아… 지금 그럴 상황이 아니라… 저기… 제가 좀 사정이 있어서 그런데, 절 좀 숨겨 주시면 안 되겠습니까?"

"혹시… 민주 투사세요?"

"아 예… 전근대적인 독재 왕조를 타도하기 위해…"

1970년대 학생운동 삘로 만나게 된 두 남녀! 이 두 남녀는 곧 사랑에 빠지게 된다. 일산에서 그래도 먹어 주는 얼굴로 통했던 한주와 오리지널 백마 탄 왕자였던 흥안태자의 만남은 그렇게 시작된다. 그렇다… 흥안태자, 정찰하러 왔다가 연애질을 했던 것이다.

"오, 베이비… 그대 없이 그 긴긴 세월을 어떻게 살았는지…"

"저두요… 저두 당신 없이 어떻게 살았는지 도무지 기억이 안 나요."

"한주… 이리로 와. 응?"

"이러시면… 안 돼요…돼요…돼요…돼요…."

두 청춘 남녀는 넘어선 안 될 선까지 넘어서며 열심히 사랑을 불태운다. 이미 흥안태자의 머릿속에는 정찰이고 나발이고 싹 사라진 상태. 오로지 연애질에 올인한 흥안! 과연 흥안태자는 제정신을 차릴 수 있을 것인가?

✻ ✻ 한 주 의 " 애 인 있 어 요 "

백제를 정찰하러 왔다가 백제 미녀랑 눈이 맞아 버린 흥안태자! 그러나 썩어도 준치라고, 아무리 연애질에 몰두해도 고구려의 태자였다!

"저기… 한주…. 그동안 내가 비밀로 한 게 하나 있는데….".

"네? 그게 뭔데요?"

"나… 사실 왕자거든?"

"그럼요, 당신은 제게 왕자님이에요."

"아니아니, 그런 게 아니라… 나 실은 고구려 태자인 흥안태자야."

"고구려 태자?"

"응."

"그럼… 백마 타고, 옆에 칼 차고 하는… 진짜 왕자?"

"뭐… 왕자보다 높지? 태자니까, 울 아부지 돌아가시면, 바로 고구려 왕 되는 거니까."

"진짜? 리얼리? 혼또니?"

"어."

"그럼 나, 왕비 되는 거예요? 나 팔자 피는 거야? 나 지금 로또 맞은 거네?”

“뭐 그렇다고 할 수 있겠지?”

한주로서는 인생 역전, 로또 인생의 꽃길이 열리는 순간이었다. 그러나….

“저기 그래서 말인데, 내가 지금 고구려로 가야겠거든?”

“네! 저도 그럼 짐 꾸릴 테니까, 조금만…”

“아니… 나 혼자 갈려고 그러는데….”

“에?”

“저기… 지금 고구려랑 백제랑 박 터지게 싸우고 있잖아. 지금 개백현 벗어나면, 전쟁터거든? 남자인 나도 장담 못 하는 길인데다가… 또울 아부지 보기 좀 그렇잖아? 정찰 보내 놨더니만, 하라는 정찰은 안 하고, 연애질이나 하다 왔다고 하면 당장 불호령이 떨어질 게 뻔하거든….”

“그래서? 지금 재미 볼 건 다 보고, 이제 다 놀았으니까 토끼겠다? 이거 왜 이래! 나 한주야 한주! 이 동네에서 구슬아씨 하면 모르는 사람이 없어. 네가 태자면 다야? 나도 나름 잘나가는 아부지 밑에서…”

“내가 언제 너 버린댔어? 지금 상황이 안 좋아서 일단 나 먼저 간다는 거 아냐. 내가 고구려 돌아가서 왕 먹으면, 당장 군대 끌고 와서 여기 싹쓸어버리고 너랑 결혼할게. 그럼 넌 황후하고… 그럼 되잖아. 안 그래?”

“정말로? 리얼리? 혼또니?”

“이 아줌마가 속아만 살아 왔나… 대 고구려의 태자가 하는 말이야!

믿어!"

"그럼, 태자님… 소녀 태자님만 믿고 계속 기다리겠사와요."

이리하여 흥안태자는 고구려로 돌아가게 되었고, 한주는 로또가 될지 아니면 부도수표가 될지 모를 흥안태자의 약속을 믿고 이제나저제나 태자만을 기다리게 되었다.

자, 여기까지 보면 뭔가 느껴지시는 게 없는가? 보통 이런 유의 사랑에는 커다란 장벽이 하나둘 튀어나와 이들의 사랑을 괴롭히는 것이 정석이란 것이다. 보통들 그래 왔지 않은가? 그게 바로 공식이고, 클리셰이다. 흥안태자와 한주의 사랑 역시 이 전형적인 공식이 적용되었으니… 개백현에 새로운 성주가 부임하게 된 것이다.

"에또, 그러니까… 이 동네에서 짱 먹는 애 중에 한주라는 애가 있다면서?"

"성주님의 정보력에 그저 감탄할 뿐입니다. 역시 우리 성주님… 킹왕짱입니다요."

"걔… 아직 솔로냐?"

"솔로죠. 요즘 한참 물이 올라서 그야말로 베스틉니다."

"오케이 거기까지! 나 걔랑 결혼할래!"

그랬다. 한주의 미모에 대해서는 온 백제가 다 인정하는 사실! 이런 퀸카를 새 성주가 놓칠 리가 있겠는가? 부킹을 하든 맞선을 보든, 일단 자빠뜨리고 보겠다고 작정을 한 성주는 한주에게 계속 대시를 하게 된다 당시 이 성주가 유부남인지 총각인지에 대해서는 불분명하다.

"야야, 내가 그래도 이 동네에서 짱 먹는 앤데… 내 가오를 생각해서라도 적당히 튕겨라. 한두 번은 예의상 튕기는 거라 이해할 수 있지만, 그 이상이면 내가 좀 곤란하거든? 그리고 혹시나 해서 하는 말인데, 내 스펙… 이거 먹어 주는 스펙이거든? 내가 지금은 커리어 쌓으려고 개백현 성주 하고 있지만, 나름 중앙에서는 팔리는 놈이야. 적당히 근무연한 채운 다음에 중앙으로 복귀할 거야. 넌 진짜 재수 땡 잡은 거야."

"됐거든요?"

"어쭈… 튕기네? 뭐 그래 예의상 그러는 거 다 알고 있는데, 적당히 하라니까 그러네…."

"진짜 됐거든요? 그리고 저 남자 있어요."

"남자? 너 솔로라면서?"

"이미 결혼하기로 한 남자가 있다고요. 아셨으면 그만 집적거리고 돌아가세요."

"이게 지금 장난하나? 예쁘다고 봐줬더니, 이게 어디서 된장질이야? 너 남자 없는 거 세상이 다 알고 있거든?"

"진짜 있다니까요!"

"그래… 그렇게 나온다 이거지? 내가 싫다 이거 아냐? 웬만해선 안 떨어질 거 같아서 고전적으로 가 보시겠다? 남자 있다고 그러면 누가 속을 줄 알고?"

"이 아저씨가 보자보자 하니까 누굴 보자기로 보나… 나 남자 있거든?"

"이게 어디서… 오케이, 릴렉스… 릴렉스… 네가 지금 개념 파악이 덜 된 거 같은데, 내가 다시 올 거거든? 그때까지 가출한 개념 다시 찾아다가 탑재해 놔."

과연 한주는 자신의 사랑을 지킬 것인가?

"야야, 더 볼 게 뭐 있어? 집안 빵빵하지, 스펙 짱이지… 완전 쩐다 쩔어. 그만 튕기고 못 이기는 척 따라가라 응? 우리도 딸 잘 둔 덕에 호강 좀 해 보자."

"그래라. 성주가 마음이 넓어서 그렇지…."

"저 남자 있다니까요!"

"휴… 이게 어디서 거짓부렁이만 늘어 가지고, 야! 남자 있으면 어디에 사는지, 뭐 하는 애인지, 이름이 뭔지 속 시원하게 밝히라니까!"

"그… 그건…."

"이게 어디서 금방 뽀록날 거짓부렁이를 치는 거야."

"진짜 있다니까!"

지금 한창 전쟁을 치르고 있는 적국, 고구려의 태자와 눈이 맞았다는 사실을 밝혔다가는… 그 뒤의 일은 장담할 수 없는 상황. 이러지도 저러지도 못하고 있는 사이 성주는 급기야 한주를 잡아들이라는 명을 내리게 된다.

"아 진짜, 살다 살다 별 된장녀를 다 보네… 야! 남자가 있다면서? 지금 그 남자 어딨어? 이게 어디서 사발을 풀고 지랄이야?"

"진짜 남자 있다니까요! 그 남자랑 같이 잠도 자고…"

"뭐! 자…잠을 자? 이게 지금…!"

한주의 폭탄선언 앞에 성주는 눈이 돌아간다.

"야 당장 이 된장녀를 옥에 가둬! 지금 시대가 어떤 시댄데… 여기는 애들 순결 교육을 어떻게 시킨 거야? 대충 순결사탕 나눠주고 시마이 한 거 아냐?"

"요즘은… 순결 교육 같은 건 시대에 뒤떨어지는…"

"뭐가 뒤떨어져? 순결이 얼마나 중요한데!"

그렇게 한주는 옥에 갇히게 된다. 이렇게 한주가 고초를 겪고 있는 동안, 고구려로 돌아간 흥안태자는 뭘 하고 있었을까? 다행스럽게도(?) 아버지 문자왕이 죽어 흥안태자는 왕위에 올라 고구려 22대 안장왕으로 등극하게 된다.

"전하… 뭐 고민 있으심까?"

"그게… 백제 애들을 빨리 때려부숴야 하는데…"

"전선에 병사들이 나름 노력하고 있으니까 조만간 좋은 소식이 들릴 겁니다."

"흠…."

"전쟁이 애들 장난도 아니고, 한번 때리더라도 제대로 때려야 하지 않겠슴까?"

"그렇겠…지?"

안장왕의 머릿속에는 개백현을 떠나올 때 애처롭게 자신을 올려다보던 한주의 생각밖에 없었다.

"아 제길, 왕이라고 다 맘대로 되는 건 아니네⋯. 늦게 가면, 한주 개 성격상 완전 삐질 텐데⋯. 진짜 빨리 가야 하는데⋯."

이제나저제나 백제로 쳐들어가 한주를 데려올 생각만 하던 안장왕은 쉽게 군사를 일으키지 못하는 상황이 한스러울 수밖에 없었다. 결국 이런 아쉬움을 달래기 위해 안장왕은 첩보병을 부지런히 개백현 지방으로 파견해 개백현 소식을 확인하게 되는데⋯.

"전하! 지금 개백현이 완전 막장 동네가 되었슴다."

"그게 뭔 소리야?"

"전하가 그때 알아 오라는 한주라는 여자애 있잖슴까?"

"걔가 왜? 뭔 사고 쳤어? 이게 또 어디서 된장질 하다 걸렸구나?"

"된장질은⋯ 된장질인데⋯."

"된장질인데?"

"좀 사이코 같은 짓을 하고 있어서요. 이번에 개백현에 새로 성주가 들어왔는데, 얘가 한주한테 계속 부킹을 걸었거든요."

"그래서? 걔가 부킹에 넘어간 거야?"

"넘어가면 이야기가 성립이 안 되죠."

"글치? 걔가 또 나름 한 조신 하는 애거든."

"조신한 거 같지는 않던데요?"

"그게 뭔 소리야?"

"아니⋯ 성주가 계속 대시를 하는데, 얘가 남자가 있다고 계속 뺀찌를 놓잖아요."

"글치! 당연히 그래야지."

"그러니까 성주가 열받아서 애를 그대로 빵에 처넣어 버렸습다. 그런 다음에는 며칠 때리다가, 나랑 결혼하자 그러고… 여자애가 싫다고 그러면, 또 며칠 고문한 다음에… 이쯤 해서 결혼하지 그러고… 여자애가 또 싫다고 그러면, 또 며칠 때리고… 그런 다음에 다시 결혼하자 그러고… 무슨 SM 커플 보는 느낌이에요. 이것 때문에 지금 계백현은 완전… 저기 전하! 들으시려면 끝까지 들으셔야… 전하?"

첩보병의 보고를 듣던 안장왕은 그대로 자리를 박차고 일어나는데….

"전령! 지금 당장 전군 비상소집령 때려! 이놈들이 잠자는 사자의 콧구멍에 수류탄을 까 던져? 한주가 누구 여잔데, 집적거리는 거야? 이것들, 그래 그동안 숨 쉬는 게 힘들었다 이거지? 이참에 내가 확 묻어 주마. 야! 빨랑 애들 안 모아?"

열받은 안장왕. 그는 자신의 여자인 한주를 구해 낼 수 있을까?

✳ ✳ **한 국 판   러 브 스 토 리 의   원 형**

자신의 여자인 한주가 개백현 성주에게 괴롭힘을 당하고 있다는 소식을 들은 안장왕! 그는 즉시 고구려 전군을 소집하는데….

"잘 들어라, 너희들 진짜 땡 잡은 건데, 일생일대의 기회야."

"뭘 그렇게 뜸들이십니까? 다들 전쟁 하루 이틀 한 것도 아닌데, 떡밥 그만 뿌리고 얼른 본론으로 들어가시죠?"

"흠흠…. 에 또, 그러니까 이번에 개백현을 공격하려고 한다. 어차피 때려 부수려고 했던 동네니까 이번에 화끈하게 밀어 버리자구."

"개백현이야 원래 쳐들어가려 했던 데니까…. 그럼 저희들은 이만 출전 준비를…."

"에또, 여기에 조건이 하나 더 붙는데 말이야…. 개백현 쳐들어가는 거야 쉬운 일이니까 상관이 없는데, 이번 작전의 키포인트는 바로 이거야. 개백현 성주가 붙잡아 두고 있는 한주란 여자애가 있거든? 얘를 구해 내야 하는 거야."

"…인질 구출 작전임까?"

"뭐 그렇다고 할 수 있겠지? 힘든 건 아는데… 얘 구해 내는 애한테 내가 특별 포상을 하겠어. 어때 입질이 살살 올라오지? 한주만 구해오면, 내가 천금의 상에다가 플러스… 그래, 1만 호의 식읍을 줄게. 어때?"

안장왕의 포상 내역 앞에 장수들은 술렁이게 되는데, 곧 안장왕의 포상 내역은 고구려 전국으로 퍼져 나가게 된다. 이때 이 소식을 듣고 달려온 이들 중에 을밀선인乙密仙人도 끼어 있었다.

"저기… 전하, 제가 또 사람 구출하는 데 일가견이 있거든요? 이래 보여도 젊은 시절 경찰 특공대… 혹시 SWAT라고 들어 보셨슴까?"

"호… SWAT? 진짜야? 걔네들 인질 구출 하나는 짱 먹는 애들 아냐?"

"전하가 뭘 좀 아시네요. 그래서 말씀인데요, 제가 나선 이상 한주 아가씨가 구출되는 건 기정사실인데… 저기 좀 제가 돈에는 별 관심이 없는 놈이거든요?"

"그럼 뭐? 뭘 원하는데?"

"거시기… 제가 지금 어떤 여자랑 사귀고 있는데, 그 여자랑 결혼을 하고 싶습니다."

"하면 되잖아. 왜? 아, 주례 구하는 게 힘들어? 내가 서 줄까? 하긴 왕이 주례 서면 가오도 살고, 분위기도…"

"그게 아니라, 실은 제가 전하의 누이동생인 안학공주安鶴公主랑 사귀고 있거든요."

"이놈…! 너구나! 네가 내 동생 밤마다 꼬셔서 데려간 그놈이구나? 너 잘 걸렸다."

"저기, 한주 아가씨 구하기 싫으십까?"

"…."

"동생 주십쇼. 한주 아가씨 구해다 드릴 테니까."

을밀선인은 그렇게 안장왕과 쇼부를 본다. 한주를 구해 내는 즉시 안학공주를 주겠다는 약속을 받은 을밀선인은 한 가지 작전을 제안한다.

"인질 구출하는데, 병사 많이 끌고가 봤자 소용 없음다. 전하는 주력 병력 이끌고 육로로 천천히 진격하십쇼. 저는 해로를 통해서 특공대 데리고 개백현으로 들어가겠슴다. 가서 한주 아가씨 구한 다음에 합류하겠슴다."

"역시… SWAT 출신은 다르구만? 오케이! 접수했어."

이리하여 개백현으로 출발하게 된 을밀선인… 때마침 개백현에서는 성주의 생일기념 잔치가 거창하게 벌어지고 있는 상황이었다.

"어이 한주! 이제 진짜 마지막 기회거든? 나랑 밥 먹을래, 죽을… 아 이게 아니지, 다시 묻겠어. 너 나랑 결혼할래, 아님 여기서 죽을래?"

"너랑 같이 자느니 차라리 AV를 찍을란다!"

"이게 끝까지 된장질이네…. 여봐라, 당장 저 된장녀의 목을 따 버려라!"

"예…."

"파이어 인 더 홀!"

"무브, 무브!"

한주의 목을 베어 버리려는 순간! 을밀선인이 이끄는 스무 명의 고구려 특공대가 관가를 급습하게 된다. 특공대의 정확한 헤드샷에 백제군은 제대로 저항도 하지 못하고 나뒹굴게 되는데….

"인질 확보! 한주 아가씨 확인!"

"합류 지점으로 이동한다!"

순식간에 한주를 구해 낸 을밀선인과 고구려 특공대는 안전 지역으로 이동하게 된다.

"당신 이름이 한주 맞죠?"

"예? 예, 맞는데요?"

"우리 전하가 당신을 구해 내라고 했습니다."

"전…하요?"

"흥안태자라면 아시겠슴까? 그분이 지금 고구려의 왕이십니다."

"정말요?"

"일단 이야기는 나중에 하고, 혹시 이 근처에 높은 산 같은 게 있습니까? 지금 당장 본대 쪽이랑 교신을 하려면 봉화를 올려야 하는데…."

"아, 있어요! 조금만 더 가면 고봉산이라고 산이 하나 있어요."

한주의 안내를 받은 고구려 특공대는 그날 밤 고봉산 정상으로 올라가 봉화를 올렸고, 강 건너에서 특공대를 기다리던 안장왕은 이 봉화를 보자마자 군사를 이끌고 도하, 그리운 한주의 얼굴을 다시 보게 된다.

"한주야!"

"전하!"

여기까지가 고구려 22대 왕 안장왕과 한주의 러브스토리이다. 딱 보면 알겠지만, 어디서 많이 본 이야기란 느낌이 들지 않는가? 《춘향전》의 느낌도 살짝 나고, '호동왕자와 낙랑공주'의 냄새도 솔솔 풍기는 것이… 우리나라에 등장하는 러브스토리의 원형이 아닌가 하는 생각이 들 정도로 친숙한 느낌이다. 그만큼 안장왕과 한주의 러브스토리가 극적이고, 이야기로서의 완성도가 뛰어나다 할 수 있을 것이다. 더 대단한 건 이게 실제로 벌어졌던 일이라는 것이다.

한 여자를 위해 전쟁까지 결심한 남자. 그리고 그 남자를 기다리겠다며 목숨을 걸고 절개를 지킨 여자… 역시 사랑은 위대한 것인가 보다.

> 한 여자를 위해 전쟁까지 결심한 남자. 그리고 그 남자를 기다리겠다며 목숨을 걸고 절개를 지킨 여자…

저자의 말

역사와 관련된 수많은 잠언들 중에서 필자가 가장 많이 더듬는 구절이 하나 있다.

'역사는 사실의 기록이다. 그러나 그것은 당대 정치권력이 인정한 사실의 기록일 뿐이다.'

의미심장한 말이다. 역사란 다분히 정치적이고, 그 정치성에 걸맞게 각색되고, 윤색된 기록이다. 친절한(?) 경우에는 팩트를 주관적으로 해석해 후세들에게 잘못된 선입견을 심어 주는 선에서 끝낼 수 있겠지만, 불친절한(!) 경우에는 팩트 자체를 왜곡할 수도 있다. 결론은 간단하다.

'우리가 믿고 있는 역사가 사실이 아닐 수도 있다.'

아마 상당수의 역사가 왜곡·변형됐을 것이다. 당장 우리가 21세기를 사는 것인지도 확신할 수 없는 것이 우리의 현실(그레고리우스 달력의 이야기를 하자면 한도 끝도 없다)! 자, 당신은 뭘 믿을 것인가? 인간이 하나의 존재로 있기 위해서는 저마다의 '기억'이 존재해야 한다. 그런 의미로 인류는 저마다의 기억인 '역사'를 가지고 자신의 정체성을 말한다.

어려운 이야기를 계속하는 것 같지만, 결론은 간단하다.

'우리가 알고 있는 역사에 대해 끊임없이 의심을 품어 보자.'

물론 사실관계 자체가 왜곡됐을 수도 있고, 잘못된 선입견에 의해 고형적인 모습의 역사만 바라볼 수도 있을 것이다. 그러나 이런 작은 의심이 균열이 되어 궁극적으로는 실체적인 역사에 접근할 수도 있을 것이다. 이런 게 역사를 바라보는 진짜 재미가 아닐까?

이 책은 이런 역사적 재미를 찾기 위한 노력의 흔적이다. 보는 사람에 따라 재미없을 수도 있고, 너무 가벼울 수도 있을 것이다. 어차피 세상에는 많은 사람들이 있고, 많은 책들이 나오지 않는가? 그 말석에 이름 한 줄 더 추가한다 해서 그리 큰 민폐를 끼치는 것은 아니리란 근거 없는 자신감이 결국 책으로까지 표출되어 버렸다.

끝으로 내 곁을 지켜 준 가족들과 친구들에게 감사의 인사를 전하려 한다. 그들이 있었기에 인생의 고비를 수월하게 넘길 수 있었고, 늦은 사춘기의 방황을 겨우 끝낼 수 있었다. 다시 한 번 감사의 마음을 전한다.

화성 화홍문 앞에서

이성주

《건축사의 대사건들》, 우르술라 무셸러 지음, 김수
은 옮김, 열대림, 2005.
《과학기술과 전쟁》, 마틴 반 클레벨트 지음, 이동욱
옮김, 황금알, 2006.
《광기와 우연의 역사》, 슈테판 츠바이크 지음, 안인
희 옮김, 휴머니스트, 2004.
《남성의 본질에 대하여》, 엘리자베트 바댕테 지음,
최석 옮김, 민맥, 1993.
《노벨상 그 100년의 역사》, 아그네타 발린 레비노비
츠·닐스 린예르츠 지음, 이충호·김훈·안국신 옮김,
가람기획, 2002.
《독선과 아집의 역사 1·2》, 바바라 터크먼 지음, 조
민·조석현 옮김, 자작나무, 1997.
《뒤집어보는 상상력》, 이종주·김경훈 지음, 새로운
사람들, 1994.
《마지막에 대한 백과사전》, 이안 해리슨 지음, 이경
식 옮김, 휴먼앤북스, 2007.
《문화라는 이름의 야만》, 찰스 패너티 지음, 최희정
옮김, 중앙M&B, 1998.
《물건의 세계사》, 지바현 역사교육자협의회 세계사
부 엮음, 김은주 옮김, 가람기획, 2002.
《상식의 오류사전 1·2·3》, 발터 크래머·괴츠 트렝클
러 지음, 박영구·박정미 옮김, 경당, 2000.
《성 의학사전》, 스티븐 벡텔·로렌스 로이 스테인스 지
음, 정진희·장혜정·조희정 옮김, 이채, 2003.
《세계 사형 백과》, 카를 브루노 레더 지음, 이상혁 옮
김, 하서, 1991.
《세계 역사를 뒤흔든 인물 오류사전》, 조재선 지음,
지원북클럽, 2003.
《세계를 속인 거짓말》, 이종호 지음, 뜨인돌, 2002.
《세계사 뒷이야기》, 박은봉 지음, 실천문학사,
1994.
《세계사 속의 토픽》, 리처드 잭스 지음, 윤영호 옮김,
가람기획, 2001.
《세계사의 명장면》, 루돌프 K. 골트슈미트 엔트너
지음, 달과소 편집부 옮김, 달과소, 2005.
《세계외교사》, 김용구 지음, 서울대학교 출판부, 2005.
《세상을 바꾼 최초들》, 피에르 제르마 지음, 최현
주·김혜경 옮김, 하늘연못, 2006.
《스캔들에 갇힌 영혼들》, 김환표 외 지음, 인물과사
상사, 2002.
《에피소드로 본 세계사》, 김은호 엮음, 행담, 2003.
《역사를 뒤바꾼 못 말리는 천재 이야기》, 김상운 지
음, 이가서, 2005.
《영웅 만들기》, 박지향 외 지음, 휴머니스트, 2005.
《위대한 발견의 숨겨진 역사》, 월터 그라처 지음, 김
우열 옮김, 청림출판, 2004.
《음모와 집착의 역사》, 콜린 에번스 지음, 이종인 옮
김, 이마고, 2002.
《음식, 그 상식을 뒤엎는 역사》, 쓰지하라 야스오 지
음, 이정환 옮김, 창해, 2002.
《이 고기는 먹지 마라》, 프레더릭 J. 시문스 지음, 김
병화 옮김, 돌베개, 2004.
《일본인과 에로스》, 서현섭 지음, 고려원, 1995.
《전쟁과 과학, 그 야합의 역사》, 어니스트 볼크먼 지
음, 석기용 옮김, 이마고, 2003.
《첨단전쟁》, 이남규 지음, 조선일보사, 1992.
《커튼에 가려진 세계사》, 이종주·김경훈 지음, 새로
운사람들, 1995.
《크리스마스》, 이영제 지음, 살림, 2004.
《포르노를 해부한다》, 김성호 지음, 한림미디어, 1999.
《호치민》, 다니엘 에므리 지음, 성기완 옮김, 시공사,
1998.
《활이 바꾼 세계사》, 김후 지음, 가람기획, 2002.